编委会

高职院校产教融合研究与实践

曾三军◎主　编　王永祥　范　琳◎副主编

EDUCATION

暨南大学出版社
JINAN UNIVERSITY PRESS

中国·广州

图书在版编目（CIP）数据

高职院校产教融合研究与实践/曾三军主编；王永祥，范琳副主编. —广州：暨南大学出版社，2022.10
ISBN 978 - 7 - 5668 - 3540 - 6

Ⅰ.①高…　Ⅱ.①曾…　②王…　③范…　Ⅲ.①高等职业教育—产学合作—研究—中国　Ⅳ.①G718.5

中国版本图书馆 CIP 数据核字（2022）第 236556 号

高职院校产教融合研究与实践
GAOZHI YUANXIAO CHAN JIAO RONGHE YANJIU YU SHIJIAN
主　编：曾三军　副主编：王永祥　范　琳

出 版 人：张晋升
策　　划：黄圣英
责任编辑：郑晓玲
责任校对：刘舜怡　黄子聪　黄亦秋
责任印制：周一丹　郑玉婷

出版发行：暨南大学出版社（511443）
电　　话：总编室（8620）37332601
　　　　　营销部（8620）37332680　37332681　37332682　37332683
传　　真：（8620）37332660（办公室）　37332684（营销部）
网　　址：http：//www.jnupress.com
排　　版：广州尚文数码科技有限公司
印　　刷：深圳市新联美术印刷有限公司
开　　本：787mm×1092mm　1/16
印　　张：13.25
字　　数：291 千
版　　次：2022 年 10 月第 1 版
印　　次：2022 年 10 月第 1 次
定　　价：88.00 元

（暨大版图书如有印装质量问题，请与出版社总编室联系调换）

前　言

　　随着我国社会经济的发展，国家出台了一系列完善职业教育产教融合的制度，高职院校在国家产教融合政策下，不断地进行改革实践。本书主要以广州科技贸易职业学院产教融合实践为素材，通过理论、实践、发展三个板块，分产教融合办学模式和体制机制改革研究、高职院校产教融合人才培养探索、产教融合人才质量评价体系探索、深化高职院校产教融合建设实践、产教融合管理体制机制改革实践、谱写产教融合发展新篇章、产教融合创新实践推广七章，阐述广州科技贸易职业学院在产教融合方面的研究与实践改革，以期对高职院校产教融合、校企合作人才培养提供借鉴。

　　本书源于广州科技贸易职业学院各级领导和老师们在产教融合领域多年的思考与实践，在此谨对各位领导和老师为本书的积极奉献与努力付出一并表示感谢！

编　者

2022 年 2 月

目　录

CONTENTS

理论篇

LI LUN PIAN

第一章

产教融合办学模式和体制机制改革研究

早在 1991 年,《国务院关于大力发展职业技术教育的决定》中就提出"产教结合,工学结合",产教融合、校企合作发展到今天已成为具有中国特色的职业教育人才培养模式。1994 年,《国务院关于〈中国教育改革和发展纲要〉的实施意见》也提出职业教育要走产教结合的路子。2014 年,《国务院关于加快发展现代职业教育的决定》明确指出要建立健全产教融合制度。各级政府要把职业教育与经济社会发展同步规划。行业部门和组织要制订与产业发展规划配套的人才同步培养计划。企事业单位要制订与事业发展协调的人力资源同步开发方案。职业院校要制订与产业发展对接的教育教学同步改革措施。各地的产业集聚区、科技创新区等要把职业教育作为重要支撑,推进产教融合机制建设。同时要求建立人才需求预测和就业状况定期发布制度。

国外职业教育发达的国家对产教融合的研究较早,已成功构建了产教融合的校企合作一体化办学模式,如德国的"双元制"模式、美国的"合作教育"模式、英国的"工读交替"模式、澳大利亚的 TAFE 模式。

第一节　国外产教融合典型办学模式

一、德国 "双元制" 模式①

早在 20 世纪 80 年代,我国就积极与德国合作,引进德国"双元制"人才培养模式。我国建立了教育部职业技术教育中心研究所、上海职业技术教育研究所和辽宁省职业技术

---

① 本小节参见周彦兵. 产教融合视域下德国"双元制"模式分析及借鉴 [J]. 教育与职业,2020 (12):65-70.

教育研究所，德国派专家长驻中国深入指导，中德双方多次开展交流考察活动。除了上海宝钢、上海大众和上汽集团外，还有一些比较成功的试点项目落地于江苏太仓、四川成都（蒲江县）等地，这些地方通常是德资企业比较聚集的区域。"双元制"人才培养模式对我国职业教育人才培养模式改革产生了深远影响。产教融合、校企合作已成为具有中国特色的职业教育人才培养模式。为进一步深化校企合作，2014 年，教育部开始推行现代学徒制试点工作，进一步深化"双元制"人才培养模式在我国的实践。

由于国情、体制、制度的差异，德国"双元制"模式不可能在我国全盘复制。但是，德国"双元制"模式的优点一直是我国职业教育学习借鉴的重点。[①] 德国"双元制"高度重视行业协会、企业参与职业教育，是典型的产教融合模式。因此，深入分析德国"双元制"模式，可以为我国现代职业教育深化产教融合的本土化创新思路提供借鉴，从而为大幅度提升新时代职业教育现代化水平提供有效参考。从产教融合的视角分析，德国"双元制"模式对职业教育的体制保障、教学管理、师资队伍建设、实践教学等方面具有战略引领作用，可有力保障职业教育的顺利运行。

1. 德国"双元制"模式为职业教育提供了体制保障

德国职业教育由多个部门共同管理，具体有联邦教育研究部、联邦经济与劳动部、州文教部以及州职业教育委员会、各大行业协会；职业学院则由职业学院管理局负责管理。所谓职业学院管理局，其实是政府文化教育部、经济部与职业学院的一个管理代表，负责教师管理、教学实施和质量评估，包括聘用或辞退职业学院教师、教师入职培训、教学课程开发、教学质量监督以及每四年一次的职业学院办学条件、教学质量的综合评估等工作。职业学院负责按照所属联邦、州确定的教学大纲组织理论教学和相关考试。关于职业学院人、财、物的一切资源均属于职业学院管理局，职业学院没有任何处置权力。

德国实行以就业为导向、将职业学院和企业并列为培训主体的"双元制"职业教育模式。所谓"双元"有两层内涵：一是育人主体的双元，分别为职业学院和企业；二是学生身份的双元，学生既是企业员工，又是职业学院学生。职业学院和企业共同承担人才培养任务，学生在职业学院和企业分别接受理论培养和实践技能培训，最终完成学习。

德国"双元制"最显著的特点：一是在政府制度的保障下，职业学院与企业共同完成育人使命。职业学院与企业相配合、理论与实践相结合，贯穿职业教育的全过程。二是教育教学任务由两个主体共同承担，职业学院传授专业理论知识并培养学生的职业素质，企业在真实工作场景中培训学生的职业技能，学生通过学习使用专业机器设备进行生产劳动并完成实践培训。

---

① 参见中华人民共和国教育部. 关于政协十二届全国委员会第五次会议第 1489 号（教育类 143 号）提案答复的函（教提案〔2017〕第 310 号）.

德国通过法律和法规明确规范和约束具体的职业教育行为，这是"双元制"顺利落实的关键要素。

2. 德国"双元制"模式体现了产教融合的育人特点

德国的职业教育法明确规定了理论教学与实践教学的形式和内容。理论教学主要在职业学院开展，实践教学主要在企业通过实训完成，两者交替进行，具体可以是一周在职业学院、另一周在企业，也可以是每周都在职业学院和企业。德国职业教育教学标准依据企业的具体需求，通过联邦、州部长联席会议邀请各行会人员、企业代表、职校校长等进行协商沟通，达成一致后由文化教育部部长或经济部部长签署确定并颁布，一般10年修改一次。在教学标准的基础上，企业与职业学院再共同商定具体的教学计划。专业设置则由工商业协会、职业学院管理局、职业学院共同商定，并在一定行政区域内调整分配，职业学院之间不重复设置。专业设置完成后，具体的专业建设由企业和职业学院共同完成，企业直接参与专业建设和课程建设。每个专业都设专业委员会，负责本专业的课程设置、教学计划制订和运行、实验实训安排、考试组织和毕业论文设计等工作，成员涵盖企业代表、行会人员以及职业学院教师。在具体的教学计划和专业设置上，委员会和各利益主体代表充分体现了分工与合作的职业教育体制机制。在具体的教学过程中，职业学院负责理论教学及考核，保证学生培养的针对性；企业全程参与实践教学，负责毕业设计，组织实践考核；行业协会负责职业资格考试，保障学生理论学习与实践锻炼的深度整合。

在实训、实践教学方面，德国"双元制"的一个突出特色在于实训工厂。实训工厂是介于职业学院与企业之间的一个独立实训基地，是经过行业协会核准后专门提供给职业学院学生进行实践操作的培训基地（工厂）。德国拥有超过300家实训工厂，分别由不同的行业协会协调指导。为加强综合统筹，避免重复建设，同一行业在同一行政区域只设立1~3家实训工厂，其课程设计与实施由工商业协会和职业学院双方共同研讨确定。实训工厂有严格的管理规范、专门的师资培训、完善的组织管理，其对培训师的资质要求较高：获得相应专业的学习（资历）证书、教育教学培训资质证书，并在企业工作3年以上，且无犯罪记录。实训工厂不仅拥有企业正在使用或将要使用的设备，还接受企业投资和无偿捐赠的实训设备，以保证实训工厂拥有先进的实训设备和优良的实训环境。

3. 德国"双元制"模式保证了生源的产教融合

德国重视职业教育，职业教育毕业生的社会认可度高，工资待遇好，个人成就感强。德国在基础教育阶段实行两次分流，都不以学生的学习成绩作为主要依据，而是考虑学生的个体差异、兴趣爱好、未来职业倾向等多方面因素。德国的中学教育具有十分清晰的指向性，学生一般有三种升学选择：一是普通文理高中，毕业后进入综合性大学，相当于我国的本科院校；二是职业高中，毕业后进入应用技术大学；三是职业学院，毕业后直接就业或工作一段时间后进入应用技术大学。与我国不同的是，德国选择文理高中的青少年不足 50%，其他青少年的选择都以专业化教育为主，即接受职业教育。

在招生方面，德国职业学院不是直接面向社会招生，而是与企业共同招生。企业通过接收培训生，与学生签订培训合同，接受学生为企业的学徒工，然后安排学生到职业学院学习。在这个过程中，学生具有企业学徒工和职业学院学生的双重身份，分别在企业和职业学院完成学业，即边学习边实践。理论教学和实践教学的占比为 30% 和 70%，或者 20% 和 80%；理论课程也以适应实践需要为目的设置。学生通过工商业协会或其他组织的考核后方能毕业。有的职业学院收取的学费主要由企业承担，企业对职业教育有很强的参与意识、主动意识、责任意识，企业资助员工学习蔚然成风。学生一方面加强理论学习，另一方面在实际工作岗位进行实操训练，学到的知识和技能更贴近生产实际，更符合岗位要求。

4. 德国"双元制"模式要求师资队伍具有产教融合属性

德国职业教育的"双元"主体决定了职业教育教师整体结构上的"双元性"——职业教师和企业教师。德国对职业教师的资格认定、专业发展等有严格的要求，从而形成了职教师资队伍门槛高、要求严、待遇好的特点。教师分为专职和兼职两类，兼职教师来源广泛，其中企业教师占大部分。对于专职教师，一般要求其具有相应的学历教育学位，并至少具备 3 年的专业工作经历或实践经验。在专业发展上，教师每隔一段时间就要到企业了解和研究企业最近发展动态。对于实训工厂的专、兼职教师，德国还有专门的"双元制"教师职业培训，并出台《实训教师资格条例》，对实训教师的任职资格和专业发展进行明确、系统的规定，保障了德国职教师资队伍的专业和稳定。

二、 美国 "合作教育" 模式①

美国发展职业教育的成功经验是"合作教育"（Cooperative Education），即在职业教育过程中将企业与职业学院结合起来。

美国国家合作教育委员会对合作教育"的基本定义是：合作教育是把课堂学习与通过相关领域中生产性的工作经验学习结合起来的一种结构性教育策略，学生工作的领域是与其学业或职业目标相关的；合作教育通过把理论与实践结合起来提供渐进的经验；合作教育是学生、教育机构和雇主间的一种伙伴关系，参与各方有自己特定的责任。合作教育即把课堂学习和与学生专业或职业目标相关领域内有报酬的、生产性的（有成效的）工作经验结合起来的一种教育计划。合作教育把课堂教学和实践工作经验结合起来，从而实现产教融合，根本目的在于让学生在产教融合的真实工作环境中进行学习和实践。

---

① 本小节参见吴金顺. 美国职业教育的合作教育模式对我国高职院校的启示［J］. 当代继续教育，2015（1）：84 - 86.

1. 美国"合作教育"模式为学生职业技能训练提供了实践平台

合作教育为学生提供了真实的实践平台。学生通过实践工作，可以检验并巩固所学的理论知识；可以获得一些在校内课堂上无法学到的实际技能；可以检验自己的职业兴趣，便于更深刻地了解自己未来的发展方向。提供实践教育的企业可以帮助学生了解社会，为学生毕业后更快、更好地适应社会打好基础。

2. 美国"合作教育"模式为职业学院教学提供了实践条件

合作教育有助于职业学院教师的技能提升和免于实践教学设施的重复建设，既有利于"双师型"教师的培养，又有助于职业学院集中精力抓好课堂教学。

3. 美国"合作教育"模式为企业考察和选择未来员工提供了机会

学生在企业实习期间，企业可以实际考察学生的综合素质能力，例如责任心、协作精神、学习态度、吃苦耐劳精神、专业知识的扎实程度以及动手实践能力。此模式也为企业培训新员工节约了大量的培训费用。

三、 英国 "工读交替" 模式[①]

英国的全日制高等职业教育主要采用"工读交替"制。"工读交替"制主要分为长期和短期两种。长期的"工读交替"制指在职业学院学习和在企业工作的年限都较长。有四年制的课程：前两年在职业学院学习，第三年在企业工作，第四年又回到学院学习、考试、取得证书，即"2 + 1 + 1"。有五年制的课程：第一年在企业工作，第二、三、四年在职业学院学习，第五年又回到企业，即"1 + 3 + 1"。短期的"工读交替"制更为常见，通常为六个月。"工读交替"制的学生也分为两类：以企业为依托、以学院为依托。以企业为依托的学生，无论是在企业工作还是在学院学习，都由企业付给薪金。以学院为依托的学生，在学院学习期间由学院提供资助，在企业工作时领取企业付给的薪金。企业的学生可以通过学习获取更高的职业资格，改善其职业前程；学院的学生由于有企业实习经历，有可能在择业中处于优势。这种学习形式要求有非常细致、周密的组织，使学院的学习与企业的实习紧密结合，同时对教师的要求也比较高。

1. 英国"工读交替"模式根据社会实际需要设置相应专业

英国多科技术学院的专业完全是根据当地工业、商业、服务业的实际需要而确定。确定设置哪些专业和开设哪些课程之前，要多次调查，反复征询有关企事业单位的意见，然后进行评价，再报地方委员会批准。有的专业每年招生，有的专业隔年招生，有的专业隔两年招生，如果发现劳动市场某类技术人员过剩立即停止招生。总之，为本地区的经济与

社会需要服务，针对本地区工、农、商等各行业的需求安排教学计划，提供适应本地区的职业教育课程，使学生毕业后能马上就业，做到学以致用，是多科技术学院专业设置的出发点。多科技术学院的教学采用单元制模式。所谓单元制，就是把一门课分成几个符合标准长度、内容相对独立的单元，学生学完几个单元，通过经常性测验和正式考试便完成了这门课程。学生可以选学甲专业的几个单元和乙专业的几个单元，甚至跨专业、跨学科选学单元。这可拓宽学生学习的知识面，更有利于发挥自己的才能和特长。

2. 英国"工读交替"模式采用"三明治"教学方式

为了学生一毕业就能适应自己的工作岗位，绝大部分多科技术学院都实行了"工读交替"的"三明治"教学方式：学生用一段时间学习理论，再用一段时间到企业参加生产劳动，以验证理论，接着学习一段时间理论，通过考试后得到毕业证书。这种模式用所谓"三明治课程"或"三明治计划"来拉近企业与职业学院的合作关系，具体采取的实施方式是职业学院教育与企业实习时间各半的不同排列组合方式。实践证明，这种教学方式有利于学生更好地理解理论知识，掌握生产技巧和生产过程中较为重要的管理知识，熟悉自己所从事的生产活动在整个生产过程中的地位及其前后衔接的生产程序和关系。

3. 英国"工读交替"模式学制灵活

英国两年制的全日制高级专业证书课程类似我国高等专科职业学院的课程，对入学的新生要求低于三年制学位的学生。全日制三年制包括"三明治"学制，其毕业生可获得学士学位，相当于英国的大学毕业生。既招收一般中学毕业生，又招收在职人员；既承担职前教育，又承担职后进修培训的继续教育；有全日制、半日制，也有夜间制、函授制。尤为突出的是，此模式提供多级水平的课程，毕业生能获得不同的学历资格。

4. 企业在英国"工读交替"模式中发挥重要作用

在英国，企业从以下几方面积极参与职业教育：雇主在教育基金会等关键机构中任职；雇主直接参与职业学院领导班子；企业参与制定职业资格标准；企业参与对职业学院的评估；企业以各种方式为职业学院提供资助；企业与职业学院建立合作办学制度，提供实训设备、场地。职业学院非常重视社会调查，会根据社会、企业的需要设置专业，并严格按照企业或行业协会制定的标准进行教学；把职业知识纳入职业学院课程，开设工作经验课程。学生定期到企业参观，职业学院教师经常到企业体验一段时间，这让他们对工作环境更加熟悉。职业教育与企业界的密切合作还体现在许多职业教育与培训革新计划。1983 年开始实行的"青年培训项目"，重点是让青年在工作中得到实际锻炼，也使雇主关心教育，并与职业学院一起承担培育下一代的责任。类似的项目还有"技术职业教育计划""教育—企业伙伴计划"等。1988 年起开展的"共训工程"，以企业为主，企业要协助职业学院贯彻教学大纲，提高师生对经济和企业的了解，提高教学成绩，帮助及辅导个别学生，为学生学习、实习项目提供专家咨询，提供贯彻教学大纲所需的物质资源；为学生提供业余或暑假打工机会，有计划地组织学生参观企业，以增进学生对将来工作的了解，使学生得到实践经验。职业学院要使教学具有针对性，和企业一起加强对学生的就业指导，为学生提供实践机会；为学生提供继续教育和培训的费用。职业学院和企业联合管理"共训工程"，企业要为教师提供工作岗位，支持企业职员到职业学院工作，加强校企交流。

5. 英国"工读交替"模式得到政府立法支持

为了促使企业参与教育，英国政府通过立法，确保继续教育体系中的职业学院和公立学校的管委会有企业主代表。1989 年政府宣布成立培训与企业协会，目的在于让企业在当地组织中起主导作用，赋予它们培训青年的重任，这样就使职业学院教育与职业培训得到协调的发展。实践证明，这种做法对教育界和企业界都有利，从而使双方的合作更加紧密协调。企业主需要录用基础知识扎实、有培养前途的合格青年，他们对职业学院的教学方法和目标以及如何改革也要了解；职业学院要符合企业主和青年人的要求，掌握工作与劳动力市场趋向的信息。

四、 澳大利亚的 TAFE 模式[①]

TAFE（Technical and Further Education）是技术与继续教育的英文缩写。TAFE 模式以能力为本位、以技能综合训练为基础、以市场为导向，是澳大利亚职业教育的重要组成部分。其教学组织形式由传统的师傅传授徒弟发展为模化块的班级授课制，将学历教育与高等技术岗位培训相结合，形成了独特的职业教育体系。TAFE 模式重视职业能力和岗位能力的培养，并在教学安排上邀请企业人员参与，依据企业需求及市场变化来调整教学计划。TAFE 模式为澳大利亚全民提供了方便的学习环境，不仅满足了不同层次人群的教育需求，同时也满足了社会的需求。

1. 职业教育发展市场化

澳大利亚政府将职业教育置于市场环境下，政府对职业学院的管理模式类似于对企业的管理，不再全额拨款。职业学院经费由市场主导，政府采用招标方式，让各学院制订培训方案来投标，政府经评估后决定购买哪个学院的培训方案，并将资金投入该学院，授课经费按课时进行拨款。如果学院未完成培训任务，政府有权收回资金。

2. 职业教育体系完善化

澳大利亚 TAFE 模式具备完善的终身教育体系，并构建了职业资格证书、学历证书与学位证书之间有效衔接的教育体系。职业教育与高等教育有效衔接，毕业生的职前教育与职后教育紧密衔接，这充分体现了终身教育的理念，体现了时代发展的需求。由政府、企

---

① 本小节参见李国和，闫辉. 澳大利亚 TAFE 模式研究［J］. 中国职业技术教育，2017（9）：78－81.

业、职业学院联合制定培训包，该培训包规定了各级别的认证框架和国家资格认可的标准，形成了完善的职业技能认证体系。每个专业应确立的培养目标及能力要求已在培训包中做了明确规定。培训包充分体现了澳大利亚以职业岗位为导向、以能力培养为本位的办学宗旨。

3. 职业教育主导行业化

澳大利亚 TAFE 模式充分体现了职业教育与行业的紧密联系。澳大利亚联邦政府和各州政府还有各职业学院都有行业咨询组织，并制定了《澳大利亚国家培训局协议》，在该协议中确立了行业协会在职业教育和培训决策中的领导地位。国家培训局由相关行业的专家组成，在行业的需求、职业能力的培养等方面向政府、学院等提供专业上的决策依据。通过行业协会的高度参与，政府、学院、企业相互联系，紧贴市场动向，实现了澳大利亚的劳动力需求与供给的有效结合，在数量和质量上实现了较好的匹配。

4. 职业教育管理职能明确化

澳大利亚 TAFE 模式在管理职能上特别明确，采用 TAFE 模式的各学院由联邦政府和各州政府共同管理。政府下设两个机构，一个是决策机构，一个是咨询机构，负责制定职业教育的方针政策，制定证书和文凭的具体标准，具体工作由国家培训局负责。联邦政府和各州政府严格规范采用 TAFE 模式的各学院的课程设置，但学院可以自行选聘教师，自主决定办学形式，在经费使用上拥有自主支配权。

5. 职业教育创建标准化和人性化

采用 TAFE 模式的各学院创建时需遵循严格的注册标准，只有具备较好的师资条件及营销系统，并符合行业标准的，才能注册。用于职业培训和评估的培训包也有严格的制定标准。此外，采用 TAFE 模式的各学院服务意识处处体现出人性化的一面，采用多种多样的教学方式来满足学生的学习需求，并为学生提供考前和考后的全程服务，以学生利益至上。

第二节　国内产教融合人才培养模式

"产教融合"的概念是 2017 年党的十九大报告首次提出的，强调了产业与教育的深度合作。2017 年 12 月，《国务院办公厅关于深化产教融合的若干意见》（国办发〔2017〕95号）把产学结合作为促进经济社会一体化发展的重要一步，要求制订目标计划，整合教育，发挥重要产业在办学中的作用，使产业深度参与办学，建立校企合作办学体制，促进教育和产业融合发展，建立需求导向型人才培养模式，从根本上促进职业教育发展，支持高等教育、产业改革和经济发展。2019 年 2 月，国务院《国家职业教育改革实施方案》

（国发〔2019〕4号）发布，指出要从促进产教融合校企"双元"育人、建设多元办学格局、完善技术技能人才激励保障政策、加强职业教育办学质量督导评价等方面，提升职业教育现代化水平，为促进经济社会发展和提高国家竞争力提供优质人才资源支撑。2019年4月，国家发展改革委和教育部联合发布了《建设产教融合型企业实施办法（试行）》，提出重点建设培育国家急需产业领域企业，鼓励支持企业以多种方式参与教育，深度参与"引企入教"改革。2019年9月，国家发展改革委、教育部等六部门联合发布了《国家产教融合建设试点实施方案》，积极促进教育链、人才链与产业链、创新链的有机衔接。经过近五年的艰苦努力，在全国范围内建立和培育了上万家产学结合企业，建立了产学结合型企业体系和联合推广政策体系。2020年，国家发展改革委联合教育部、人力资源部开展产教融合型企业试点申报工作，截至当年12月，全国已建立800多家产学结合企业，并试点了21个产学结合城市，产教融合之路迈上了新台阶。[①]

在产教融合、校企合作方面，高职院校进行了多种模式的产业与教育融合的实践探索，有"订单式"、"双元制"、"三元制"、"四元制"、现代学徒制等人才培养模式。

一、 "订单式" 人才培养模式

2003年，时任教育部部长在第二次全国高职高专教育产学研结合经验交流会上明确提出要倡导"订单式"人才培养模式。2004年，教育部等正式颁发《关于进一步加强职业教育工作的若干意见》。"订单式"人才培养模式逐步成为高等职业教育改革与发展的一种模式。

"'订单式'人才培养模式是指人才需求方（通常是企事业单位）与人才提供方（主要是职业学院）经过协商，由人才提供方根据人才需求方提出的所需人才的数量、知识水平以及职业技能等要求，在规定的时间内向人才需求方提供相应数量与质量人力资源的合约式人才培养模式。为了及早进行人才储备和定向培养，避免人才选择的盲目性，一些企业经营者越来越倾向于采取'订单式'人才培养模式，以最小的投入获取最大的人才收益。'订单式'人才培养模式是深度的校企合作，职业学院与企业通过签订联合培养协议，按照'企业订单'制订人才培养方案，同时企业技术人员参与到职业学院人才培养过程中，充实和完善'双师型'教师队伍，解决学生教学培养目标和岗位职业能力不一致的问题。"[②]

我国高职教育实行的"订单式"人才培养模式有以下特点：

---

① 参见李芳威. 关于产教融合发展的国内外研究文献评述 [J]. 通化师范学院学报，2021，42（7）：122－126.

② 张宏伟. 高职教育"订单式"人才培养模式的实施与研究 [D]. 石家庄：河北师范大学，2005.

1. 职业学院与用人单位共同签订"人才订单"，加大校企合作力度

"人才订单"按照订单来源可分为主动订单和被动订单两种。主动订单指职业学院根据自己的办学特色和专业设置主动与用人单位联系签订的人才订单；被动订单指用人单位因急需人才主动与职业学院联系签订的人才订单。企业与职业学院签订供需"人才订单"，为职业学院注入了活力，实现了校企之间在人才培养上的真正结合。[①] "订单式"人才培养模式与以往校企合作模式的最大不同在于企业成为校企合作的直接受益者，使学生就业和企业选拔实现对接。"订单式"人才培养模式使职业学院与企业同心同向、目标一致，实现共赢，激发了企业参与校企合作的积极性，加大了校企合作力度。[②]

2. 职业学院依据企业要求调整、更新专业结构，降低企业经营成本

"由于'订单式'教育本身目的性、针对性很强，特别是企业对学生的期望值很高。因此，'订单班'专业方向的设置是紧紧围绕企业的实际岗位需求不断改变的。为了保证专业设置的科学性和有效性，校企双方针对企业目前和将来岗位需求及具体岗位工作的技能要求，进行深入细致的分析与研究。"[③] 企业根据自己的岗位需求，向职业学院发出"订单"，职业学院和企业一起根据"订单"要求，确定人才培养专业需要，把企业对人才的要求体现到专业设置的培养方案及专业课程设置中，以保证最终培养出来的学生就是企业所需要的人才。"学院教学管理部门、相关教学系部根据已有的专业特点，不断调整专业方向与经济结构相适应，与企业发展相协调，与岗位需求相一致，根据企业岗位的需求，增设新专业或专业方向。"[④] 由于中小企业，尤其是劳动密集型企业，员工需求量大，人员流动频繁，人力资源部门常年面临招聘新员工的压力。"订单式"人才培养模式，一方面可以源源不断地为企业发展提供强有力的人才支持；另一方面可为企业节约时间、金钱等经营成本，有利于提高企业的经济效益。[⑤]

3. 职业学院按照"人才订单"需要组织教学，实现人才精准培养

"'订单式'培养是指职业学院根据与企业签订的'人才订单'确定教育目标，企业也在确定培养目标、人才规格、知识技能结构、课程设置、教学内容和学习成果评估等方面发挥重要作用。……由校内管理与教学人员根据用人单位的需要进行教学改革，包括制订和调整教学计划、进行课程设置和课程内容的改革、加强有针对性的实践教学和职业教育、组织学生考试获取用人单位所需要的职业资格证书等，使学生一毕业就能找准就业方

① 参见唐遨. 我国高职教育订单式人才培养模式研究 [J]. 科教文汇, 2007 (11): 9.
② 参见欧阳芳. 高校订单式人才教育培养模式改革思考 [J]. 中国成人教育, 2020 (18): 20 - 23.
③ 张宏伟. 高职教育"订单式"人才培养模式的实施与研究 [D]. 石家庄: 河北师范大学, 2005.
④ 张宏伟. 高职教育"订单式"人才培养模式的实施与研究 [D]. 石家庄: 河北师范大学, 2005.
⑤ 参见陈慧. 产教融合背景下高职院校订单班人才培养模式探索 [J]. 教育与职业, 2021 (2): 45 - 48.

向，很快进入工作岗位。"①"订单式"人才培养模式下，学生的理论学习、技能提升完全遵循企业的实际需求开展，减少了复合型人才培养的盲目性。有了企业的参与，每个"订单班"的培养计划更加个性化、精品化，提升了学生的专业技术能力，满足了企业实际工作岗位的用人需求。"订单式"人才培养模式提升了人才培养精准度，实现了人才培养与产业需求的精准对接，促进了学生高质量精准就业。②

4. 校、企、生多方共赢，缓解学生就业压力

"订单式"人才培养模式有利于实现校、企、生多方共赢。企业利用"订单式"人才培养模式，借助高校的教学、师资资源，培养企业需要的人才，节约企业人力资源培训成本。职业学院通过企业提供的硬件、软件及合作项目，弥补了自身教学场地、设施的不足，为学生提供了实操实练的机会，使学生在校期间就可以获得企业所需的知识与技能。学生毕业后可直接进入企业实习，在一定程度上解决了企业用人难的问题，也缓解了大学生就业困境。③

随着经济结构转型升级，人才竞争逐渐加剧，毕业生面临着严峻的就业压力。一些学生就业无门，还有的学生为了求得暂时的就业机会，从事着与所学专业无关的工作。与传统培养模式相比，"订单式"人才培养模式实现了所学专业与就业的精准对接，做到人尽其才，大幅提升了学生的求职成功率，促进了人力资源优化配置。高职院校与企业联合培养、定向输送学生，既解决了企业对口人才缺乏的问题，也为学生就业提供了更有利的条件。④

二、"双元制" 人才培养模式⑤

"双元制"是创新创业所需应用人才培养的重要方式。国务院颁布的《国家职业教育改革实施方案》提出要深化校企合作，推动企业深度参与协同育人。"双元制"强调校企双方共同育人，共同制订人才培养方案、共同实施课程建设、共同设定岗位能力培养目标。其解决了职业教育过程中专业教育与实践教育"两张皮"的问题。

"双元制"人才培养模式，又叫双元主体育人，要求企业和职业学院双方共同肩负起职业教育的重任。首先，职业学院要向学生传授相关专业的基础知识，夯实学生的理论知识和拓宽学生的视野；其次，企业要培养学生的实际操作能力，让学生将理论知识应用到

---

① 张宏伟. 高职教育"订单式"人才培养模式的实施与研究［D］. 石家庄：河北师范大学，2005.
② 参见陈慧. 产教融合背景下高职院校订单班人才培养模式探索［J］. 教育与职业，2021（2）：45－48.
③ 参见欧阳芳. 高校订单式人才教育培养模式改革思考［J］. 中国成人教育，2020（18）：20－23.
④ 参见陈慧. 产教融合背景下高职院校订单班人才培养模式探索［J］. 教育与职业，2021（2）：45－48.
⑤ 本小节参见朱凤文，李博，王大龙. 产教融合背景下高职院校"双元"育人模式研究［J］. 中阿科技论坛（中英文），2021（4）：168－170.

实际工作中。该模式可发挥校企双方各自的优势，实现资源互补和共赢，提高校企双方共同育人的成效。"双元制"育人必须紧紧跟随时代的步伐，对新时代所需人才类型了如指掌，积极适应和服务新时代的发展需求，通过新方式、新方法培养出更多高素质、高技能的应用型人才。

在"双元制"人才培养模式下，教学模式和培训内容相较传统的职业教育有了很大改进，理论教学与实际工作紧密结合。学生到企业实习，企业为学生提供实际的工作环境，还提供一些技术服务。同时，在开展职业技能培训时，学生学习的目标非常明确，即毕业后能够快速进入岗位工作。企业在教育教学中主体地位增强。在"双元制"人才培养模式下，企业将最先进的技术和标准的工作流程引入职业学院的课堂，其在职业学院教育教学中的主导地位也相应增强；同时，这些教学内容与学生未来所从事的工作岗位相匹配，能使学生提前熟悉工作内容，提前学会工作的方式、方法。

1. 校企共同构建育人机制

"双元制"人才培养模式下，学生的培养由企业和职业学院共同来完成，校企共同育人机制从政策和制度上强调了校企共同培养的原则，其方式和内容一致。在培养之前，校企共同探讨职责和分工，共同制订人才培养方案和考核标准，人才培养方案根据行业的变化实时调整，以更好地适应工作岗位需求；在培养过程中，校企共同开发课程和教材，采取项目和任务式教学，按任务进行考核评价。在职业学院和企业的教学过程中，校企双方的职责各有侧重。校企双方利用各自的资源和优势，共同建设实训基地，为学生实训创造良好的环境。校企协同育人需要政府政策的积极引导，大力完善相关政策体系，保证校企双方的各自需求，积极扶持校企合作，实现校企共赢并建立共同育人机制。

2. 校企联合制订人才培养方案

随着就业形势的不断变化，企业的岗位需求和用人标准也在不断变化，传统的人才培养目标、教学计划早已不能适应新时代的发展需要，职业学院必须结合当前的最新形势，以就业市场需求为导向，因地制宜，与企业联合制订人才培养方案，积极主动与企业的讲师合作进行集体备课、教材开发、课题申报、论文发表等，以培养出更多实践型、应用型、创新型人才。

3. 校企共同建设教学资源

校企共同建设课程、共同讲授课程，按照"课程体系与岗位需求相对接、教学场景与工作场景相对接"的课程建设思路，科学设计课程体系，合理安排理论与实践教学课时，不断探索和研究新的教学方式、方法，确保理论与实践紧密结合，提升课堂乃至整个课程的教学效果和教学质量。在高职院校产教融合中，根据职业学院的软硬件情况和学生的学习情况，选择企业真实项目，运用网络信息技术和工具，整合职业学院优质资源，开发网络课程平台和教材，形成专业课程资源库。在这个过程中，需要加强校企合作的力度。在产学研结合、校企合作的过程中，要提高教师的岗位操作能力和企业技术人员的理论知识水平，培养一支优秀的师资队伍，形成产学研结合的"双元制"教育基础，为学生提供优质服务。

4. 校企共同培育"双元制"教师人才

在高职院校产教融合的"双元制"教育培养工作中，教师人才队伍建设意义重大，是促进校企结合和产教结合发展的基本保障。在此期间，校企应积极建设"双元制"教师团队，保证教师掌握扎实的基础知识和对应的专业技能，拥有丰富的实践操作经验和较强的实践操作教学指导能力。在职业学院的教学工作中，教师普遍存在理论水平较高、实践操作能力较弱的问题，有必要在实际工作中制订完善的教师培训方案，促进教师专业能力的提升。首先，加强校企联合教师队伍建设。企业教师和职业学院教师要互相配合，达成默契，形成一支高素质的校企教师队伍，提高专业能力和教学指导能力。企业教师在与职业学院教师交流的过程中，要引导职业学院教师掌握实践知识和技能，促进其各方面教学水平的提高。其次，安排职业学院教师到企业接受在职培训，培养其专业技能，使其掌握与时俱进的行业知识，提升教学质量。最后，完善教师评价机制，完善相关考核激励制度。在产教融合背景下，加强培训基地建设和管理，全面考核评价教师的专业素质和工作能力，给予教师一定的教学奖励，鼓励教师继续学习，参与产教融合的"双元制"教学工作，为学生提供优质的教学服务。

三、 校企行 "三元制" 人才培养模式

校企行"三元制"人才培养模式是指职业学院与企业、行业协会紧密合作，形成产学研一体化的育人模式。"三元制"人才培养模式涵盖了高职人才培养工作的全过程，包括市场调研、专业岗位群聚类、岗位能力分析、岗位技能提炼、课程设置、课程教学和招生就业等。[①]"行业协会发挥行业指引作用和校企沟通的桥梁作用，协调各方的诉求和利益，使校企合作更加紧密。企业参与专业人才培养方案的制订工作，明确岗位培养目标，力求'课岗合一'，同时与学校实现教学、科研资源共享。校企行'三元制'人才培养模式的关键在于资源整合、校企深度融合和资源共享，包括教学的融合、技术的融合和管理的融合等，形成三方利益共同体。"[②]"三元制"人才培养模式可大幅降低企业运行成本，缩短毕业生与企业的磨合时间，实现校企合作、产教融合、学为所用。该模式主要有以下特点：①同构人才培养方案和专业课程体系。②共同开发适应高职特点的实用教材。③共建

---

① 参见张腾达，孙士新. 基于"三元制"高职人才培养模式探索［J］. 黑河学院学报，2020，11（8）：89 – 91.

② 汪滢滢. 产教融合背景下国内外职业教育人才培养模式综述［J］. 云南科技管理，2021，34（5）：59 – 61.

校内外实训基地。④共建合作平台以实现共赢。[①]

四、 政校行企 "四元制" 人才培养模式

政校行企"四元制"人才培养模式采用"政府主导、职院主体、行业指导、多企参与"的方式，以企业实际工作流程作为人才培养过程，创建全真工作环境，注重学生职业素质及能力的提升，既满足了行业发展对人才的需求，又提高了就业质量，实现学生的充分发展，做到专业培养和企业需求的无缝对接，使人才培养目标的针对性和可行性更强，保证供给与需求，即培养与就业的相互统一。通过政校行企四方资源的无缝融合，依托区域经济发展，紧随行业发展势头，围绕多方合作办学、育人、就业和发展，在工学交替的基础上合作共建、共培、共育、共管、共评，提高了专业办学和教育价值，实现政府部门、行业协会、企业和专业对学生的全过程、全方位、全视角的"政、产、学、研、用"协同创新培养。该模式主要有以下特点：①发挥政府引领作用，构建多元化专业办学团队。②优化办学育人机制，实现多方资源优化整合。③提升专业办学核心竞争力，形成品牌特色竞争力。④细化质量建设工程，提升高校人才培养质量。[②]

五、 现代学徒制人才培养模式

学徒制是一种历史悠久的职业培训方式，世界各国根据自身手工业的特点，形成独具本国特色的学徒制，但大体上都是采用师傅带徒弟的形式传授工艺技能。现代学徒制是将传统的学徒培训结合到职业教育中的一种现代职业教育体制。2015 年，我国正式启动现代学徒制试点并在全国推广。该模式主要有以下特点：①提高人才培养质量和针对性。②将职业教育和岗位培训相结合。③综合培养学生职业能力。④权责利明晰。[③]

第三节　国外产教融合办学模式对我国职教改革的启示

2018 年，中共中央、国务院印发《关于全面深化新时代教师队伍建设改革的意见》，对深化我国教师队伍的建设与改革，对培养造就党和人民满意的教师队伍，提出了具体指引和系统要求。该意见明确提出"支持高水平职业学院和大中型企业共建双师型教师培养

① 参见刘辉珞. 基于行业学会的三元制高职办学模式的实践研究 [J]. 中国职业技术教育，2011（3）：15 - 18.
② 参见陈辉. "政、校、行、企"协同创新育人模式研究 [J]. 济南职业学院学报，2019（2）：4 - 7.
③ 参见闻玉辉. 我国高职现代学徒制人才培养模式特点研究 [J]. 产业与科技论坛，2017，16（9）：195 - 196.

培训基地，建立高等职业学院、行业企业联合培养双师型教师的机制""完善职业院校教师资格标准，探索将行业企业从业经历作为认定教育教学能力、取得专业课教师资格的必要条件"。《国家职业教育改革实施方案》也提出"建立健全职业院校自主聘任兼职教师的管理办法，推动企业工程技术人员、高技能人才和职业院校教师双向流动"，"定期组织选派职业院校专业骨干教师赴国外研修访学"。这是指引新时代教师队伍建设的行动指南，也是深化我国教师队伍建设与改革的具体要求。新时代背景下，我国职业教育师资改革和建设面临着一系列任务和挑战，只有采取真正深化产教融合，厘定职业教师资格标准，构建完善的职业教育师资培养体系和培训体系，建立职业院校、行业协会、企业联合培养"双师型"教师的机制，制定职业教育教师专业发展及激励机制等一系列保障措施，才能更好地打造职业教育"双师型"教师队伍。

德国"双元制"模式对我国职教改革的启示有：①基于产教融合视域，对职业教育本质问题再认识。②以产教融合为标志，校企协同育人。③立足产教融合，打造"双师型"教师队伍。④基于产教融合标准，健全人才培养评价机制。⑤创新产教融合思路，坚持多元化开放办学。[①]

美国"合作教育"模式对我国职教改革的启示有：①建立符合区域发展特色的职教产教融合模式。②逐步完善职教产教融合教育制度。③建立以产教融合模式运行的生产性实训基地。④建立"校企一体化"高职人才培养机制。[②]

英国"工读交替"模式对我国职教改革的启示有：①工作过程导向的课程观。②综合能力本位的培养目标。③以工作任务为中心的课程内容。④理论考核与操作考核相结合的课程评价。[③]

澳大利亚TAFE模式对我国职教改革的启示有：①健全法制政策，构建终身化、全民化职业教育环境。②加强政府管理，多元化办学保障职业教育持续发展。③坚持市场化主导，采取开放办学模式。④改进课程体制，构建"双师型"教师队伍。[④]

第四节　产教融合体制机制改革研究

无论对于国民教育体系还是人力资源开发而言，职业教育都是不可或缺的。在传承技

① 参见周彦兵. 产教融合视域下德国"双元制"模式分析及借鉴 [J]. 教育与职业，2020 (12)：65 - 70.
② 参见张春平. 中外高职教育校企合作的比较与启示 [J]. 教育与职业，2013 (18)：27 - 28.
③ 参见杨敏. 简论英国现代学徒制及对我国职业教育的启示 [J]. 中国职业技术教育，2010 (18)：16 - 18.
④ 参见李国和，闫辉. 澳大利亚TAFE模式研究 [J]. 中国职业技术教育，2017 (9)：78 - 81.

能、培养多元化人才、促进就业创业、促进经济社会发展等方面，职业教育功不可没。建立产教融合体制机制，要从办学机制、办学主体、教育教学、资源建设四方面着手。①

一、 我国高职院校产教融合发展历程

我国高职院校的产教融合发展是高职院校与行业协会、企业之间关系在高等职业教育领域的呈现。自新中国成立以来，我国高职院校产教融合发展经历了不断变化的历程：①产教融合意识伊始阶段（1949—1977 年）。②产教融合初步探索阶段（1978—2005年）。③产教融合萌芽成型阶段（2006—2010 年）。④产教融合丰富形式阶段（2011—2015 年）。⑤产教融合创新发展阶段（2016 年至今）。②

二、 高职院校产教融合体制机制政策支持

随着高职院校产教融合体制机制的不断发展，国家相关政策也在不断发生变化。国家陆续出台新的职业教育政策制度，通过政策引领，促进高职院校产教融合体制机制改革，满足其现实需求目标。职业教育产教融合体制机制建设，要服务于职业教育目标的实现，坚持多主体协同育人，不断拓展和丰富产教融合形式，进而促进产教融合体系的整体深入发展。国家政策的颁布推动了职业教育目标的实现，主要体现在：（1）支持职业教育产教融合目标的实现。包括：①与职业教育培养目标相结合。②注重育人功能的发挥。（2）推动产教融合多主体协同育人。包括：①明确职业教育产教融合的参与主体。②建立产教融合参与主体的合作模式。（3）拓展和丰富产教融合形式。③

三、 高职院校产教融合动力机制构建

当前产教融合正处于经济高质量发展、国家政策推动、社会发展需求、高职院校扩招的时代背景下，这既肯定了产教融合的必然趋势，又为其带来了一定的发展契机。高职院校和企业作为职业教育的重要办学主体，更应考虑如何把握这一时代契机，从而推动产教融合动力机制的发展。

产教融合动力机制是指促使职业学院、企业、政府等多方主体达成一种相对平衡状态的内外部动力因子，在产教融合各环节中有效发挥作用的各类活动机制。产教融合动力是

---

① 参见刘任熊，冯立元，苗睿岚，等. 从独角戏到双主体：职业教育产教融合制度演进脉络 [J]. 中国职业技术教育，2021（6）：33 - 43.

② 参见刘任熊，冯立元，苗睿岚，等. 从独角戏到双主体：职业教育产教融合制度演进脉络 [J]. 中国职业技术教育，2021（6）：33 - 43.

③ 参见杨院，许晓芹，连晓庆. 新中国成立 70 年来职业教育产教融合政策的演变历程及展望 [J]. 教育与职业，2019（19）：26 - 31.

推动产教深度融合的重要力量。通过产教融合动力机制改革，有利于充分调动利益主体的参与动力；有利于优化产教融合运行机制，强化目标管理，实现利益平衡；有利于完善产教融合保障机制，促进产教深度融合。其能在一定程度上确保利益主体在整个产教融合运行过程中具备充足的参与动力，从而助推产教深度融合。这对高职院校产教融合动力机制构建具有重要的意义。①

从宏观层面来看，产教融合动力机制经历了三个发展阶段：一是新中国成立初期，职业教育资源配置受政府管控，因而动力主要来源于外部环境；二是改革开放后，职业教育与市场经济联系密切，内部动力开始发生作用；三是进入新时代，市场成为资源配置的决定性因素，内部动力逐渐占据主导地位。② 从微观层面来看，应遵循职业教育发展动力的逻辑来构建职业教育发展动力机制，包括构建职业教育发展动力激发机制、职业教育发展动力聚合发生机制以及职业教育发展动力生成保障机制等。③

完善产教融合动力激发机制的方式有：①落实产教融合政策激励。②提高产教融合物质激励。③注重产教融合精神激励。④

建立产教融合动力合成机制的方式有：（1）建立目标管理机制。包括：①构建产教融合统一理念。②制定产教融合统一目标。（2）建立利益平衡机制。包括：①完善政策约束机制。②健全要素融合机制。⑤

优化产教融合动力保障机制的方式有：（1）健全法律保障机制。包括：①加大政策落实力度。②保持产教融合政策连续稳定。（2）完善行为保障机制。包括：①成立管理组织。②改革评价制度。（3）构建经费保障机制。包括：①拓展经费投入渠道。②降低经费运行成本。⑥

① 参见陈晓青. 广州市高职院校产教融合动力机制研究［D］. 广州：广东技术师范大学，2021.

② 参见袁平凡，谌雷元. 新中国70年职业教育产教融合的历史经验与演变逻辑：对25份职业教育政策法律法规文本的分析［J］. 职业技术教育，2019，40（33）：18-24.

③ 参见安冬平，刘筱，张韶回. 职业教育发展动力机制的建构路径［J］. 教育与职业，2017（14）：14-18.

④ 参见安冬平，刘筱，张韶回. 职业教育发展动力机制的建构路径［J］. 教育与职业，2017（14）：14-18.

⑤ 参见田志磊，李俊，朱俊. 论职业教育产教融合的治理之道［J］. 中国职业技术教育，2019（15）：14-20.

⑥ 参见陈晓青. 广州市高职院校产教融合动力机制研究［D］. 广州：广东技术师范大学，2021.

实践篇

SHI JIAN PIAN

第二章

高职院校产教融合人才培养探索

　　深化产教融合是党的十九大报告明确提出的改革任务，随着经济发展进入新常态，人才供给与需求的关系发生深刻变化。创新驱动发展、"互联网＋"、大众创业万众创新、"一带一路"倡议等国家重大决策的实施，对地方高校人才培养工作提出新的、更高的要求。因应这些要求，需要发挥产教融合连接人才培养与市场需求的纽带作用，解决产教融合中的人才供给侧问题，推动人才培养进程。产教融合育人模式是将产业发展与职业教育进行有效融合，在融合的基础上加强实践教学，从而提升人才创新创业能力。产教深度融合是构建现代高职教育体系的必由之路。在国家政策推动下，高职院校不断探索和创新产教融合人才培养模式，推进产教融合对于培养适应社会企业发展急需的高技能、高素质人才具有重要意义。

第一节　地方政府积极出台产教融合政策

一、　深化产教融合的广东省实施意见[①]

　　为深入贯彻习近平新时代中国特色社会主义思想，深入贯彻党的十九大和十九届二中、三中全会精神，深入贯彻习近平总书记重要讲话精神，进一步深化广东省产教融合，促进教育链、人才链与产业链、创新链有机衔接，根据《国务院办公厅关于深化产教融合的若干意见》（国办发〔2017〕95 号）有关要求，广东省人民政府办公厅公布了《广东省人民政府办公厅关于深化产教融合的实施意见》（粤府办〔2018〕40 号，以下简称《实

---

① 本小节参见广东省人民政府办公厅关于深化产教融合的实施意见出台 ［EB/OL］．［2018 – 09 – 25］．南方网，https://gdio. southcn. com/node_ 8359aec47a/e84430e66a. shtml.

施意见》），就进一步深化广东省产教融合，促进教育链、人才链与产业链、创新链有机衔接，提出具体意见。

《实施意见》指出，深化产教融合是推进人力资源供给侧结构性改革的重要举措，对新形势下全面提高教育质量、扩大就业创业、推进经济转型升级、培育经济发展新动能具有重要意义。

1. 构建教育和产业统筹融合发展格局

在广东省全面实施创新驱动发展、乡村振兴、"一核一带一区"等战略部署的背景下，结合国家层面将产教融合发展纳入国民经济社会发展，广东省统筹优化教育和产业结构，同步规划产教融合发展政策措施、支持方式、实现路径和重大项目。编制广东省产教融合专项规划，明确研究型高校、应用型本科和职业院校（含技工院校，下同）等各类职业学院在产教融合中的定位、目标、任务和发展路径。深入实施高等教育"冲一流、补短板、强特色"提升计划，重点加强高水平大学建设，打造一流学科，提升高端创新人才的供给能力，加强关键共性技术、前沿引领技术、现代工程技术、颠覆性技术创新；将产教融合建设纳入高校绩效评价体系，对在产教融合建设方面有突出表现或取得突出成果的高校给予专项奖励。加快应用型本科院校转型发展，突出专业特色，强化协同育人，培养适应现代产业需求的高素质人才。实施高水平职业院校建设计划，每个地市办好至少一所高职院校和若干所中等职业学院，创建一批高水平技师学院；加快推进省级职业技术教育示范基地（清远）建设。引导职业教育（含技工教育，下同）资源向产业和人口集聚区集中，各地高新区、开发区、产业园区、专业镇至少与一所职业院校对口合作开展专业建设和人才培养。

2. 推动学科专业与产业需求精准对接

根据广东产业集群式发展的规律特点，制订重点专业集群建设规划。建立行业和企业参与的学科专业设置评议制度，健全根据社会需求、职业学院办学能力和行业指导科学设置新专业的机制。瞄准广东省战略性新兴产业，推动高校优化学科专业结构，促进交叉学科和新兴学科发展。优化传统工科专业设置，推动传统产业转型升级。积极支持家政、健康、护理、养老、文化、旅游等社会领域紧缺专业建设。适应新技术、新产业、新业态、新模式的发展需求，加快建设机器人、大数据、人工智能等一批新工科专业。开展技工院校示范性专业建设，建设一批省级重点专业和特色专业。建立广东省紧缺人才清单，编制并按年度发布紧缺人才专业和职业（工种）目录。强化就业市场对人才供给的有效调节，推动人力资源和社会保障数据与教育数据共享，进一步完善高校毕业生就业质量年度报告制度。严格实行专业设置预警和退出机制，引导职业学院对设置雷同、对口就业率过低的专业暂停招生或取消。

3. 健全人才培养体系，推进产教协同育人

健全高等教育学术人才和应用人才分类培养体系，提高应用型人才培养比重。出台支

持产业学院建设的政策措施，根据产业需求整合相关学科专业，组建跨学科、跨专业的产业学院。深化专业学位研究生教育综合改革，推进研究生联合培养基地建设。深化全日制职业院校办学体制改革，推进职业院校与企业、行业协会、产业园区联合办学。选取技术性、实践性较强的专业，全面推行现代学徒制和企业新型学徒制，推动职业学院招生和企业招工相衔接，明确学生—学徒"双重身份"，强化职业学院和企业"双主体"实施。推动校企合作共建专业、共编教材、共设工学结合一体化课程及联合搭建实践平台，推行面向企业真实生产环境的任务式培养模式，开展职业学院与企业、专业与企业、班级与企业等多层次合作办学。推广校企协同育人"3＋1"应用型人才培养模式，构建以能力为本的一体化培养方案。应用型本科院校学生在校期间参加实习实训时间累计不少于一学年，职业院校实践性教学课时不少于总课时的50%。

4. 加强产教融合师资队伍建设

支持企业技术和管理人才到职业学院任教，鼓励有条件的地市探索实施产业教师（导师）特设岗位计划。完善符合职业教育和应用型高校特点的教师资格标准和专业技术职务（职称）评聘办法。制定高校选聘产业教授相关办法，鼓励职业学院引进具有行业协会、企业工作经历的教师，优化高校教师结构。建立职业学院教师引进绿色通道，职业学院可采用直接考核的方式聘用高技能领军人才等。建立职业学院教师与企业专业技术人员相互兼职制度，经所在职业学院或企业同意，职业学院教师和企业专业技术人员分别到企业、职业学院兼职的，可根据有关规定和双方约定确定薪酬。职业学院教师依法取得的科技成果转化奖励收入、职业技能竞赛奖励收入和面向社会开展培训的劳务收入等单独据实核定，不纳入单位绩效工资调控基数。加强职业学院"双师型""一体化"教师培养，完善"双师型""一体化"教师认定标准和办法，提升我省职业院校"双师型""一体化"教师占专业课教师比例。

5. 完善招生考试配套改革

畅通职业院校学生升学通道，稳步推进中职高职衔接、高职本科衔接和中职本科衔接。健全技师职业学院招生工作机制，探索建立技师学院和高职院校同一平台招收高中毕业生制度，落实技工职业学院纳入当地中职统一招生平台制度。优化高校招生结构，下达年度高校招生计划时，重点支持理工科专业招生人数增加的高校。试点应用型本科院校与企业联合开展定向招生，招生计划作为专项计划单独下达，不占职业学院招生计划数。新增研究生招生计划，向承担国家和省级重大科技专项、研究课题及紧缺高层次人才培养、校企协同育人方面成果突出的高校倾斜。优化财政生均拨款制度，鼓励应用型本科高校和职业院校扩大新工科专业和其他紧缺专业招生。调整生均拨款折算系数时，对理学、工学、医学和其他紧缺专业予以适当倾斜。

6. 推进教育"放管服"改革

高职院校公开招聘工作人员，可按有关政策要求自主拟定招聘条件，自主组织公开招聘，聘用结果报人力资源和社会保障部门备案。高职院校可在核定的机构编制和职位总量范围内自主确定内设机构设置，报编制部门备案。逐步放开专科职业学院招生计划，在核定的办学规模内，由高职院校自主确定年度招生计划，报教育部门备案。除国家控制布点专业外，职业院校可自主设置职业教育专业，高职和中职院校报教育部门备案，技工院校报人力资源和社会保障部门备案。

7. 发挥企业的重要主体作用

制定混合所有制职业院校试点实施办法。国有企业举办职业学院，可参照职业学院所在地公办职业学院标准安排生均拨款，所需经费按原渠道保障。支持企业深度参与教育教学改革，参与职业学院专业规划、教材开发、课程设置、实习实训等。推行国家基本职业培训包制度，结合技能鉴定评价大力开发职业培训包。若有新开发并经评审符合要求的职业培训包，根据开发成本，可获得就业类资金 10 万～30 万元资助。对于开展现代学徒制、企业新型学徒制培训的企业，按规定给予职业培训补贴。落实企业职工培训制度，按照职工工资总额的 1.5%～2.5% 足额提取教育培训经费，确保教育培训经费 60% 以上用于一线职工。将不按规定使用教育培训经费并拒不改正的行为纳入企业信用记录。制定产教融合型企业评定标准和奖励办法，将人才培养、产教研合作取得显著成效的企业认定为产教融合型企业，各级经济和信息化部门在技术改造补助、企业技术中心认定等方面予以优先支持，科技、发展改革部门在企业创新平台建设上予以优先支持。

8. 推进产教协同创新

高职院校、科研机构牵头申请的应用型工程技术研究项目，原则上应由行业协会、企业参与并制订成果转化方案。引导高职院校将企业生产一线实际需求作为工程技术研究选题的重要来源。开展知识产权分析评议，完善高职院校科研后评价体系，将成果转化成效作为项目和人才评价的重要内容。建立激励科技成果转化的职称评审导向，技术转让项目可代替纵向课题作为职称评审材料。加强企业技术中心和高职院校技术创新平台建设，鼓励行业骨干企业和高职院校联合共建重点实验室、工程研究中心、产业创新中心、技术创新中心、中试和工程化基地。建立重大科技基础设施开放共享激励机制，推进企业、高职院校和科研机构共享人才智力、仪器设备、实验平台和专利基础信息等创新资源。大力支持高职院校师生开展科技研发和创新发明，积极引导中小微企业参与科技孵化。利用产业投资基金、创新创业基金支持高职院校创新成果和核心技术产业化，着力培育高质量知识产权成果。

9. 加强平台载体建设

建立由职业学院、行业协会、企业、科研机构等共同参与的为产教融合服务的社会组织，开展人才需求预测，促进校企合作对接。打造覆盖全省的产教融合综合信息服务平台，汇聚人才供需、校企合作、项目研发、技术服务等各类信息，向各类主体提供精准化信息发布、检索、推荐和其他相关服务。举办产教融合对接洽谈活动，组织职业学院和企业、产业园区等各类主体在教育培训、项目合作、技术研发等领域开展合作。建立产教融合统计评价体系，组织第三方开展产教融合效能评价，评价结果作为绩效考核、投入引导、试点选择、表彰激励的重要依据。加强公共实训基地建设，支持龙头企业、职业学院、社会培训机构共同建设独立运作的公共实训基地，为当地学生提供基于真实生产项目和生产岗位的培训实践场所，有条件的地市可按基地接收实习实训人数和学时给予一定补助。

10. 推动粤港澳大湾区产教融合发展

支持经核准的港澳高校在广东开展独立办学试点，支持港澳高校与珠三角地区高校深化科研教育合作，推动人员互访、学分互认、学位互授和设施共享，共建优势学科、实验室和研究机构，共同研制既符合国际行业标准又适应区域发展的教育框架、教学标准及教材体系。以广东省率先承认港澳职业资格为先导，推进职业资格粤港澳三方互评互认，允许在港澳地区取得职业资格的专业技术和服务人员在广东提供专业服务。积极引入国外优质办学资源，引进世界知名大学和特色学院开展合作办学，支持应用型本科高校、高职院校与国外高水平应用技术大学合作办学。

11. 开展产教融合建设试点

大力支持地市、职业学院、企业争取国家试点任务，申报国家产教融合发展工程项目。制订广东省产教融合建设试点方案，首批在粤东西北和珠三角地区各遴选 2~4 个地市开展省级试点，明确试点任务、遴选方式、目标要求，完善支持激励政策，重点开展人才培养、产学研合作、产教联盟、混合所有制办学等试点任务。对于承担试点任务的责任主体，在国家和省级产教融合发展项目安排上给予重点支持。联合第三方开展产教融合试点评估，经过 3 年左右建设周期，总结试点经验，抓好典型引领，在全省范围内逐步推广。

12. 完善政策支持体系

统筹用好现有省级教育发展、产业发展、科技发展类专项资金，支持对接产业链的学科专业体系、实习实训平台等项目建设和产教融合试点工作。发挥政府投资基金的引导作用，带动金融机构投资符合条件的产教融合项目建设。引导银行业金融机构创新服务模式，开发适合产教融合项目特点的多元化融资品种。积极支持符合条件的企业在资本市场进行股权融资，在沪深证券交易所、全国银行市场发债融资，加大产教融合型实训基地项目投资。鼓励保险公司加快发展学生实习责任保险和人身意外伤害保险产品，对现代学徒制、企业新型学徒制保险专门确定费率。落实职业学院、企业开展教育培训、实习实训的税收优惠政策，省税务局牵头制定各项税收优惠政策的具体操作指引，并广泛组织宣传。企业投资或与政府合作建设职业学院的建设用地按教育用地管理，符合划拨用地目录的非营利性民办教育设施用地可按划拨方式供地。

二、 产教融合的职业教育 "广州方案"

"十三五"期间，广州全面推进现代职业教育综合改革示范市的创建工作，总体目标已基本实现。政府坚定的支持为职业教育的发展插上了腾飞的翅膀，职业院校毕业生就业率连续三年稳定在 97% 以上。市政府印发《广州市加快 IAB 产业发展五年行动计划（2018—2022 年）》《关于进一步优化广州市职业教育专业结构的指导意见》，引导职业学院调整专业，主动对接产业发展需求。在市委市政府的精准指导下，相关院校按需增设了工业机器人、云计算、智能控制技术、精密制造、公共卫生防疫、精细木工、岭南特色工艺等专业，停办了不适应社会发展需求的一些专业，提高了广州市产业布局与人才需求类型、层次、数量等条件的契合度。高水平专业群建设是贯彻《国家职业教育改革实施方案》的重要举措，职业学院的专业群建设能够将地区产业经济发展与技能型人才需求对接起来，有利于提升职业学院的办学水平与培养质量，在一定程度上减缓学生的就业压力。随着现实的需求以及时代的发展，不仅高职院校在开展专业群建设，而且中职院校也在动态调整专业，以服务区域经济发展。

广州通过搭建多元合作平台，整合职教资源。2016 年以来，广州市政府主管部门牵头成立了由院校、行业协会、企业等多方参与的 15 个市级专业指导委员会，研制出台两批 17 个市级中等职业学院专业教学指导方案，认定和建设了 13 个市级产教融合、校企合作项目，支持联合共建产业学院。2019 年，广东省政府向国家发展改革委、教育部唯一推荐广州市为全国首批国家产教融合型试点城市。广州市教育局主推的"广州市产教融合示范区"因具广州特色的产教融合模式受到关注。①

在广州市的产教融合建设过程中，广州市教育局积极响应《实施意见》，按照《实施意见》中"各地、各有关部门要高度重视，加强组织领导和协调联动，明确职责分工，完善评价体系，强化督导检查，确保各项工作落到实处"的要求，加强宣传动员和舆论引导，积极营造全社会充分理解、积极支持、主动参与产教融合的氛围。广州市教育局为全面贯彻党的十九大关于"深化产教融合、校企合作"的精神，依据《实施意见》，加快推进各类人才向广州开发区集聚，精准对接广州开发区支柱产业发展和战略性新兴产业发展对各类人才的需求，为高职开发区产业发展提供人才和智力支撑。2018 年 11 月 30 日，广州市教育局联合广州开发区管委会出台了《"广州市产教融合示范区"建设方案（2018—2020 年）》（穗教发〔2018〕112 号），决定共建"广州市产教融合示范区"，坚决把产教融合的职业教育"广州方案"落到实处。

---

① 参见陈璠. 广州：以昂扬姿态书写职教亮丽答卷 [J]. 教育家，2021（13）：58 - 60.

广州市高校、科研院所和黄埔区、广州开发区的行业协会与企业资源有机结合，构建政、校、行、企多元治理、协同推进的办学格局。①精准对接，精准育人。精准对接开发区发展需求，精准培养开发区产业需求人才，提高人才培养质量，促进教育链、人才链与产业链、创新链的有机衔接。②优势互补，融合发展。集合政策优势、产业聚集优势、行业发展优势以及高校科教资源优势，实现强强联合、联动发展。③先行先试，示范引领。充分调动企业参与产教融合的积极性和主动性，增强改革强度与创新力度，建设广州、珠三角乃至全国产教融合发展新标杆。

建设目标重点在构建多主体协同育人机制、探索优势专业组团发展格局、培育产教融合服务组织、推进产教融合人才培养改革等方面实现新突破，建成"政校行企四方联动、人才供需精准对接、资源集聚融合发展"的全国一流产教融合示范区，显著提高人才培养质量，增强职业教育、高等教育对经济发展和产业升级的贡献能力，促成政府主导、多方联动的实施。

1. 组建产业学院，提高产业人才的培养质量

组建产业学院，建构"专业—产业学院—专业群—产业群"紧密结合的良性链条。对接广州开发区产业需求，充分利用开发区的产业优势，发挥企业育人主体作用，遴选市属高校相关优势专业与开发区企业共同组建若干产业学院，在教育教学、师资建设、技能竞赛、就业创业、科学研究与成果转化、社会服务等方面协同合作，提高产业人才培养质量。

2. 建设新型实训创研基地，促进校企一体化人才培养模式改革

职业学院、企业等共同谋划、共同确定针对性强的人才培养方案、培养标准、课程、教学内容、考核评价、平台建设、师资等。综合采用"3＋1""2＋2""园中院"等多种校企合作模式，增加实践教学比重，充分发挥园中办学、紧贴企业的优势，灵活采取生产现场教学、企业真实生产项目教学等方式，将产业生产实践的真实场景引入教学。深化创新创业教育改革，利用产业学院实训平台，引导学生参与创新创业训练，由企业导师进行项目指导。积极促进科教融合，以科学研究、技术革新促进教学和人才培养，并将研发成果及时转化。

3. 建立产业学院师资库，打造专、兼结合的师资队伍

支持企业技术和管理人才到产业学院任教，在产业学院内部设立若干教师专岗，由企业派业务骨干担任，鼓励有条件的产业学院探索实施产业教师（导师）特设岗位计划。集合在穗高校、科研院所及各企业、行业协会等专家和技术人才资源建立产业学院师资库，为产业学院开展教学和培训等提供教师资源保障，探索产业学院购买企业优质课程和教学服务的新路径。鼓励开设产业学院教师工作室（坊）、"双师"工作室和技术研发平台，将产业学院建设成"双师型"教师培养培训基地。

4. 成立产教融合服务企业，提供产教供需的专业化对接服务

由广州开发区人才工作集团筹备成立市场导向、对接供需、精准服务、规范运作的产教融合服务企业——广州产教融合信息服务有限公司，为示范区内产业学院与相关企业在人才培养、技术创新、就业创业、社会服务、文化传承等方面的合作提供需求对接、平台搭建、技术支撑和资源保障等专业化服务。

5. 搭建产教融合服务平台，促进教育与产业联动创新发展

建设三大平台，创新产教融合服务机制：一是打造开放共享的产教融合信息平台，运用现代信息技术，提供开发区产业人才、校企合作、项目研发、技术服务等各类供需信息的发布、检索、推荐和相关增值服务。二是打造协同创新与成果转化平台，致力产业技术升级创新，促成高校将企业生产一线实际需求作为科研选题，促进科技成果转化利用。三是打造创新创业平台，推动设立创业基金，促进企业投融资与孵化项目对接，为高校师生和企业技术技能人才共同创业创造条件。

6. 组建产教融合发展集团，形成协同治理格局

组建产教融合发展集团，形成资源共用、利益共享、责任共担的治理格局。由广州开发区人才工作集团牵头，联合相关高校、广州开发区支柱产业龙头企业、先进制造业和战略性新兴产业龙头企业、各行业协会等，共同组建广州开发区产教融合发展集团。该集团采用理事会管理制度。理事长由广州开发区人才工作集团领导担任，理事由产业学院和相关企业、行业协会等负责人担任，秘书处设在广州产教融合信息服务有限公司。

三、"广州市产教融合示范区" 发展模式

广州市以国家中心城市为城市发展目标，正面临经济转型升级、智慧城市发展及城市文化开放等多重发展目标的优化问题。其中，经济发展方式转变与产业结构的深度转型升级是广州市进一步发展的重大战略。职业教育坚持把"产教融合、校企合作"作为推动现代职业教育体系建设、体制机制改革和人才培养模式创新的重要策略，为广州市实现职业教育发展战略提供重要的教育与人才支持。在国家产教融合战略背景与产业人才升级的要求下，2018 年 5 月，广州市教育局与广州开发区联合共建了"广州市产教融合示范区"，强调将建设产业学院作为示范区建设的首要任务，2018 年由广州市教育局与广州开发区政府共同组织遴选，对接广州开发区产业链需求，首批组建 7 个产业学院，到 2020 年把"广州市产教融合示范区"基本建成国家一流产教融合示范基地。示范区以广州开发区高技能人才公共实训鉴定基地为依托，立项建设广州市区块链产业学院（广州番禺职业技术学院）、广州市工业机器人产业学院、广州市物联网产业学院（广州城市职业学院）、广州市食品工程产业学院（广州城市职业学院）、广州市石油化工产业学院（广州工程技术职业学院）、广州市动漫游戏产业学院（广州科技贸易职业学院）、广州市健康医疗产业

学院（广州卫生职业技术学院）共 7 个产业学院。同时，对产业学院的建设提出了要求：通过校企精准对接，促进人才培养模式改革；校行企合作共同开发课程，完善实践教学；建立产业学院师资库，打造专、兼结合的师资队伍；深化创新创业教育改革，积极践行科教融合等路径，落实职业教育的产教融合。通过"广州市产教融合示范区"对高素质技能人才的集聚效应，产业学院采取"订单班"、联合培养等策略深入建设，以满足为开发区产业培养输送技术技能型及创新型产业人才的需求。

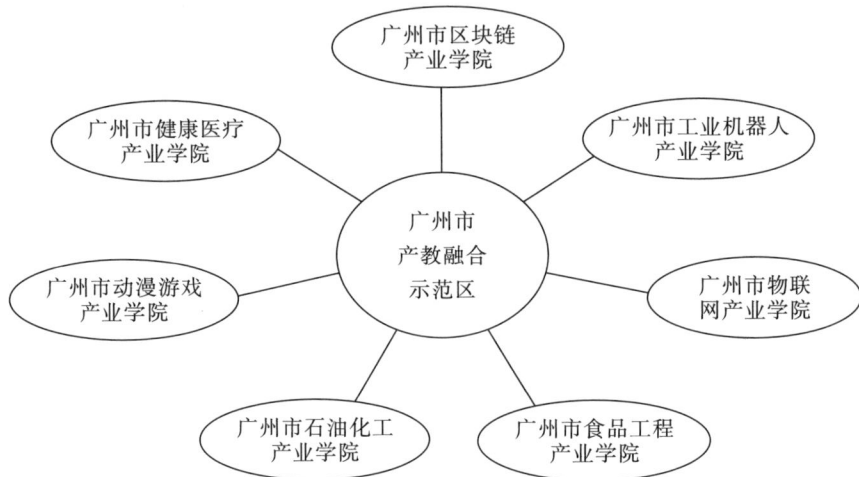

图 2 - 1　"广州市产教融合示范区"首批立项产业学院

"广州市产教融合示范区"立项建设的 7 个产业学院，在广州市属各职业院校投放了产业学院的种子，也就是建立了产业学院的"点"，各职业院校以获得市级立项的产业学院作为"产业学院基础点"。例如：广州城市职业学院以"广州市产教融合示范区"立项项目广州市物联网产业学院、广州市食品工程产业学院为依托，由点到面，不断扩大产业学院的建设规模。广州城市职业学院陆续成立了广电传媒新媒体产业学院、点都德产业学院、中酒·铂尔曼旅游产业学院、珠啤新零售产业学院、保利·恒福养老产业学院等。点都德产业学院发展模式为：依托广州市食品工程产业学院，发展建立点都德产业学院，再创建粤式点心大学生"学院派"创业实践基地，成立全国首家广式点心研究中心、广式点心推广交流中心。依托广州市物联网产业学院，招收现代学徒制学生，开发物联网系统集成综合实训一体化平台。

在"广州市产教融合示范区"产业学院建设中，开发区的行业协会、企业以多种形式参与产业学院人才培养，为企业提供急需的高素质应用型、复合型、创新型人才。①

———————

① 参见范琳. 高职院校产教融合产业学院由点到面建设研究 [C]. "十四五"期间广东高职院校高质量发展方略研究. 2021：266 - 269.

第二节 高职院校产教融合教学模式探索

一、 产教融合的共育工作室模式

工作室教学模式起源于 1919 年，成立于德国的包豪斯设计学院，先是被我国艺术类本科院校引入，之后被东部沿海地区职业学院相继引入。职业学院以自有实训室为依托，通过建立工作室激发教师引入企业真实工作项目实现"做中学"，调动教师与学生的教学积极性，对职业教育人才培养质量的提升起到积极作用。职业学院的学生进校后经过一学期或一年初步课程学习，通过双向选择进入工作室，在工作室中一边学习理论课，一边通过作坊式项目学习手工艺，期满参加项目式考试。进入工作室学习的过程就是生产过程，学生的作品就是作坊的产品。①

工作室的主要功能是"使学习的内容是工作，通过工作实现学习"，在充分开展校企合作的基础上，把企业的真实项目、设计开发课题或生产制作任务直接引进工作室，通过构建专、兼结合的教学团队实施"理论与实践一体化"教学，实现教学内容项目化、学习情境岗位化、学习过程职业化，让学生能够置身其中，亲身经历结构完整的工作过程，在实践中掌握专业的知识、技能和经验，培养学生的专业实践能力、创新能力，从而培养出适销对路的技术技能型人才。基于工作室的人才培养模式能够有效促进校企合作、工学结合，提升学生自主创业与就业的能力，加强专、兼结合的"双师型"素质教学团队建设，进而推动企业和社会的良性发展。②

为有效培养高职动漫游戏人才，广州科技贸易职业学院动漫设计与制作专业根据广州市番禺区产业结构及区域经济发展的需要，从 2009 年开始实践以工作室为载体的人才培养模式。2014 年，该校"动漫设计与制作探索的人才培养模式"获得了广东省教学成果二等奖，所探索出的实践方法先后在学院内计算机应用、艺术设计等专业推广。

基于动漫游戏专业工作室制教学模式是以实践为主，与市场紧密接轨，与动漫游戏产业对接，有效利用校企资源，采用"目标分解、任务驱动、技能培养、滚动教学"的模式培养学生。教师以引导者的角色分析和设计项目及教学情境，使学生了解相关的专业技能和知识，引导学生完成项目；学生以主体的身份分析、理解设计专业的技能与知识，积极完成项目目标与任务。工作室在校企深度合作的平台上使教学与生产有机结合起来，全面

---

① 参见蒋新革. 新时代高职产教融合路径的探索与实践 [J]. 职教论坛，2020（1）：123 – 127.
② 参见陈凤芹. 以工作室为载体的人才培养模式在高职动漫设计与制作专业中的运用 [J]. 中国教育技术装备，2014（24）：114 – 116.

提升学生的素质和就业质量。一支拥有丰富、专业综合知识和过硬项目研发能力的导师队伍是工作室制教学得以实施的关键。实训场所和环境的建设是实施工作室制教学的基础，也是构建基于动漫游戏专业工作室制人才培养模式的重要组成部分。教学上以学习领域课程方案取代沿用多年的以分科课程为基础的综合课程方案。在学生课程评价考核上运用更加灵活的手段，以项目为载体，为学习领域课程制定科学性与可操作性并重的考核标准。①

工作室教学模式在高职动漫游戏专业的实施是一个系统工程，需要协调不同要素之间的关系。广州科技贸易职业学院自 2007 年开设动漫游戏专业以来，一直致力于探索实践工作室教学模式，专业定位准确，实施步骤清晰，明确以学生为主体的工作室为载体，采取将岗位能力与课程体系、项目导向与技能实践、艺术创意与技术创新相结合的人才培养模式。教学过程根据"教、学、练、做、赛、创"一体化要求，以工作室为单位实施全面的项目化教学，开展各种企业项目设计与开发、科技创新以及技能竞赛等活动。学生在就读的前 2 个学期需完成专业基础课程的学习，掌握基本知识和专业技能，在第 3 学期必须根据自身的专业特点和兴趣并参加工作室，以工作室团队的形式完成实践课程的学习。从第 4 学期开始实施学习领域课程教学，所有课程将完全嵌入工作室，以项目形式培养学生的岗位核心技能和项目研发能力。导师可以根据工作室项目完成过程中出现的问题及时调整项目运作，与学生一起总结经验，攻克技术难题。导师也可以根据学生完成项目的情况来评价学习效果，项目成果就是学生考核评价的依据。②

学院动漫游戏专业从 2009 年开始探索工作室教学模式，不断总结经验，及时调整策略。通过近 6 年的努力，该专业成为广东省高职教育首批重点培育专业和广州市高职教育重点专业，在工作室制教学中积累了丰富的经验，也取得了较好的效果。学生专业技能提升明显，技能考证通过率高，技能竞赛成绩佳。工作室教学模式还可提高动漫游戏企业对专业人才培养的积极性。校企共建工作室，工作室承担了企业一部分项目研发工作，而且效果良好，减轻了企业在项目开发过程中的人力开支，提高了企业的效益。学生的创新、创业意识与能力得以大大增强。通过工作室学习，学生的学习兴趣被极大地激发，在项目研发过程中，他们的创新、创业意识与能力都得到了不同程度的强化。③

不少高职院校虽然在积极探索工作室教学模式，但在传统学制和课程体系结构的约束下，工作室制往往只能成为一种辅助的教学方法，未能很大程度地发挥其作用。高等职业教育的根本要务就是要培养高端技能型人才，专业教学本质上就是岗位技能培养，实现学生毕业与就业无缝接轨。对于动漫游戏等新型创意设计类专业来说，既要培养学生的岗位技能和创造能力，又要强调团队合作能力和工作经验的积累。推行工作室项目化教学，能

①　参见邹厚民. 高职动漫游戏专业工作室制教学模式［J］. 教育信息技术，2013（6）：56－58.
②　参见邹厚民. 高职动漫游戏专业工作室制教学模式［J］. 教育信息技术，2013（6）：56－58.
③　参见邹厚民. 高职动漫游戏专业工作室制教学模式［J］. 教育信息技术，2013（6）：56－58.

够帮助学生强化知识与技能、积累工作经验和培养创新能力、提升岗位竞争力、全面提高该类专业的人才培养质量。①

二、 产教融合的特色学院模式②

自20世纪80年代国家通过"三改一补"支持高等职业教育快步发展以来，短短几十年间，全国高职院校快速扩展到一千余所。在高职院校发展的同时，其专业建设的同质化问题愈加突出，对此，部分省市及时出台相应策略，引导高职院校创新机制体制，实现差异化、特色化发展。

1. 特色学院的界定

特色学院指在现有高职院校办学体制下，通过构建政校行企共建共享管理体系，对接区域支柱产业的发展，组建特色专业及专业群建设决策委员会，协同校内外优质教育资源，共同构建专业及专业群建设的长效机制，在人才培养目标、专业布局、课程体系、教学团队、教学条件及国际化合作等方面协同创新，拥有较高的办学定位、较好的社会效益和鲜明的办学特色与校园文化，具有一定前瞻性并能充分体现学院办学定位，获得行业协会、企业和社会认同并具有较高社会声誉的职业学院二级教学单位（学院或系）。

特色学院建设立足协同创新视域，坚持"不求所有但求所用，不为独享但为共赢"的原则，通过建立教学管理工作组，协同校内外优质教学资源，开展人才培养、社会服务、就业创业等任务，设立专业建设工作组，构建专业及专业群的建设、评价、预测、退出机制，保障办学目标的实现（见图2-2）。特色学院的标志性属性是有良好的行业协会、企业合作关系，学院管理体系有力支撑特色专业及专业群建设，特色专业及专业群支持区域支柱产业及产业链转型升级与发展，学院是政校行企多方协同创新支撑平台。

2. 特色学院建设核心要素

围绕"特色引领、需求对接、创新体制、共创一流"的协同发展思路，构建政校行企管理体制，多方共同开展教学与研发，共建共享产学研实训基地，形成开放共享的网络教学资源，协同培养支持支柱产业的高素质人才，完善特色学院长效运作机制，深化和拓展校企合作深度和广度，提高人才培养质量。

（1）以特色学院建设为载体，建立协同创新特区。特色学院建设主要实施"特区"式协同创新体制机制建设，按照"开放、共享、流动"的建设理念，实施政校行企协同共建共享的董事会（理事会）管理模式，以协同创新理念激发、调动属地政府、支柱产业行业协会及优势企业参与的积极性，探索与企业合作举办混合所有制性质的特色学院，增强

---

① 参见邬厚民. 高职动漫游戏专业工作室制教学模式 [J]. 教育信息技术，2013（6）：56-58.

② 本小节参见蒋新革，李营，苏丹. 协同创新视域下的特色专业学院的研究与实践 [J]. 职教论坛，2015（12）：76-80.

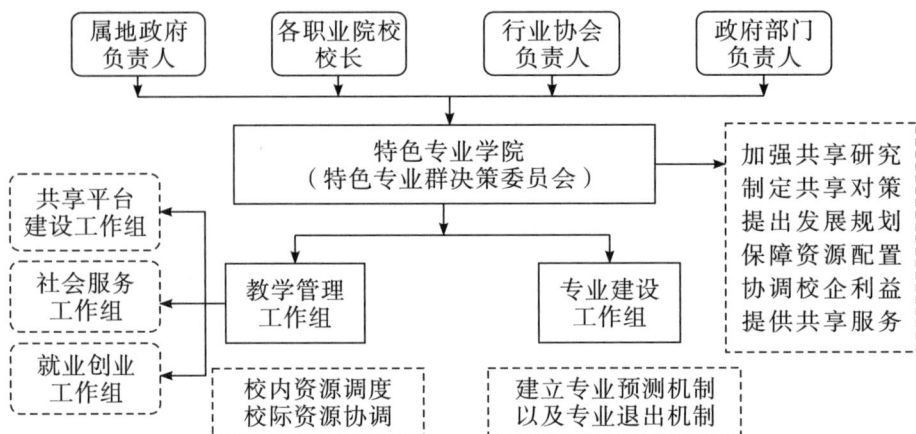

图 2-2 特色学院模型

政校行企各方在职业教育人才培养模式、教学管理机制、运行经费保障、现代职教体系及校园文化等方面的参与动力，建立校企双方专业人员互兼互派、双向挂职机制，引导和激励校企双方将人才培养、技术研发及社会服务紧密结合，使特色学院成为企业员工培训基地、企业产业发展研究基地，打造"人才培养、就业创业、社会服务"三位一体的特色学院长效运作管理机制（主要包括合作协议、管理制度、绩效考核机制等），促进校企深度合作，增强办学活力，提高高等职业教育服务区域经济社会发展的能力。

（2）以优化人才培养模式为重点，推进综合改革试点。特色学院立足深化产教融合的人才培养模式改革，引入行业企业技术标准乃至国际认可的职业资格标准开发专业课程，建设优质专业核心课程；根据职业岗位和人才培养需要，对接行业协会、企业特性推行多学期、分段式教学；通过与属地政府、行业协会、优势企业等合作，利用现代信息技术开发虚拟生产过程的数字化教学资源，建设图纸、声像、文字、动画等多种形式的网络教学素材库，设置校企数字传输课程，形成开放共享的网络教学资源库；引入第三方评价，构建政校行企多方参与评价的监督体系，提高人才培养质量，实现校企人才培养与企业员工培训、职业终身教育一体贯通。

（3）以校园文化为平台，加强校企文化融合。高职院校利用校企合作平台将优秀的企业文化融入校园文化建设，推进大学精神文化、物质文化、制度文化建设，在教学、制度和氛围上形成一种师生共有的精神追求，推动文化建设与人才培养有机结合，建设特征鲜明且具有专业应用性、职业选定性和行业指向性的特色校园文化。校园文化建设须突出职业技能和职业素养的培育，具有行业指向属性的特色文化，以突出自身鲜明的个性，为培养高素质技术技能型人才创造优质教育环境，为实现学生高质量上岗就业做好充分的职前文化储备，达到提升高职院校综合竞争力，促进高职院校长远发展的目的。

3. 广州特色学院建设

2012 年，广州市根据国民经济和社会发展规划纲要以及产业体系的要求，由教育局牵头统筹广州市属高职院校主动适应广州市产业结构调整升级的需要，联合行业协会、企业对接产业建设特色学院，形成学院对应产业模式，借政企之力，建立利于专业群特色发展的"职业教育特区"，促进校企深度合作，开启产教融合特色探索，实施特殊的协同创新体制机制建设，打造"人才培养、就业创业、社会服务"三位一体的特色学院，调动政府、行业及企业参与的积极性，激发企业主动参与人才培养，激发职业学院积极服务企业技术研发，提高高等职业教育服务本市经济社会发展的能力。

广州市出台了特色学院建设发展规划、管理办法、遴选标准及检查验收标准等管理制度。2013 年，6 所广州市属高职院校正式启动特色学院遴选建设工作。各院校坚持政校行企协同推进，通过凝练专业特色、提升学院特色等环节，经过两轮严格遴选，最终选出轨道交通、食品工程等一批特色学院，并取得一定建设经验与成效。

三、 产教融合的多元专业学院模式

为配合国家产业升级战略及国际经济外向发展战略，2019 年我国高等职业教育扩招人数达到了 100 万。国家、省级行政区等各级政府出台的高等职业教育扩招工作方案明确要求对生源实施差异化录取，强化教师团队落实因材施教，创新人才培养模式，深化产教融合，夯实人才培养质量。广东省结合区域产业发展、面向粤港澳大湾区建设需求，充分发挥公办高职院校的力量，及时出台激励措施，采取高职院校与中职院校联合合作企业一起组建专业学院，统筹各方资源积极承担"百万扩招"战略任务，取得较好成效。[①]

广东省结合自身特点，由 47 所公办高职院校会同办学水平及社会认可度较高的国家或省级示范性中等职业学院试点，采取"推荐＋测试"自主招生方式试点。"百万扩招"根据生源特点，采取春季与秋季两季招生、两季入学的差异化方式进行，扩招生源包括普通高中毕业生、中职生、退役军人、下岗职工、农民工等群体，基本涵盖了我国当前劳动力市场的方方面面，为进一步提升劳动力市场人才质量奠定了面的基础。针对专业学院多元化生源情况，各高职院校充分发挥多年办学经验与特色，积极搭建中职、高职与企业合作联盟，通过组建职教集团、共建共享职教基地、与合作企业一起组建多元师资团队，将有企业工作经历、技术技能突出的实践型教师充实到教学团队中来，组建能工巧匠及企业大师引领的"双师型"素质团队统筹各方教育资源，夯实校企合作、深化产教融合，积极开展现代学徒制试点、"1＋X"证书、学分制银行等人才培养模式，并以人才培养模式改革为抓手，实现面向市场和社会，进行工学交替的产教融合型人才培养路径。[②]

广州科技贸易职业学院以现代服务业、高新技术产业、先进制造业为基础，以广东社

---

① 参见蒋新革. 新时代高职产教融合路径的探索与实践 [J]. 职教论坛，2020（1）：123－127.
② 参见蒋新革. 新时代高职产教融合路径的探索与实践 [J]. 职教论坛，2020（1）：123－127.

会经济发展需求为导向，依托广州特有的商贸会展、动漫游戏、国际贸易、现代物流、汽车制造、地铁轻轨等重点产业，与区域内兄弟院校进行差异化专业设置，确立会展策划与管理、电子信息工程技术、国际经济与贸易、财务管理、物流管理、城市轨道交通运营管理、动漫设计与制作、汽车检测与维修技术 8 个专业为重点特色专业。这 8 个专业具有明显的区域产业背景，与广东区域产业高度契合，区域产业的发展给这些专业的建设带来了机遇。借助这 8 个专业的建设，学院办学特色更加鲜明。同时，这 8 个专业均为学院的优势专业，其中会展策划与管理、电子信息工程技术为中央财政支持重点建设专业，已按时通过验收；其他 6 个专业为广东省重点建设专业，其中动漫设计与制作、财务管理、城市轨道交通运营管理专业还是广州市重点建设专业，物流管理、国际经济与贸易、汽车检测与维修技术为广州市示范性建设专业，专业建设基础扎实。以下以物流管理专业学院为例展开分析。

物流企业每年均会招聘新员工，以应届物流管理专业毕业生为主。珠三角地区的物流企业数量近 60 万家，估计每年招聘的物流管理专业应届毕业生可达 5 万人，其中高职院校占 1 万人，完全可容纳珠三角地区每年毕业的物流管理专业学生。广州科技贸易职业学院物流管理专业经过多年的发展，2009 年获评院级示范性专业，2010 年获评广州市示范性建设专业，2011 年入选中国物流学会产学研合作基地，2012 年获得广州市物流管理专业教学团队荣誉，2014 年获评广东省重点建设专业。该专业通过专业内涵建设，创建了"产业＋企业＋专业"的校企共建产教融合专业模式。构建以项目任务和工作流程为引领，以岗位需求和职业技能要求为依据，对接物流管理企业岗位群的双证融通情境教学、工学结合人才培养模式，力争建设成为以培养服务于广州高端制造业的现代物流高素质技能人才为目标的省级示范性建设专业。按照现代物流业物流、商流、信息流、资金流四流一体化特征构建专业群，推行工学结合人才培养模式，突出工学交替的学习模式、顶岗实习与就业接轨的实践模式、校企互动的服务项目模式等。

1. 开展四位一体的电商物流特色实践

物流管理专业重点开展教学相融、科研推进、技术服务、项目运营四位一体的电商物流特色实践。该专业在前期参与海程邦达物流有限公司的广交会专业实习、百世物流科技（中国）有限公司的亚运会专业实习、淘宝商城促销活动专业实习、高讯（香港）通信有限公司的电话营销专业实习等项目的基础上，新增了与唯品会肇庆物流中心、苏宁云商物流、京东物流、中国外运物流发展、百世物流等知名电商物流企业开展校企共建并深度合作的项目，积极构建物流技术服务中心、虚拟仿真教学实训中心及生产实训中心三位一体的电商物流虚拟仿真实训基地，形成了系统性的电子商务物流生产性实训基地，并且经济效益良好，同时注重校内生产性实践教学与校外顶岗实习的有机衔接与融通。

百世物流公司一直以来都与广州科技贸易职业学院有良好合作，每年接收近 200 人次的学生参与企业的真实运营项目。百世物流方便了学生实习实训，而学生的专业性也为企业带来了直接的经济利益，加强了专业教师与企业人员的沟通。2014 年、2015 年，广州科技贸易职业学院与百世物流合作开展"天猫"双十一电子商务服务项目，企业员工与学生两次 8 天的辛苦奋战，保证了百世物流双十一期间没有出现"爆仓"的情况，一切流程顺利进行，完成了几百万件货物的拣货、集货、包装、出库等流程，学生在其中也收获了很多关于仓储和配送的知识和经验。① 此外，物流管理专业与京东物流、唯品会物流、广汽商贸等众多知名物流企业合作，共同为电商物流行业的发展作出贡献。

2. 牵头成立广州物流职业教育集团

学院依托国家体制改革试点项目"地方政府促进高等职业教育发展综合改革试点"，牵头成立广州物流职业教育集团。2016 年已有深圳职业学院、广州民航职业学院等 17 家职业院校和中外运、城市之星等 40 家企业、行业协会共计 57 个独立法人单位加入集团。广州物流职业教育集团建设的总目标是：发挥行业优势，整合行业资源，走内涵式发展、集约化办学的改革之路。把人才、智力、创新优势转化为行业、企业的发展优势，真正实现集团内会员单位的共建、共育、共享、共荣。争取建成"运行机制有创新，资源共享有成效，合作育人有特色，合作项目有影响"的百强职业教育集团。广州物流职业教育集团以特色项目建设为抓手，使集团化办学的规范化、信息化和现代化水平更高，服务社会经济的能力更强，师资更优，特色更鲜明，从而成为全国物流职业教育集团的示范，发挥引领、骨干作用，争取辐射到泛珠三角乃至东南亚整体区域。集团内合作单位（包含高职院校、中职院校、企业、行业协会、政府部门）已超 50 个；设立了广东省采购师职业技能鉴定所，为近 300 家企业约 500 名企业管理人员提供物流相关专业知识培训；2018 年共推荐学生 130 余人进入百世物流、苏宁、新邦物流、安利等大型物流企业进行顶岗实习。该集团以服务于中、高职院校的物流管理专业、服务于广东省物流相关企业、服务于广东省物流行业及经济社会的发展为宗旨。

3. 与企业共同发起成立广东电子商务校际创新创业联盟

学院物流管理专业与广东工业大学联合北京理工大学珠海学院、肇庆学院经济与贸易学院等 8 所院校机构，共同发起成立广东电子商务校际创新创业联盟。该联盟以电商创业为主要目标导向，参与地区产业化发展，推动高校间的创业合作和创业实践活动，同时启动校际联动电商、经管、信息化和计算机等专业教师的创新创业教育活动。学生可以在这个由职业学院、政府、物流公司（拥有相关信息技术的企业）等构建的全生态产业链平台上获得更全面的锻炼。这次行动是物流管理专业在"双创"战略引导下，立足学院学科优

---

① 参见陈斯卫，王爱晶. 项目驱动的职教集团运行问题研究：以广州物流职业教育集团为例 [J]. 物流工程与管理，2015 (12)：120，128 - 129.

势与特色，积极探索高职院校学生创新创业教育实践路径的有益尝试，也是积极通过政府支持、产学融合、校企共建、校际联盟等产教融合路径合力推进专业在创新创业教育实践方面不断深入的集中体现。

四、 产教融合的现代产业学院模式①

受体制机制等多种因素影响，职业学院培养的人才与企业需求的人才存在一定差异，"两张皮"问题仍然存在。2017 年，国务院办公厅《关于深化产教融合的若干意见》对职业教育未来发展路径给出了清晰指示，明确推行校企联合设立产业学院。2018 年，广东省关于深化产教融合的实施意见及时出台了支持产业学院建设的政策措施。同年，广州市出台产教融合示范区建设方案，明确组建若干产业学院的工作任务。上述三者形成了一个完整的"产教融合、校企合作"逻辑链。

在产业结构转型升级与优化的国家战略背景与政策背景下，融入产业园区，对接产业链建设产业学院，成为高职教育实现产教融合的重要载体。这是当前推进人力资源供给侧结构性改革的迫切要求，更是完成教育链、产业链、创新链与人才链的链接途径。产业学院位于产业链、教育链、创新链三链重叠区（见图 2 - 3）。

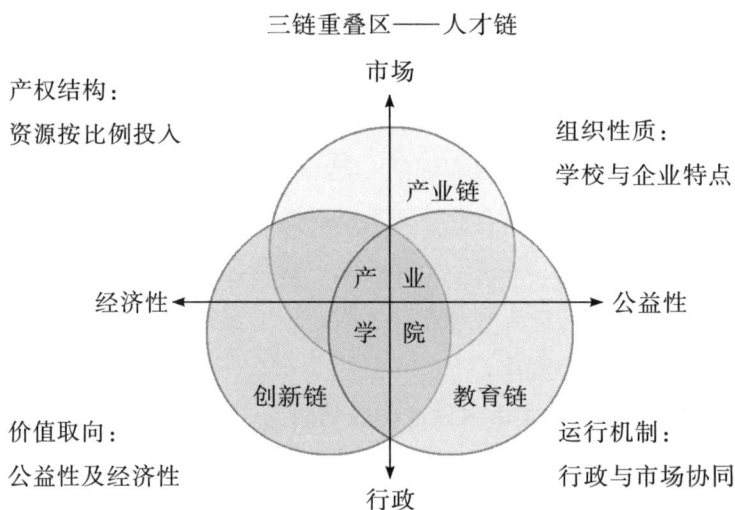

图 2 - 3　产业学院三链重叠

图 2 - 3 中三链重叠区域实现了知识流、信息流、资源流的高度集成，体现了产业学院具有职业学院与企业的多元产权结构、教育机构与企业特点的双重组织性质、教育公益性与企业经济效益的双重价值取向、行政管理与市场管理双轨运行机制的特征，对新形势

---

① 本小节参见蒋新革. 新时代高职产教融合路径的探索与实践［J］. 职教论坛，2020（1）：123 - 127.

下全面提高教育质量、推进经济转型升级、培育经济发展新动能具有重要意义。国外的例子有：英国的产业大学，1998 年开始策划，2000 年正式运营。国内的例子有：浙江经济职业技术学院的物流产业学院，实现了生产、培训、研发、生活四大功能；上海工艺美术职业学院的市场营销传播学院，与 WPP 集团实行双主体体制办学；中山职业技术学院的古镇灯饰学院、沙溪服装学院、南区电梯学院和小榄工商学院，采取"三位一体、全程互动"模式建设产业学院，实现"一镇一品一专业"；广东轻工职业技术学院的化妆品学院、雷诺钟表学院，面向生活产业，人财事权下放。以上一系列实践探索为建设产业学院、实现产教融合、提高人才培养质量进行了各种有益的尝试。

2018 年 5 月，广州科技贸易职业学院科学城产业学院获批立项，成为进入"广州市产教融合示范区"的广州市产业学院重点建设项目。

1. 高起点、高质量的产业学院建设思路

广州科技贸易职业学院以"把产业学院建在产业园区、把专业建在产业链上"为理念，立足高起点、高质量建设产业学院，经过对广州开发区行业、企业的调研，依据自有专业特点，按照有所为有所不为原则，决定对接开发区科学城产业布局，按照全产业链的思路建设科学城产业学院。科学城产业学院对接科学城产业链上游产品创意设计行业设置艺术设计类专业群、对接产业链中游产品制作行业设置智能类专业群、对接产业链下游产品营销服务行业设置商贸管理类专业群。科学城产业学院建设以美国学者弗里曼的利益相关者理论（Stakeholder Corporate Governance Theory）为基础，由受章程约束的政府、职业学院、企业及社会专家等利益相关者参与的理事会共同治理，构建并实现产业学院的组织架构及内部机制的创新（见图 2-4）。科学城产业学院运作模式让企业人员成为职业学院人才培养的主体，直接实施专业建设，参与职业学院人才培养从计划、招生、教学到考核的全过程，通过政府指导和市场调节，以缔结理事会章程构建校企利益共同体，形成稳定互惠的协同育人运行机制，促进校企紧密联结，实现产业学院的成功组建与运行。

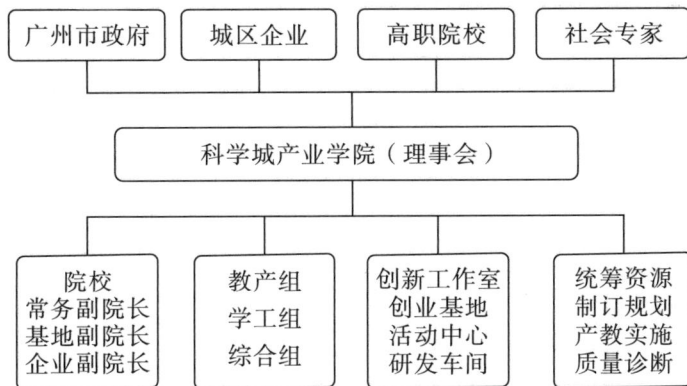

图 2-4 科学城产业学院建设思路

2. 产教融合产业学院建设策略

广州科技贸易职业学院科学城产业学院本着"把产业学院建在产业园区、把专业建在产业链上"的深化产教融合的建设目标，在所有入园专业中开展"两对两访三落实"活动与"两制三育一体系"改革，将产业学院建设成产业园与职业学院二元主体建设、二级学院与企业二元管理、企业师傅与职业学院专任教师二元教学以及学生与员工二元身份衔接的四维二元融合校企产学研育人基地。"两对两访三落实"活动要求专业教师带着专业建设目标和方案访问开发区优质合作企业与职业学院优秀毕业校友，基于受访企业、校友合作制定专业对接行业标准、课程对接岗位标准，进而将企业优质资源、项目开发任务、产业岗位群服务共建、成本补偿、宣传表彰等做法积极推进。产业学院立足全面提高产教融合成效，构建"两制三育一体系"改革教学组织模式，大力开展现代学徒制、学分制改革，促进学生素质、创新、技术"三育"能力提升，构建政校行企多方、多元人才培养质量评价体系，形成同步运转、相互支撑的运行机制，极大丰富了校企融合内涵，明确了高职人才培养模式改革的方向。产业学院建设架构如图 2-5 所示：

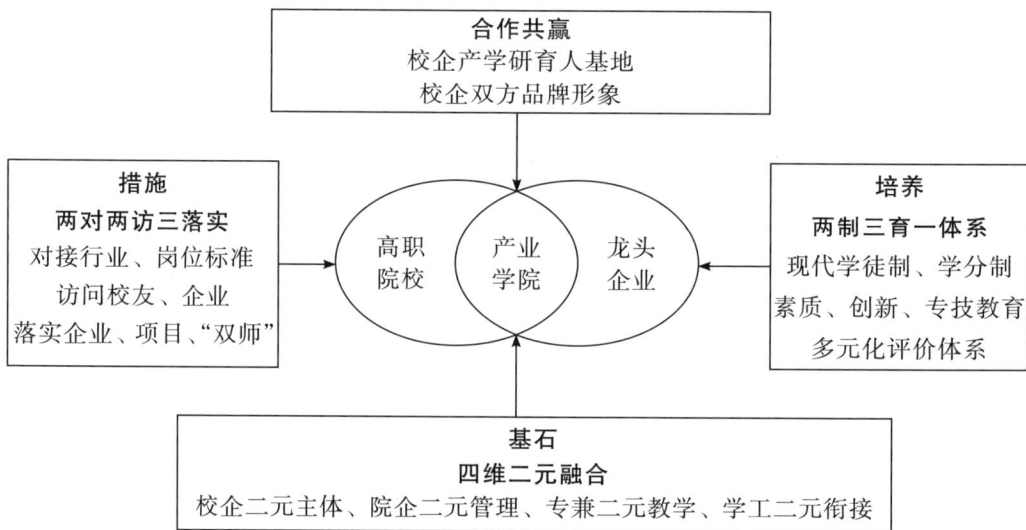

图 2-5　产业学院建设策略

2019 年，产业学院"两对两访三落实"活动共访问企业 8 家、访问校友 103 位，对接行业标准 24 个、岗位标准 63 个，落实合作企业 32 家、真实项目 51 个、企业教师 65 位，表彰优秀合作企业 7 家，建成省级协同创新中心和科研创新团队各 1 个。产业学院成为华南师范大学教师职业教育培训基地，通过打造校企产学研育人基地，较好地提升了校企双方的品牌形象。产业学院电子信息工程技术专业教学团队与企业合作的项目荣获 2018 年度广东省科技创新一等奖，实现校企合作共赢。

五、 小结

产教融合、校企合作已成为高职教育人才培养的必由之路。在国家政策及理论研究的引领下，职业院校探索的工作室的共育路径、特色学院的特色路径、专业学院的多元路径与产业学院的融合路径各有侧重（如表2-1所示）。

表2-1 四种产教融合路径对比

路径	实施主体	师资	场地	身份	评价主体
工作室	学校+企业	教师+工程师	实训室	学生	教师
特色学院	学校+企业	教师+工匠	学校+企业	学生	学校
专业学院	高职、中职院校+企业	教师+工匠	学校+企业	学生	学校
产业学院	企业+学校	师傅+教师	产业园	学生+员工	企业+学校

职业学院由单一行动发展为全流程校企合作，在实施主体、师资、场地等六个维度上突出企业主体作用、发挥企业实践育人长处、激发企业能工巧匠内在动力、提升人才培养质量，逐渐成为校企合作、产教融合人才培养模式的典范模式。[①]

第三节 高职院校产教融合实践模式探索

一、 产教融合的实训基地建设

"高等职业教育最显著的办学特色在于技能性、实践性和职业性。实践基地建设是高等职业教育中对学生实施职业技能训练和职业素质培养的必备条件，也是高等职业教育办出特色、提高质量的基础性建设。"[②]

《国家职业教育改革实施方案》（国发〔2019〕4号）指出："改革开放以来，职业教育为我国经济社会发展提供了有力的人才和智力支撑，现代职业教育体系框架全面建成，服务经济社会发展能力和社会吸引力不断增强，具备了基本实现现代化的诸多有利条件和良好工作基础。随着我国进入新的发展阶段，产业升级和经济结构调整不断加快，各行各

① 参见蒋新革. 新时代高职产教融合路径的探索与实践 [J]. 职教论坛，2020（1）：123-127.
② 谭贻群. 以就业创业为导向的高职院校专业实践基地建设探析 [J]. 就业与保障，2021（11）：49-50.

业对技术技能人才的需求越来越紧迫，职业教育的重要地位和作用越来越凸显。但是，与发达国家相比，与建设现代化经济体系、建设教育强国的要求相比，我国职业教育还存在着体系建设不够完善、职业技能实训基地建设有待加强、制度标准不够健全、企业参与办学的动力不足、有利于技术技能人才成长的配套政策尚待完善、办学和人才培养质量水平参差不齐等问题，到了必须下大力气抓好的时候。"

2019 年国务院印发《国家职业教育改革实施方案》（简称"职教二十条"），明确指出要培育数以万计的产教融合型企业，推动建设 300 个具有辐射引领作用的高水平专业化产教融合型实训基地；促进产教融合、校企"双元"育人，坚持知行合一、工学结合，推动校企全面加强深度合作，打造一批高水平实训基地。

根据《广州市教育局、广州开发区管委会共建"广州市产教融合示范区"框架协议》及广州市教育局、广州开发区管委会联合下发的《"广州市产教融合示范区"建设方案（2018—2020 年）》有关精神，"广州市产教融合示范区"采用"政府主导、市场运作"方式，将产业学院建在开发区，将专业建在产业链上。

广州科技贸易职业学院通过对产教融合型实训基地的摸索与研究，已得到政府、企业多方投资，引入服装、物流、动漫、机电等企业管理理念和企业文化，建成了满足部分专业教学需要的生产型实训基地。

广州科技贸易职业学院产教融合型实训基地以国际高等职业教育的发展趋势为先导，以培养学生技术应用能力和职业素质为主旨，以行业科技和社会发展的先进水平为标准，以学院发展规划目标所设专业的实际需要为依据，积极与政府、企业交流，利用一切力量建设紧跟现代社会科技、生产、服务、管理发展前沿的实训基地，使学生能够在特定的职业氛围条件下培养职业素质和职业道德。学院不仅建立了设备先进、充分满足教学需要的省级校外生产型实训基地，还积极联合行业协会、企业建设多个省级校内实训基地（含虚拟仿真实训中心、协同创新中心、公共服务实训基地），充分发挥行业协会、企业的实训场地、设备、师资等育人功能，推进多主体协同育人。

学院围绕专业群建设，打造集人才源、创新源、技术源与信息源为一体的专业群产教融合型实训基地，集实践教学、社会培训、企业真实生产和社会技术服务于一体的高水平职业教育实训基地，推动开放共享，辐射区域内的学校和企业，创新实训基地运营模式，提高实训基地规划、管理水平，促进学院内涵建设，为社会公众、职业院校在校生取得职业技能等级证书和企业提升人力资源水平提供有力支撑，并成为具引领作用的产教融合发展新标杆。

学院针对目前已有的省级实训基地以及建设目标，补充完成了学院产教融合型实训基地建设总体规划，同时形成了学院各专业群校内外产教融合型实训基地建设方案，明确学院各专业群校内外产教融合型实训基地建设任务和要求。

（一）产教融合型实训基地建设任务

1. 促进校企"双元制"育人，推动校企全面深度合作

坚持知行合一、工学结合，借鉴"双元制"等模式，由校企共同研究制订人才培养方案，及时将新技术、新工艺、新规范纳入教学标准和教学内容，强化学生实习实训。各专业群应当根据自身特点和人才培养需要，主动与具备条件的企业（特别是已经获批的省级产教融合型培育企业）在人才培养、技术创新、就业创业、社会服务、文化传承等方面开展合作，共建产教融合型实训基地。学校、各专业群积极为企业提供所需的课程、师资等资源，企业则履行实施职业教育的义务，利用资本、技术、知识、设施和管理等要素参与校企合作，促进人力资源开发，推动校企全面深度合作，推动学校、各专业群和行业协会、企业形成命运共同体。

2. 完善教育教学相关标准，打造"双师型"教师队伍

（1）发挥标准在职业教育质量提升中的基础性作用。按照专业群设置与产业链需求对接、课程内容与职业标准对接、教学过程与生产过程对接的要求，完善学校标准设置，提升学校教学管理和教学实践能力。持续更新并推进专业教学标准、课程标准、顶岗实习标准、实训条件建设标准（仪器设备配备规范）建设。

（2）多措并举打造"双师型"教师队伍。学校各专业群产教融合型实训基地探索组建高水平、结构化教师教学创新团队，教师分工协作进行模块化教学。建立健全学校自主聘任兼职教师办法，推动企业工程技术人员、高技能人才和职业院校教师双向流动。

3. 启动"1＋X"证书制度，实现成果互认和转换

（1）深化复合型技术技能人才培养培训模式改革，借鉴国际职业教育培训的普遍做法，制订工作方案和具体管理办法，启动"1＋X"证书制度试点工作。发挥好学历证书的作用，夯实学生可持续发展基础，鼓励专业群学生在获得学历证书的同时，积极考取多类职业技能等级证书，拓展就业创业本领。

（2）加快推进学分置换建设，实现学习成果可追溯、可查询、可转换。有序开展学历证书和职业技能等级证书所体现的学习成果认定、积累和转换，为技术技能人才持续成长拓宽通道。对于取得若干职业技能等级证书的成员，支持其根据证书等级和类别免修部分课程，在完成规定内容学习后依法依规取得学历证书。

4. 开展高质量职业培训，建立实训基地质量评价体系

（1）履行学历教育与培训并举的法定职责，按照育训结合、长短结合、内外结合的要求，面向在校学生和社会人士开展职业培训。

（2）以学习者的职业道德、技术技能水平和就业质量，以及产教融合、校企合作水平为核心，建立产教融合型实训基地质量评价体系。积极支持第三方机构开展评估，将考核结果作为政策支持、绩效考核、表彰奖励的重要依据，落实督导报告、公报、约谈、限期整改、奖惩等制度。

（二）产教融合型实训基地建设措施

1. 成立产教融合型实训基地建设规划实施领导小组

成立产教融合型实训基地建设规划实施领导小组，加强对学院实训基地建设规划实施的组织、协调和督导，制订实训基地建设规划实施方案和年度推进计划，细化目标任务和责任分工，定期召开推进会，指导和推进实训基地建设与改革，检查实训基地的建设效果和质量；筹措实训基地建设经费并监督其使用情况和效果；商讨解决实训基地建设中存在的问题；协调有关部门的工作为实训基地建设服务；组织专家定期对实训基地进行检查与评估；接受上级主管部门的指导与验收；总结部署实训基地实施进展，研究解决问题，确保实训基地建设顺利实施。成立实训基地管理办公室，负责实训基地建设的日常管理工作；负责项目方案的具体实施；负责实训基地管理制度的制定。

2. 健全产教融合型实训基地管理条例制度保障

健全和完善实训基地管理的各项规章制度，建立岗位责任制，按照《广州科技贸易职业学院产教融合型实训基地管理条例》制定和修订实验实训的设备管理和安全规程等规章。

3. 确保产教融合型实训基地建设经费

加强学院产教融合型实训基地财政预算与计划实施衔接协调，多渠道筹措实训基地建设经费，积极拓宽筹资渠道，充分利用国家和地方政府的有关政策争取政府财政投入经费，发挥理事会、校友会和基金会作用有效引入社会资金，提高二级学院自筹经费的自主性和灵活性，完善筹集实训基地建设资金的激励机制，确保实训基地建设经费及时到位。完善经费保障机制，建立预算管理机制，合理安排支出规模和结构，科学化、精细化编制预算，提高预算执行效率，完善资金科学分配机制和资金使用绩效评价体系，提高经费分配的科学性。加强经费使用监督，强化重大项目建设和经费使用全过程审计，开展专项资金跟踪问效工作，提高资金使用效率，确保经费使用规范、安全、有效。

4. 组建产教融合型实训基地督办评估小组

组建产教融合型实训基地督办评估小组，组织开展专项考察和研究，跟踪产教融合型实训基地建设的实施进展情况，定期对校内外产教融合型实训基地建设情况进行考核，对机制的改革、制度的创新和工作的进展进行总结和反思，对产教融合型实训基地建设的执行效果进行系统、科学的评估，及时为学院产教融合型实训基地提供全程的专业指导与评估，为学院日常校内外实训基地管理工作和重大决策提供实证依据。完善规划督促检查机制，创新工作方法，实施各产教融合型实训基地进展情况通报、定期报告、跟踪问效、重大问题限期整改制度，定期召开负责人会议，报告产教融合型实训基地建设执行情况，提出实施意见，确定建设重点，对各产教融合型实训基地建设中的好经验、好做法进行推广，对出现的新问题迅速督促整改，确保学院产教融合型实训基地提出的目标任务落到实处。

（三）产教融合型实训基地建设的实施

学院产教融合型实训基地建设的实施主要通过明确周期目标，分步骤、有计划地实现建设目标。

2019 年，学院依据产教融合型实训基地的建设目标，针对学院 7 个高水平建设专业群，修改完善专业人才培养方案；形成学院各专业群校内外产教融合型实训基地建设方案、计划、任务和要求；通过资料收集与数据分析等途径形成各专业群与校内外产教融合型实训基地相配套的课程体系与教学内容改革研究报告；在校内产教融合型实训基地设备采购、调试安装和设备使用培训工作完成后，通过校企合作确定校外产教融合型实训基地场地，形成校外产教融合型实训基地运营模式及方案；建立各实训基地的实训室管理、项目管理等相关制度。各专业采用"能力分块项目实训、虚拟任务综合技能模拟操作、顶岗实习"的实践教学形式，做好实训记录、模拟操作记录以及学生顶岗实习记录。

2020 年，校内外实训项目设计、设备投入使用，引进第三方服务公司，全面常态化运营，全面开展各专业、各实训基地各项服务业务。

2021 年，完成实训基地教师培养方案和学生第二课堂技能竞赛服务方案，聘请行业专家 25 人、技术骨干 50 人，初步形成了具有影响力的"双师型"教学团队。

学院产教融合型实训基地已具备相应的成熟发展模式，并开展了绩效评价自查工作及总结工作，以便后续推进。

二、 对接课岗融合的 "双师型" 教师队伍建设

习近平总书记指出，"人才培养，关键在教师"。建设适应区域经济发展的现代产业学院"双师型"教师队伍是落实职业教育服务国家现代化建设、激发区域发展新动能、支撑行业走向中高端的重要抓手，是提升高职院校人才培养质量的关键。

广州科技贸易职业学院以新型产业学院建设为依托，推进教育链、产业链、人才链、创新链的有效衔接，促进校企合作培育"双师型"教师队伍，有效实现了产教融合培养高素质技术技能人才的目标。

首先，充分依托产业学院，整合政府、职业学院、行业协会、企业优势资源，把产业学院本身作为产业业务和教师能力共同发展的平台。在政府和教育主管部门统筹指导下建设"双师型"教师培训基地，加强骨干教师培训，实施职业教育教师教学创新团队和专业领军人才培养计划、职业教育名师工作室和技能大师工作室建设计划，加强教研室等基层教学组织建设，培养适应"双岗"需要的教师，使教师能驾驭职业学院、企业"两个讲台"。

其次，以教师发展中心为平台，提升"双师型"教师队伍综合素质。学院教师发展中心利用产业学院平台构建教师成长体系，形成资源共享系统（包括专家、校友、工匠、专

兼职教师等人力资源，课件、教案、素材、会议材料等教学资源，知识、信息、教科研项目等社会资源）、职教能力提升系统（包括职教能力测评、教学能力提升、学历职称晋升、社会服务指导等）、绩效评价系统（包括人事、教务、科研管理数据共享，绩效考核和评价分析等），指导教师做好职业生涯规划，全方位、全过程关注教师发展。

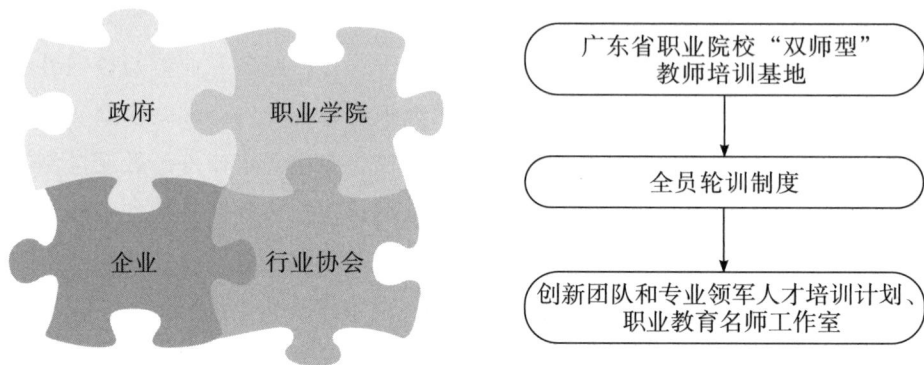

图 2-6 政校行企四方联合助力教师培育

为了更好地适应企业对高素质技术技能型人才的需求，服务和支持地方经济发展，广州科技贸易职业学院坚持"以学生为中心"的人才培养理念，积极开展师资队伍建设改革。

（一）创新内培外引机制，筑好"双师"成长台阶

学院以工匠精神为引领，强化师德建设工程，打造德技双馨的"双师型"教师队伍。不断拓展师德教育载体，多渠道、分层次、有的放矢地创新师德教育内容和方法，增强师德教育的针对性和有效性，促使"双师型"教师不但自身有着高尚的师德师风，还承担着培育学生工匠精神的教学任务，即要求教师既要具备专业知识和技能，还要具备作为工程师、工匠的职业道德素质。一是将相关专业职业道德规范纳入师德教育的范畴，要求各二级学院将职业道德素养培训课程纳入各专业教师每年的培训计划。二是实行教师师德承诺制度，建立教师诚信体系，全体教师每学期签署师德师风承诺书。三是加强师德考核，将师德考核摆在教师考核的首位，将师德表现作为教师绩效考核、职称（职务）评聘、岗位聘用和奖惩的首要内容。四是推行师德考核负面清单制度，建立教师师德档案。制定并落实《广州科技贸易职业学院教师职业行为负面清单及师德失范行为处理办法》（穗科贸〔2019〕36 号），全面提高教师等教育工作者的规则意识，做到规范执教。

（二）优化机制建设，构建"双师"培育体系

1. 完善校企双向互聘制度

为进一步加强校外兼职、兼课教师的聘用管理以及鼓励更多能工巧匠和企业专家加入学院的兼职、兼课教师队伍，学院对《兼职教师管理办法》加以完善和修订，进一步规范

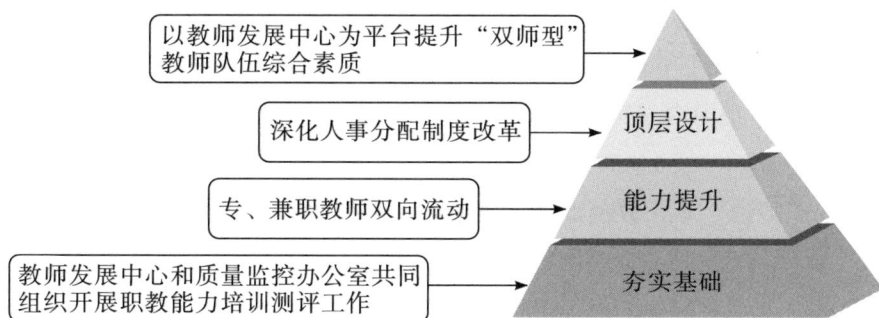

图 2-7 依托教师发展中心提升教师素质

校外兼职、兼课教师聘用和管理的流程及各类企业、行业人才的分类评价标准和指标。另外，学院制定了《专业技术人员院外兼职和在岗离岗创业管理办法》《教师定岗实践管理办法》《业绩认定管理办法》等多项管理办法，鼓励符合条件的专任教师到企业开展创新创业活动或顶岗挂职锻炼，通过让学院专任教师到企业一线岗位兼职或挂职锻炼，接触前沿行业知识技能，激发专任教师的创新创业意识。

2. 实行全员轮训制度

实行新任教师先实践后上岗和教师定期顶岗实践制度。将尚未达到"双师"素质要求的专任教师重点安排到企业参加顶岗实践，将专任教师每三年必须有六个月以上时间到企业或生产服务一线实践的要求纳入岗位责任，年度到企业实践锻炼的专任教师占比达到20%以上，把专任教师到企业实践作为在职教师继续教育的重要形式和教师职称（职务）评聘、晋升的必要条件。

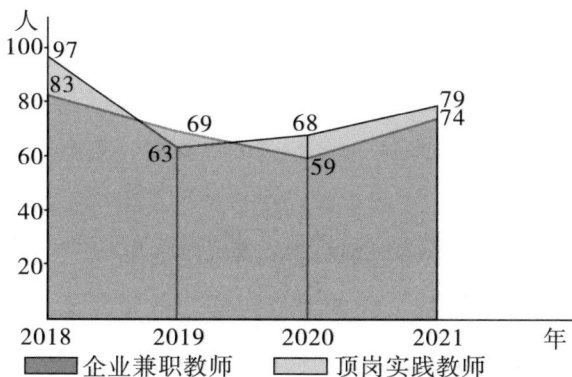

图 2-8 双向互聘成果

3. 鼓励教师提升学历和参加培训

鼓励学院专任教师积极参加学历提升教育和各类型专业培训项目，以提升教师队伍的综合学术技能水平。修订《教职工进修培训管理办法》，增设有效的激励措施。2021年度，学院共有5人申报国内青年访问学者活动，8人申请在职攻读博士学位，多达340人次申请参加各类培训。

4. 建立"双师型"专任教师继续教育培训制度和"教师职业生涯规划"制度

借助校企合作与企业联合培养专任教师，针对教师实际情况实行分类培养，对未具备"双师"素质的教师要求3年内到企业顶岗实践6个月以上。

图2-9　专任教师中"双师型"教师占比

5. 创新引才引智机制

学院制定了《高层次人才引进管理办法》，建立科学、高效、灵活的师资队伍引进管理机制。采取直接引进、柔性引进等方式，研究制定年薪制、工作启动经费、安家费、住房补贴、人才公寓等人才引进激励机制，为引进人才营造良好的制度、政策环境；实行特殊人才特殊待遇、重点专业重点引进、紧缺人才破格使用等措施。同时，在人才引进的过程中，合作企业深度融入，为人才引进招聘工作提供企业和行业方面的专业性指导意见。

在加强人才引进工作方面，学院在招聘教师的过程中，拓宽高层次人才引进渠道，加大从企业引进高层次技术技能型人才的力度，不再单纯地重视学历、职称等硬件，而要综合考虑应聘者的企业工作经历、实践经验积累。

（三）建立多维评价激励体系，夯实"双师型"教师队伍

学院将岗位聘期考核结果与职务晋升、岗位分级竞聘、薪酬分配挂钩，建立了与绩效改革相适应的薪酬激励机制。进一步优化《绩效工资制度》《两级管理办法》，突出各二级学院的专业特色，依据管理、技术、技能、服务等工作岗位的特点，突出责任、能力和业绩。例如，在动漫游戏产业学院授课的专任教师教学工作量按1.4个标准学时计算，管理服务工作人员的奖励性绩效工资在每月原有收入的基础上增加一定经费补助。

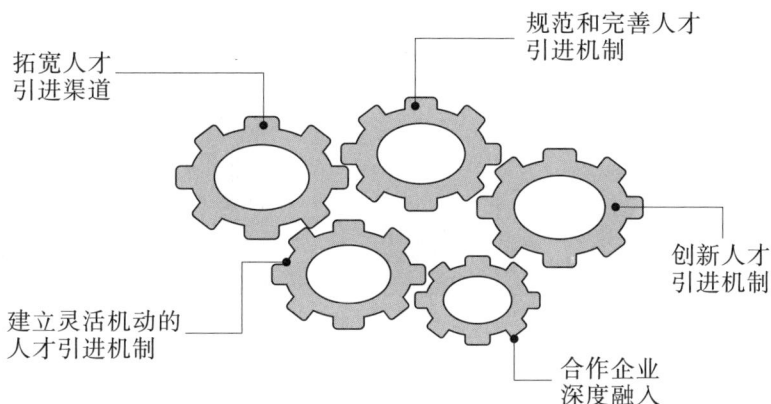

图 2 - 10　人才引进机制完善和创新

通过严格的绩效考核，拉开不同岗位的收入差距，达到"凝聚关键人才，激励骨干队伍，调动全体人员"的目的，营造有利于人才脱颖而出、人尽其才的制度环境，切实激发学院拔尖人才、专业领军人才和优秀创新团队的活力。

明确专任教师到实训基地和企业锻炼的目标、考核办法及待遇等，使专任教师深入企业第一线实践制度化、规范化，为教师下企业实践锻炼提供制度保障。把具有 3 年以上专业相关企业工作年限专任教师比例作为部门工作目标任务的一项重要指标，并纳入对各二级学院（部）绩效考核的内容。

（四）企业育人角色转宾为主，促进人才、效益共赢

1. 甄选优秀人才，推荐与培养兼职专业带头人

学院与企业合作，加大高层次技能型兼职教师的引进力度，规范行业协会、企业兼职专业带头人的聘用。合作企业向每个专业推荐一名兼职专业带头人，与校内专业带头人配合，实施校企互动的"双专业带头人"制。制定相应的管理办法，鼓励兼职专业带头人参与专业建设，负责指导学生顶岗实习、讲授部分专业核心课程、作为项目负责人带领校内教师开展横向项目研究、参与实验实训基地建设、指导青年教师等具体工作，推进专业建设、实训基地建设和师资队伍建设。

2. 致力完善兼职教师队伍建设与管理

行业协会、企业的兼职教师是学院"双师型"教师队伍的重要组成部分。针对目前普遍存在的兼职教师数量不多、稳定性不足、难以精准对标的问题，合作企业携手学院积极探索兼职教师聘任、考核、激励机制，加强对兼职教师的培养，开展企业兼职教师的教学能力专项培训，发挥行业协会、企业兼职教师在职业教育中的积极作用。同时，积极推动政府对参与职业教育企业予以扶持和奖补的相关政策落实，为企业兼职教师参与职业教育、协同推行现代学徒制、"订单式"培养、"1＋X"证书制度等校企精准对接、精准育人的人才培养模式增加动力。

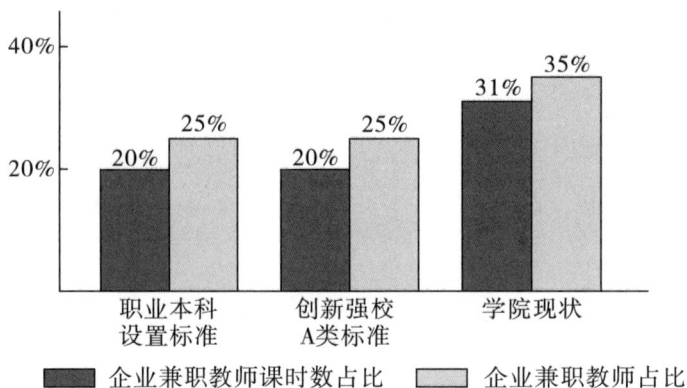

图 2-11　企业兼职教师及其课时数占比

3．工学结合，助力学院专任教师专业技能提升

合作企业积极吸纳学院专任教师参与企业生产实践和应用技术研究项目、工程应用项目、开发应用项目、调查与对策研究项目，参加专业技能培训等提高自身实践能力的活动，为教师队伍提供一个及时掌握新资讯、新技术、新技能的学习平台。2019 年至今，合作企业累计为学院超过 200 名教师提供各类实践活动，为学院"双师型"师资队伍建设作出了突出贡献。

学院将利益相关者理论融入产业园区建设，形成四方协同、规模办学，探索高职教育产教融合新路径和新模式，形成"入园建院"的产业学院理论，凝练了产业学院的建设策略、治理体系、育人模式和共赢机制等，丰富了现代产业学院办学理论。

三、　产教融合创新创业服务平台建设

广州科技贸易职业学院以产业学院为载体，进一步深化职业教育改革，深化产教融合，推进校企多主体协同育人，搭建创新创业服务平台。充分依托合作企业，积极开发校企合作创新创业项目，引导学生参与创新创业实战训练，鼓励、选拔一批优秀学生参与企业项目研发，切实提高学生实践动手能力；充分发挥政校行企的协同作用，搭建创新创业平台，为师生创业提供培训服务、技术服务、政策服务、资源服务、金融服务等一站式服务，举办各类科技创新、创意设计、创业计划等创新创业专题竞赛，推动创新创业项目培育与孵化。

（一）建立产教融合孵化基地

2019 年 3 月，学院成立了科创谷，围绕产教融合打造双创新引擎，统筹创新创业教育资源，推动双创教育模式和服务模式创新，加强校园双创文化建设，促进新技术、新产品、新业态、新模式发展，培育一批具有创新活力的双创团队，加快推动学院创新创业教育改革，不断提升人才培养质量。学院通过科创谷促进了企业与孵化项目的对接，促进了

师生创新创业的成果转化。

1. 共建四位一体大学生创新创业实践基地

以政府为主导，以行业协会、企业为引领，以产业学院为载体，政校行企多方协同，以产创融合为契机，共建"双创竞赛、双创培训、双创实践、双创孵化"四位一体创新创业实践基地，实现共建、共管、共享，为大学生营造创新创业的良好环境，助力企业技术创新与服务创新。

2. 共建"产、学、研、创、转、用"六位一体创新平台

发挥学院师生在知识产权与技术创新中的重要作用，鼓励学院师生参与企业的技术创新与发明创造，与行业协会、企业共建"产、学、研、创、转、用"六位一体创新平台，共同促进技术创新、成果转化、创新应用与创业就业。

3. 共建双创服务体系

以黄埔区政府为引领，政校行企共建双创一站式服务体系，帮助大学生解决初创阶段中的法律、工商税务等常见问题，方便初创者办理各项业务，减少办事环节，实现信息共享、数据共享、资源共享。

4. 共育大学生创业企业

依托企业的辐射带动作用，政校行企多方协同开展创新创业人才培养，共同培育大学生创业企业，对于大学生创新创业项目给予政策、场地、资金、辅导等方面的支持，如享受黄埔区的创业扶持政策，一次性创业项目资助、租金补贴、低息（无息）贷款、奖励等扶持性补贴，助力大学生成功创业。

（二）打造技术技能创新平台

1. 依托省级技术技能创新平台，提升创新能力

学院专业群已建设的技术技能创新平台有广东省教育厅立项的广东省普通高校高端电源系统技术开发中心、广东省高校智能电气装备应用技术协同创新中心、广东省高职院校科学城产业学院产教融合创新平台和广东省科技厅立项的广东省大功率智能控制电源工程技术研究中心（依托单位为广东创电科技有限公司，学院为联合共建单位，2015 年立项，2019 年被评估为优秀）。截至 2021 年底，学院专业群有博士学历教师 8 人（包括 2 名博士后出站人员），在读博士生 1 人，具备广东省博士工作站优先认定条件，并计划在条件成熟后申报认定广东省博士工作站。

依托这些技术技能创新平台，学院计划新建教育部应用技术协同创新中心 1 个、省级科技创新平台或团队 1 个，并计划成立智能化大功率电力电子装备研究所，面向粤港澳大湾区智能电气装备的战略需求和电气工程技术前沿，紧密围绕智能电气装备制造和新材料应用的关键技术，针对电力电子装备功率密度、散热、智能化和可靠性等痛点，开展应用基础研究和应用技术研究，发表高水平论文，形成自主知识产权，深化校企合作，实现技

术成果大规模产业化。

2. 提高专业群集聚度，做强创新创业平台

学院通过提高专业群集聚度和配套供给服务能力，紧密对接新一代信息技术、智能制造、交通、商务服务、数字创意产业集群，以电气自动化技术、动漫制作技术、市场营销三个省级重点专业群为核心，做强集产品研发、工艺开发、技术推广、大师培育功能为一体的双创平台，形成"创新成果—知识产权—需求对接—转移转化—产业化"技术技能培育体系；建成融人才、资源、服务于一体的"1＋8＋N"粤港澳青年创新创业孵化基地。有效利用粤港澳三地资源，深化产教融合，引企入教，充分利用企业资金，着力打造1个"实践＋培训＋投融＋孵化＋服务"五位一体的开放共享式创新创业公共平台，"智能制造创新中心、财经商贸协同创新中心、电商物流协同创新中心、智慧城市文化传承与服务创新中心、创意与数码设计研创中心、技术创新中心、工程研创中心、直播电商创新中心"8个中心，培育孵化N个粤港澳青年创新创业项目，激发创新创业活力；引入百家企业进驻，建成省级以上创新创业孵化基地（众创空间），实现对粤港澳大湾区创新创业孵化全辐射、全覆盖。

（三）提升产教融合服务平台

1. 对接区域支柱产业，打造科技服务平台

对接粤港澳大湾区智能制造、人工智能、时尚创意、商务服务等支柱产业，着力打造"科技研发＋成果转化＋技术服务"科技平台，"技术开发＋技术服务＋决策咨询＋人才培养＋创新创业"服务平台，促进创新成果与核心技术产业化，重点服务中小微企业，联合企业和华南理工大学、华南师范大学、广东技术师范大学等本科高校，开展产业行业研究、战略决策研究、产教融合研究、高职教育发展研究，分析预测技术技能需求发展趋势，为中小微企业的技术研发和产品升级提供技术服务；打造省、市博士（后）工作站，将博士站打造成为吸引人才、培养人才的优势平台和实现产学研紧密结合、创新成果转移转化的基地。

2. 服务产业转型升级，做大产教融合平台

与地方政府、产业园区、行业协会、企业深度合作，做大开发区现代产业学院、粤港澳大湾区现代产业学院职教联盟等产教融合平台，建设具有科技攻关、智库咨询、英才培养、创新创业功能的服务平台，服务区域发展和产业转型升级；以开发区现代产业学院为核心，围绕电气自动化技术、动漫制作技术、市场营销等省级高水平专业群，打造"1＋3"产教融合平台，集人才源、创新源、技术源、信息源为一体，促进教育与产业深度融合，坚持服务行业和服务地方双轮驱动，以人才培养供给及科技研究转化为动能推进产业转型升级，助推20家合作企业成为国家级、省级产教融合型企业，探索产教融合创新发展，助力广州市建设国家产教融合型城市。

3. 加大智力服务力度，搭建技术技能智库

以服务粤港澳青年创新创业为核心，健全创意培育、项目孵化、成果转化的全过程服务链，助力粤港澳经济发展；以技术创新为核心，组建技术研发专家智库，围绕高水平专业群建设和产教融合需求，对接政府、科研院所、行业协会、企业，引入科技研发、双创专家，在技术服务、政策服务等方面提供智力支持；对接粤港澳大湾区100家中小型企业，培育创业就业专家，提供创业教育、金融服务、资源服务等方面的智力支持；成立技能大师工作室，营造高技能人才良好发展环境、提供技能人才交流平台，发挥带徒传技、技能攻关、技艺传承等作用，建立健全高技能人才创新成果传承推广机制，提升高技能人才培养能力和水平，服务粤港澳大湾区经济发展。

第三章

产教融合人才培养评价体系探索

教学质量评价在高等职业教育中发挥着重要作用。教学质量是高职教育的命脉，因而教学质量评价也应跟上职业教育发展的步伐。首先，高职教育的质量评价体系应创新发展，符合当下职业教育的时代特征；其次，高职教育的质量评价体系还要满足社会产业升级对人才的需求。提升高职教育教学质量已成为新时代的重要课题，建立符合产教融合背景下的高职教育教学质量评价体系则是重要的突破口。在产教融合背景下，构建行业协会、企业深度参与的质量评价体系，更能促进行业协会、企业与学院之间的交流互动。高职院校教学质量评价体系以提高教学质量为目标，是人才培养的重要抓手，能为高职院校的发展打下坚实的基础。科学有效的教学质量评价体系能促使教师教学水平不断提高，同时，有效的质量评价也是一种管理手段，能对教学过程进行调控和监督，提高人才培养质量。[①]

第一节　人才培养评价体系的创新发展

我国高职教育兴起于20世纪80年代，建设时间相对较短，在人才培养评价及评价体系构建方面起初多借鉴本科院校的做法。随着2004年教育主管部门主导的高职院校教学水平评估文件的出台，示范院校、骨干院校的建设，相关《质量年度报告》的发布和诊断与改进（以下简称"诊改"）试点工作的推进，引导及帮助各高职院校逐渐重视质量评价，在促进高职院校改善办学条件、提升办学质量与办学水平上取得了一定成效。[②]

---

① 参见尹婷婷，尹连萍. 产教融合背景下高职院校质量评价体系探究 [J]. 科教导刊，2020（20）：16－17.

② 参见谢继延，曾兰燕，赖晓彬，等. 高职院校人才培养评价创新研究：以广州科技贸易职业学院为例 [J]. 清远职业技术学院学报，2019，12（3）：66－69.

一、 人才培养评价创新的本质要素[①]

高职院校人才培养评价创新的本质是由一系列教育评价创新要素构成的集成创新，主要包括：第一，高职院校人才培养评价创新具有鲜明的目的性，即以学生发展为中心，围绕持续提升高职院校人才培养质量和办学水平，努力办好人民满意的教育；第二，评价创新包括评价理念创新、方法创新、体系创新、制度创新和技术创新等；第三，高职院校人才培养评价创新是一种改革，是对过去传统的和现存不合理的评价工作予以改变与革新，具有开拓性、创新性和革命性；第四，人才培养评价是高职院校教学活动中重要的一部分，对高职院校的建设发展影响重大，引导着高职院校内涵建设；第五，高职院校人才培养评价是一个系统工程，包括创新评价理念、评价标准、评价体系，校内外评价队伍的组建，过程性、发展性评价等。

高职院校人才培养评价是内部与外部评价的有机结合，每一部分都包含了评价目标、评价标准、评价方法和技巧等多种要素，也包括评价体制机制的创新。当前各高职院校正在进行的"诊改"制度改革正是如此。

（1）高效合作的评价团队。为了获取客观、公正且科学的评价，充分发挥评价的功能，需要建立能维持高效合作的团队（包括校内外参与评价的各方成员，如教学督导、学生等），来自不同行业且具有一定评价工作认知水平和处理相关评价创新问题能力的专家是十分重要的。

（2）简洁的系统化流程。充分利用系统化的方法使评价工作可重复、可预测、可扩大。例如，我国"诊改"制度的整体设计与现代质量管理学中的 PDCA 循环类似，即包括计划阶段（Plan）、执行阶段（Do）、检查阶段（Check）和处理阶段（Act），每实施一个循环，质量管理水平就上一个新台阶。

（3）评价的创新技术与工具。随着"互联网＋"、大数据等信息化新技术的发展，高职院校应积极采用现代化评价方法和技术手段，搭建互联互通、信息共享的数据平台，保证评价的科学性、规范性、真实性、独立性，切实发挥评价的导向、诊断、促进和激励作用。

（4）营造评价创新氛围。要在职业学院内部构建一种自由、健康、开放、和谐的创新文化生态，建立相互信任、风险共担的组织文化。在这样的氛围下，师生能坦然接受评价而不会有所抵触甚至采取过激行为，还能及时弥补不足和纠正错误。

---

① 本小节参见谢继延，曾兰燕，赖晓彬，等. 高职院校人才培养评价创新研究：以广州科技贸易职业学院为例［J］. 清远职业技术学院学报，2019，12（3）：66–69.

二、 人才培养评价创新的实践

当前各高职院校要以科学、规范的人才培养评价为突破口，建立多元参与的人才培养评价体系，就需要以创新为驱动力，走具有中国特色的高职院校评价创新发展道路。

广州科技贸易职业学院是一所培养高素质技术技能型人才的高职院校。学院高度重视人才培养评价工作，积极推进评价工作的改革与创新。一是建立专门的质量管理组织架构。在学院质量管理委员会（院长为主任委员）决策指导下，由独立的教学质量监控办公室具体组织全院各二级学院（部）和相关职能部门开展质量监控保障工作，督导工作归口该部门管理，组织完善并落实学院多元主体参与的教学质量保障体系建设。二是充分重视和发挥评价对象的主体作用，构建院系二级教学督导队伍和由学生信息员及教风学风监控员组成的学生评价队伍，进一步完善校内教学质量保障体系和制度建设；建立基于"互联网＋"的教师教学评价平台，将评价结果及时反馈给教师，以便他们不断改进教学，提高教学质量。三是积极接受来自校外行业协会、专业组织和省市教育主管部门委托的第三方机构（专家组）开展的教育教学与人才培养质量评价，监督学院办学，维护教育公平；深入合作企业开展学生顶岗实习状况及企业评价的调查反馈，包括在此基础上的诊断分析、评价反馈。四是建立常态化的人才培养质量自主保障机制，积极推进"诊改"制度落实，探索构建"五纵五横"体系，明确诊断项目、诊断要素、诊断点，注重事前计划、事中监控和事后诊断改进；同时，通过构建"8字形质量改进螺旋"，在质量评价生成过程中，根据实时监测到的数据，及时发出预警和即时调控、改进，确保质量不断提升。五是基于学院人才培养工作状态数据采集与管理平台，及时总结分析人才培养工作情况，撰写《质量年度报告》并及时向社会发布。发挥学院数据平台的作用，及时监控反馈办学状况，撰写分析报告。采用绩效平台分析全院教职工年度工作完成情况与质量高低，形成可监测、可量化、可描述的数据或指标，有利于评价分析工作具体化、科学化。同时，采取信息化手段，建设教学质量测评系统，加强教师教学质量的测评分析与数据挖掘，取得了良好的效果。六是组织开展质量满意度调查与质量问责工作，并与年度绩效考核评价挂钩，建立相对完善、科学、合理的评价激励运行机制。

总体来说，学院以评价创新为驱动力，积极履行主体责任，推进了质量评价建设，在内涵式建设上取得了良好的成效。学院近年来已拥有5个省级重点专业和2个省级品牌专业，在全国高职院校职业技能竞赛上首次获得金奖，成为教育部新一批现代学徒制试点院校之一，毕业生就业率多年稳定在98％以上，受到社会各界用人单位的好评。

三、 人才培养评价创新的思考①

高职院校人才培养评价创新需要把握好以下五个方面：

1. 评价理念

（1）树立以人为本、全面质量管理的理念。高职院校学生和教师是高职教育过程中的主体，也是高职教育评价的核心对象。评价的目标和基础应以职业能力发展为主，强调职业素质的多元化考量。要构建基于全过程，在各个环节上实施全员参与和社会参与的质量保障体系，监督学院办学，确保人才培养质量不断提升。

（2）树立质量第一、持续改进的理念。质量是高职院校的生命线。评价的目的是促进人才培养质量的提升，促进学院的内涵建设。要坚持优质发展、以质取胜，真正形成学院重视质量、追求质量，社会崇尚质量，师生关心质量的良好氛围。高职院校人才培养评价工作应持续改进，跟上时代发展的步伐。

（3）树立科学民主、分类评价的理念。高职院校评价指标体系的设计应充分吸收多方意见，尤其是教师和学生的意见，使评价工作更具民主性。不同的高职院校、专业、课程以及教师和学生都存在显著差异，应按照各自的特点，分门别类地设计评价指标，既尊重教师的教学风格与学生的个性，也有助于教师教学创新，师生教学相长。

2. 评价体系

应建立包括学生、教师、家长、用人单位、社会第三方机构等多主体参与，重"过程评价"和"发展评价"的人才培养评价体系。要采用基于大数据分析的信息化管理手段，形成常态化的高职院校自主保证、自我诊断与自我完善的人才培养评价机制。

3. 评价标准

评价离不开标准，高职院校应将质量标准（目标）细化分解成具体的建设任务，形成可监测、可量化、可描述的数据或指标，实现人才培养质量建设的具体化、任务化。评价标准既要有定量的数据，又要有定性的描述，包括专业标准、课程标准、人才培养质量标准等。应开展对标、达标活动，建立标杆学习和示范（重点）院校标准领跑者制度，鼓励、引领高职院校主动制定和实施先进标准。

4. 评价方法和手段

除了内部传统的三段式（期初、期中、期末）评价以外，高职院校评价尚需加强过程监控与自我诊断评价，注重使用自我诊断、过程评价和发展评价方法及落实问责机制。评价方法必须遵循稳定性与拓展性相结合，科学性与可行性相结合，将定量评价与定性评

① 本小节参见谢继延，曾兰燕，赖晓彬，等. 高职院校人才培养评价创新研究：以广州科技贸易职业学院为例［J］. 清远职业技术学院学报，2019，12（3）：66－69.

价，激励与问责结合起来。积极推进信息化手段的应用与创新，建立以"互联网＋"、大数据分析等为基础的教师教学评价测评系统，对学院教学质量保障工作实行智能化管理和评价分析。

5. 质量文化建设

高职院校必须树立品牌意识，打造独特的办学特色和质量文化氛围。品牌是一所高职院校的质量形象，是社会对高职院校教育质量的认可，是高职院校优秀质量文化的外在体现，更是高职院校核心竞争力的象征和办学特色的体现。高职院校应不断提升自身质量形象和社会美誉度。

第二节　管办评分离背景下的评价体系构建[①]

社会产业升级对人才需求提出了更高的要求，高职教育的质量评价体系要满足人才需求，构建符合产教融合的高职教育教学质量评价体系就显得尤为重要。《中共中央关于全面深化改革若干重大问题的决定》对深化教育领域综合改革进行了全面部署，提出了"深入推进管办评分离"的改革要求，着力打造现代化的教育治理体系。

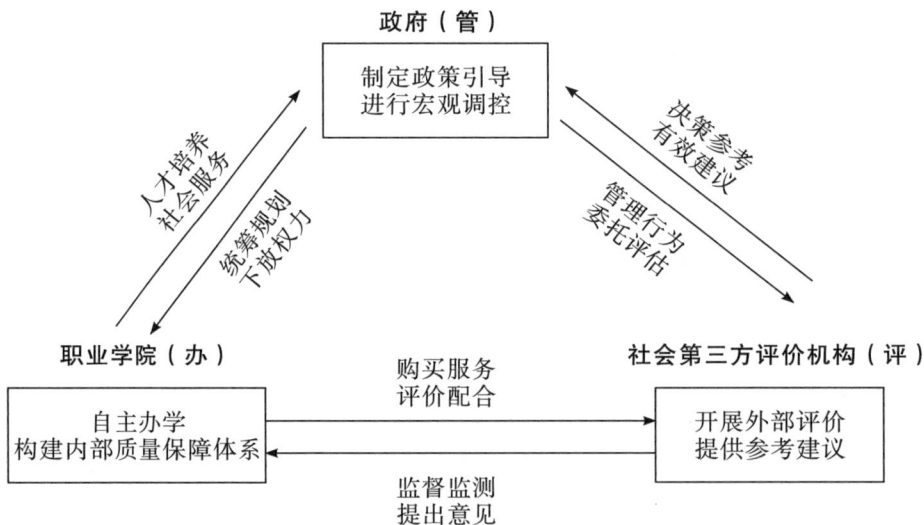

图 3-1　管办评分离背景下的政府、职业学院、社会第三方评价机构职责结构

---

① 本节参见钟阁，谢继延，汪建华. 关于管办评分离背景下人才培养质量评价体系的研究［J］，职业，2020（3）：49-50.

管办评是一个有机整体："管"是对于政府而言，以人民的切实利益和宏观层面为出发点进行管理和决策；"办"是对于职业学院而言，强调的是办学主体的多元化，保障办学自主权；"评"是对于社会而言，是对人才培养质量的评价，确保主体评价多元化。经过多年的努力，我国基本构建起政府、职业学院、社会之间新的教育治理关系。但是，在管办评职责上，仍然存在政府行政干预教育评价、职业学院质量监控与评价体系不健全和社会参与教育评价的专业性不强等问题。管办评分离背景下的政府、职业学院、社会第三方评价机构职责结构见图 3-1。

一、 高职院校人才培养评价体系中存在的问题

1. 内部人才培养评价存在的问题

（1）评价内容片面。目前多数高职院校内部人才培养评价往往更偏重日常教学的常规管理，如教学检查、听课、评课、学生评教等，评价的客体主要是教师，缺少对实践教学过程等其他教学环节的监测评价，忽略了对学生实践能力、专业素养和职业能力的评价，学生则把重点放在应试技巧上，忽视自身综合能力的提升。这导致高职院校教学质量管理创新意识不强、高职特色教育特点不明确、质量评价不到位，对人才培养目标定位不清晰，人才培养方向出现了一定偏差。

（2）以定性评价为主，缺少定量评价。高职院校基本上是以学业成绩定量评定学生，侧重对学生培养质量的结果性评价，而对于教师的意识形态、教学效果，校园学习氛围，学生的学习状态、情感和素质能力等无法进行准确的定量评价，使得在评价过程中没有明确的评价标准，忽视了这些指标的定量评价。

（3）缺乏有效的反馈应用机制。对于评价结果和数据分析不到位，各个环节连续性不强，相关单位缺乏重视，对教学质量监测评价过程中发现的问题没有作出及时的处理和反馈，缺少相应的改进办法，问题没有得到有效的解决和改善，不利于教学质量和整体教学水平的提高。

2. 外部人才培养评价存在的问题

（1）评价主体单一。现阶段我国高职院校的人才培养评价主要是院校内部自主开展，参与评价的主要是教职工和学生，缺少多元化评价主体，企业、家长及社会参与度低，而毕业生走向工作岗位后，服务对象是用人单位和社会，其评价意见可直接反映高职院校的人才培养质量，应得到重视。

（2）第三方评价机构缺少社会影响力。目前不少高职院校会采用第三方评价机构提供的结果，如麦可思公司，其评价结果规范性和科学性都相对较高。但我国对于专业的第三方评价机构尚未有明确的界定和政策支持保障，因此麦可思公司的社会影响力略显不足，仍缺少社会认可度。此外，有的第三方评价机构是按市场模式建立的，市场营销人员力量

强，而专业人员数量不多，研究队伍力量薄弱，专业性有待提高。

二、　推进人才培养评价体系建设

1.　政府宏观调控、统筹管理教学质量

政府要充分发挥调控、统筹的作用，将权力下放落实到位，以保障职业学院教学监控的自主权。同时，提供相关立法保障，明确各主体责任，为各方评价尤其是第三方评价活动的有序进行提供依据和政策支持。建立相应的监督和约束机制，规范评价过程中各方的行为，避免其为了追求利益作出违反规章制度或道德规范的行为，严令禁止为不正当竞争而公布虚假数据及评价结果，严肃学术环境，保证评价结果的客观、公正、真实、可信。

2.　高职院校教学质量评价体系构建

高职院校应根据社会对高职人才的需求，针对教师教学质量、学生学习效果和能力素养等方面，制定符合高职特色的教学质量评价标准及指标体系，进行内部自我诊断评价。以广州科技贸易职业学院为例，在教师教学质量方面，主要设定教学态度、教学内容、教学方法、教学能力和教学效果5个一级指标，其中教学态度包括爱岗敬业、尊重学生、精神饱满方面，教学内容包括科学严谨、重难点突出、反映专业（学科）发展状况方面，教学方法包括灵活多样、采用现代化教育技术手段、及时反馈方面，教学能力包括深入浅出、课堂组织能力方面，教学效果包括学生积极性高、课堂效率高方面，共计13个二级指标；学生学习效果和能力素养方面，主要设定理论知识、实操技能和职业素养3个一级指标，其中理论知识包括通识性知识和专业性知识方面，实操技能包括基本通用技能和核心拓展技能方面，职业素养包括学习（工作）态度、团队合作能力和开拓创新能力方面，共计7个二级指标。学院还根据标准对每一项指标进行权重分析和赋值，对评价标准进行量化，同时，利用现代信息技术对相关信息进行收集、处理和跟踪，灵活地调整和改进教学活动，实现教学质量多维度动态管理，构建有效的评价反馈机制。

3.　第三方评价体系构建

应构建多元化、信息化的社会第三方评价体系，多方参与人才培养评价，从基础条件、过程培养和结果达成三个方面着手。第三方评价机构应从人才培养的目标定位及培养模式出发，主动参与人才培养过程中专业课程设置和实践教学模式、内容、效果的评定，跟踪毕业生培养结果，包括毕业生的质量和职业素养，评估毕业生是否具有与就业岗位相匹配的专业应用能力、实践能力、创新能力和职业道德，并通过企业和社会反馈，更加全面地反映高职院校人才培养质量的水平。制定科学、公正、可行的评价标准，不同的评价指标应由不同的评价主体来完成，充分发挥不同主体的优势。通过多元化、信息化的第三方评价体系，能保证评价内容的真实性、客观性，也能反映出企业和社会对于人才的需求和期望。

在人才培养评价体系建设上，要坚持主体的多元化，应包含职业学院、教师、学生、社会和政府五个层面，坚持多方参与、协同育人，构建多渠道、全方位、全过程的人才培养评价体系。应在内部评价的基础上，结合外部第三方评价，提升教学质量评价机制。政府应大力扶持专业化程度和社会公信力高的第三方评价机构，发挥其社会影响力，帮助高职院校推进教育教学诊断与改进，提高教学质量和办学水平，培养出适应社会可持续发展的高素质应用型技能人才。

三、 建立高技能型人才的质量监控机制①

1. 强化学生实践能力监控

（1）通过与企业合作强化学生实践能力监控。让高职院校学生参与企业实际项目，体验完成项目的整个过程，并通过与企业合作的成果来考量学生的实践能力，是一个比较好的监控办法。可通过实践教学基地建设和使用来加强对学生实践能力的监控，而建立实践教学体系的最有效途径和最佳模式则是校企共建，形成"双赢"合作机制。把企业专家请来帮助规划、设计实践教学体系，与企业合作建立校外实训基地，学生在学完理论和实训知识后，能够真正进行实践操作，从而提高自己的实践能力。这为学生毕业后进入就业市场，适应生产、管理、服务第一线需求打下了良好的基础。

（2）通过培养"双师型"教师队伍强化学生实践能力监控。高职院校的教师除了需具有较高的专业知识水平外，还需具有丰富的实践工作经验，在教授学生理论知识的同时还能亲自指导学生进行实践操作。教师应首先对当前该行业最前沿的新技术、新方法进行学习，在实践教学内容设置上与该行业接轨，制订相应的实训计划。另外，教师也需要对整体实践过程密切关注，收缩实践课堂的规模，从而能够在实践课堂上掌控所有学生的操作。

2. 完善质量监控信息反馈制度

高职院校应提高学生信息员的思想认识及信息反馈水平。为了充分发挥信息员的作用，在聘任信息员后，应统一召开信息员大会，讲解填表要求，告知各位信息员在填表时不能以个人意见代替全体同学的意见，应在广泛征集同学们的意见后进行汇总并定期上报，对于需要及时解决的问题则立即与教学相关部门联系。信息员反映问题应客观真实，不能借此发泄私愤。要给信息员解释教师教学评价相关指标的具体含义，让信息员能够具备履行监督评价教师的能力。建立有效、完善的规章制度是促进信息员工作顺利开展的重要保证：一是赋予职责，二是给予荣誉，三是给予优待（信息员应当享有与班干部同等的

---

① 本小节参见廖乐芸，公双雷. 构建培养高技能型人才能力的监控体系［J］. 今日财富，2019（3）：217－219.

综合考评加分权利），四是实行聘用制（一般聘期为一年，一年后对于工作认真的信息员给予书面奖励并继续留用，对于工作不认真的信息员及时进行调换，以保证整个信息员队伍的整体水平）。

3. 建立信息反馈制度落实机制

教学部门对教学信息分类汇总并反馈给相关部门后，应跟踪落实学生信息员、教学督导、企业督导等反映的问题，建立教学信息反馈的落实机制。对所反映问题的解决力度和解决质量是各项信息制度能否高效运行的重要保障，应做到：第一，对于反映的问题，把二级学院作为第一责任部门，这样便于在第一时间解决问题，不拖延；第二，对于短期不能解决，需要沟通协调的问题，应及时向有关部门反映，并反馈给意见人，让其心中有数；第三，教务处或者质量监控办公室是具体的协调和监督部门，对于问题的解决落实要事事有回音、件件有记录。只有组织健全、分工明确、责任到人，教学过程中出现的各种问题基本能得到切实有效的解决，才能真正使信息反馈制度起到为教学工作保驾护航的作用。

第三节　产教融合背景下的教学质量评价体系

教学质量是衡量人才培养目标的重要指标，会对人才培养质量产生直接而深刻的影响。高职院校人才培养目标要求提高教学质量，建立全面系统的教学质量监控体系。这里所说的教学质量监控是指高职院校管理部门对高职院校教学过程和教学效果进行定期或不定期的监督监测，并实施有效管理和控制的过程。教学质量监控体系就是教学质量监控的各个方面所构成的系统。教学质量监控体系可以实现对高职院校所有教学过程的管理和监控，发现教学过程中出现的问题，找出对教学质量产生影响的因素，以解决问题，消除影响因素，从而进一步提高教学质量，达到人才培养目标。在校企协同育人的过程中，企业作为教学的参与者以及教育"产品"最终的使用者，参与质量评价能使评价结果更全面、更具参考性，对实现全面、深入的质量评价具有重要意义。高职院校教学质量评价体系不应停留在传统、单向的方式上，而应通过深化产教融合、校企合作来推进人才培养模式改革。[①]

---

① 参见范琳，尹凤霞，范敏. 论高职院校全面系统教学质量监控体系的建立［J］. 教师，2016（8）：91–92.

一、 高职院校教学质量评价体系现状[①]

1. 参与评价的主体较为单一

首先，传统教学质量评价主要依赖于高职院校教学管理部门或者督导部门，行业协会、企业等社会主体很少参与其中。参与评价的主体通常集决策、监控、评价于一体，容易造成评价存在一定的主观性，从而导致缺乏公平、公正、客观的评价结果。其次，企业与社会是人才质量的最终检验者，只有高职院校参与的评价，会导致最后的评价结果因受太多客观因素影响而无法准确判断学生的综合能力，也很难发现评价体系中存在的问题，不能及时反馈和准确把握学生发展动态以及与岗位要求的匹配度。

2. 教学质量评价指标较为单一

传统的教学质量评价指标大多只注重高职院校课程设置是否合理、教师课堂教学过程是否有效，或者只注重理论教学的评价，未从产教融合的视角出发，忽视了校企合作项目或者活动对学生专业技能、专业素养、专业能力等的培养效果。产教融合背景下的教学质量评价，由于增加了企业这一特殊主体，评价指标也应发生相应变化。

3. 教学质量评价过程不全面

首先，教学质量评价涉及人才培养的全过程和教学的各个环节，特别是在实施深度产教融合背景下，校企双方在人才培养的时间和空间上相互交融，教学需求与岗位需求、教学活动与实践活动深度融合在一起，因而教学质量监控和评价应贯穿于人才培养的全过程，而传统的教学质量评价与人才培养目标结合度不够，高职院校和企业未在标准化流程中制定发展性质量评价标准，不能全面着眼于课内环节、实训环节以及岗位实践等方面的考核。其次，大多数高职院校未将行政主管部门、教师、学生等的评价有效整合成更具实用性的综合性评价，也会导致相关评价结果缺乏权威性和公信力。

二、 建立全面系统的教学质量监控体系[②]

完备的教学质量监控体系是高等职业教育教务的管理核心，是高等职业教育人才培养质量提高的保障。全面系统的教学质量监控体系由教学质量监控的各个方面构成，不仅包括教师的课堂教学过程、学生的学习过程，还包括完整的教学质量管理制度、多方参与的教学质量监控系统、全面的教学质量评价体系以及教学的激励和约束机制等，以保障教学工作顺畅和高素质人才培养质量。除了当前高职院校普遍运用的教学质量监控方式外，最

---

① 参见尹婷婷，尹连萍. 产教融合背景下高职院校质量评价体系探究 [J]. 科教导刊，2020（20）：16－17.

② 本小节参见范琳，尹凤霞，范敏. 论高职院校全面系统教学质量监控体系的建立 [J]. 教师，2016（8）：91－92.

重要的是要建立以下全面系统的教学质量监控体系：

1. 完整的教学质量管理制度

完整的教学质量管理制度是高职院校教学监控的依据。学院管理部门要通过调查研究，在教师中征询意见，根据教学的实际情况，制定一系列教学质量管理制度，如人才培养方案的指导意见、教学的课程标准、教学的管理工作条例等，充分调动教学管理者和教师的积极性。教学管理者可以依据制度监督教师的教学工作，也可以依据制度规范自己的教学活动。同时，在教学实践中，学院要根据教学过程的实际情况、变化情况，不断地修订原有的教学质量管理制度，进一步端正学风，保证教师及教学管理者恪尽职守，确保教学过程的各项工作顺利进行，提高教学质量，保障人才培养质量。

2. 多方参与的教学质量监控系统

教学质量监控的主要内容有：围绕人才培养目标定位，监控学生的整个学习过程，包括从入学到毕业的各个环节；完善学院、二级系部、教研室等多方对教学质量的监控，建立教学质量监控管理平台，实现学院领导、系部领导、教研室主任对教师教学工作的共同监督。学院教学管理者通过平台可以随时随地看到任何一位教师的教学情况和学生在课堂上的学习情况，真正实现对教学质量的监控，促使教师做好教学工作，提高教学质量。在加强人才培养过程质量监控的同时，还要做好教学基本建设的质量监控工作，并做好教学质量监控的反馈处理。

3. 全面的教学质量评价体系

高职院校要建立包括教学管理者、教学督导、教师、学生、用人单位等多渠道的教学质量评价体系。通过采集各种评价信息，综合分析教学质量状况，研究存在的问题，提出解决办法。首先，教学管理者要做好教学过程的管理工作，保障教学工作的正常完成，提高教学质量。其次，教学督导应及时公布对教师的评价，这样有利于教师了解授课中存在的问题与不足，并及时改正。再次，应建立教师与学生共同进行的双向评价体系，对教师课堂教学质量的评价应由所有学生进行，避免只由班委评价的片面性。同时，教师对学生学习质量的评价应包含理论学习和实践动手能力，但须进行考核内容和方法的改革。最后，学院应接受用人单位、社会的评价，及时了解用人单位对毕业生的素质要求，或通过麦可思公司等第三方评价机构的数据分析改进学院教学质量，解决存在的问题。

4. 教学的激励和约束机制

要加强教学的激励和约束机制。教学的激励机制，可以增强教学管理者对教学工作监控的责任心，可以提升教师教学的积极性，可以促进学生遵守课堂制度、自觉学习的上进心，等等。教学的约束机制，可以保障教学活动和管理工作的规范运行，减少教学事故和违纪行为的发生。通过激励和约束机制，及时将教师授课的督导评价情况和学生的评价情况、课后作业情况等公示出来，同时，将考核结果与教师的职称晋升、工资晋级等挂钩，可真正实现奖优罚劣，调动教学管理者和教师做好教学工作的积极性，有效发挥激励和约束机制的作用。

三、 建立注重产教融合的教学质量评价体系[①]

1. 多元化的教学质量评价主体

教育部等六部门印发的《现代职业教育体系建设规划（2014—2020年)》指出，应完善职业学院、行业协会、企业、研究机构和其他社会组织共同参与的职业教育评价机制。人才培养质量只有得到政府、社会、行业协会、企业、学生及家长等的认可，才能有强大的生命力。社会经济的飞速发展，众多平台、技术、知识的跨界融合，势必带来更多的参与者，使人才培养质量有多元化的评价主体。

在产教融合背景下想切实有效地使人才培养质量得到提升，更需要关注的是学生能否在产教融合的教学实践中充分利用行业、企业资源主动融入，积极参与。建立符合当代职业教育特色的教学质量评价体系，要以培育学生、服务社会、促进就业为目标，紧随市场需求、产业升级需求、就业导向等，以产教深度融合为途径提高教学质量，将行业协会、企业、教学督导、教师、学生等多主体参与的教学质量评价体系应用于产教融合中。多元主体的评价模式需要打破传统教学质量评价体系的局限性，建立以行业协会、企业、教学督导、教师、学生为共同主体的多元评价模式，并以校企合作为途径不断加强多主体之间的联动，建立常态化多元互动的教学质量评价体系。

2. 多元化的教学质量评价指标

首先，高职院校可以与行业协会、企业建立合作式的教学质量评价体系，在建立教学质量评价体系时充分发挥行业协会、企业的积极作用，深入贯彻产教融合、校企合作的理念，将校企评价相结合，让行业协会、企业的岗位标准与学院的质量评价标准、评价办法、反馈机制等相互渗透、相互借鉴，不断提升学生的专业素养。其次，高职院校在制定人才培养质量指标体系时，应充分考虑社会、行业协会、企业对岗位的评价标准。围绕产教融合、校企合作的理念，科学规划和出台相应的课程体系和教学资源。在制订专业人才培养方案与实施专业教学过程中，将行业协会、企业标准，生产标准，安全标准等融入教学质量评价指标。学院通过制定专业教学标准、课程标准、实践标准、实习标准、校内外实践基地标准、毕业设计标准等各个教学环节的评价指标，构建基于校企深度融合的教学质量评价指标。该指标既是反映学院教学过程的评价指标，又是反映企业教学过程的评价指标。最后，应将校企合作环节、技能竞赛环节、创新创业环节等作为人才培养质量监控

① 本小节参见尹婷婷，尹连萍. 产教融合背景下高职院校质量评价体系探究［J］. 科教导刊，2020（20）：16－17.

指标的内容，使教学各个环节实现可动态监控、可实时调整，确保学生既能满足社会、行业、企业的需求，又能满足自身的个性化发展需求。另外，评价指标不仅需包含对课堂教学各个主要环节的质量评价，还需包含延伸到课堂教学之外的教学环节的质量评价，如作业批改、辅导答疑、考试命题、评阅、分析等教师教学活动；不仅需包含学生评教和对学生学习成果的评价，还需包含教学管理者、教学督导以及行业、企业的评价。

3. 全过程教学质量评价体系

在产教融合背景下，人才培养的时间和空间都发生了变化，教学要素和生产要素、教学过程和生产过程深度融合。全过程教学质量评价是产教融合的重要组成部分，也是创新创业人才培养的重要环节。职业学院应邀请产教融合中的各个主体参与评价，以提高评价合理性，充分发挥评价的激励作用，提升人才培养质量。通过建立数字化教学评价系统，采集教学过程中产生的数据，为教师评价提供参考。职业学院和企业双方应结合过程评价和结果评价，改良评价标准，构建新型教学质量评价体系，提升评价有效性；应根据学生反馈的信息，优化课程设计，满足学生的学习需求。校方要尊重企业评价，引导学生重视企业评价，让学生找到正确的发展方向，更好地实现创业和就业。

第四章

深化高职院校产教融合建设实践

"产教融合的本质是生产和教育一体化，生产和教学密不可分、水乳交融、互相促进。高职院校是培养高素质技术技能人才的场所，只有深化产教融合，才能走内涵提升、快速发展之路。"[①]

第一节 高职院校产教融合实践[②]

高职院校的重要使命是培养适应产业发展的高素质创新型技术技能人才。产教融合、校企合作是促进人才培养供给侧和产业需求侧结构要素全方位融合，发挥职业学院、企业双主体育人作用的重要手段。下面以广州科技贸易职业学院"四主体三领域三育人"模式为样本，探索构建校企命运共同体、对接产业链建设产业学院，阐述高职院校提升社会服务能力和协同创新能力的实践。

一、 产教融合的产业学院建设实践

为主动适应广州国家中心城市建设要求，深化产教融合、校企合作，推进广州高职院校高质量发展，培养对接高端产业的高素质技术技能人才，发挥广州高职院校服务地方经济社会发展的作用，广州市教育局与广州开发区政府联合启动产教融合示范区建设项目。广州科技贸易职业学院的动漫游戏产业学院入选"广州市产教融合示范区"产业学院建设项目。

---

① 刘鹰. 深化高职院校产教融合的思考 [J]. 教育教学论坛，2020 (18)：351－353.
② 本节参见曾三军. 对接产业链建设产业学院"四主体三领域三育人"模式探索：以广州科技贸易职业学院为例 [J]. 广东轻工职业技术学院学报，2019，18 (3)：41－44.

1. 对接产业链建设产业学院是职业教育人才培养新模式

（1）对接产业链建设产业学院是国家产业发展与职业教育链接的新模式。以推动产业及经济转型升级为目标，高职院校作为高素质创新型技术技能人才的供给侧，需与产业人力资源需求侧在人才结构、人才质量与人才水平上保持高度一致。《国务院办公厅关于深化产教融合的若干意见》明确指出："深化产教融合，促进教育链、人才链与产业链、创新链有机衔接，是当前推进人力资源供给侧结构性改革的迫切要求，对新形势下全面提高教育质量、扩大就业创业、推进经济转型升级、培育经济发展新动能具有重要意义。"对接产业链构建产教融合、校企合作的产业学院新模式，有助于教育链、人才链有机衔接产业链、创新链。

（2）对接产业链建设产业学院是对产业经济学理论有效运用的新模式。对接产业链建设产业学院是对产业经济学理论中产业集群理论的有效运用。产业链即一个产业集群，产业学院是以众多产业链上的业务关联企业为主体，相关企业、研究机构、行业协会、政府服务部门集结而成的经济群体。其基本特征是基于分工的竞争性配套与合作，具有产业链相同、内部专业化分工细、交易成本低、人才集中、科学技术共享和公共服务便利等特点，具备行业、企业强大的竞争力与发展潜力。引用产业集群的组织方式，对接产业链建设产业学院可高效促进专业群资源整合，最大化运用人力、技术和资金等优势培育产业所需的人才资源，促进产业链优质要素流动，发挥引领、集聚、辐射效应。

（3）对接产业链建设产业学院是新经济、新业态对职业教育呼唤的新模式。当前校企合作仍存在以再现型为主的低水平简单重复劳动，仅能满足传统制造业简单产业工作人员所需。党的十九大报告明确指出，我国已进入新时代，经济发展步入新常态。以新发展理念引领高质量发展，势必要求高职院校建设紧密对接产业链、创新链的高水平专业群，大力培育数字创意、高效物流、电子商务等产业急需的人才。基于产业链的产教融合、校企合作模式创新，可以回应新一轮科技革命和产业变革提出的挑战，紧抓新经济、新业态带来的跨界融通与混业发展机遇。以产业链为立足点，对接产业链建设产业学院，有助于构建校企命运共同体，推动行业、企业技术进步，促进产业转型升级、提档增速。

2. 动漫游戏产业学院建设模式

动漫游戏产业学院建设采用了"四主体三领域三育人"模式。在广州市教育局及广州开发区政府的支持下，校企双方面向开发区动漫游戏产业链和企业用人需求，以体制机制创新为引领，探索产教深度融合的办学模式，整合优质资源，共建动漫游戏产业学院这一集学历教育、技术研发、技能培训、生产服务为一体的产教融合联合体，构建校企命运共同体，实现双精准育人。

根据区域经济结构调整和产业转型升级的现状、趋势与特点，密切配合与服务区域经济发展，是产业学院设置与发展的基本前提，因此政府、职业学院、行业协会、企业"四主体"联合，同心同向，共同投入产业学院建设。

政府层面，指广州市教育局与广州开发区政府合力提供必要的政策支持、统筹协调、工作指导、软硬件支撑、资金支持等。

职业学院层面，指广州科技贸易职业学院联合广州美术学院动漫师资团队力量，整合广东省高校动漫影视学术委员会的学术支持，提供必要的固定设施和硬件设备，做好人才培养方案的制订、招生、教学、教育管理、教学改革与创新、对接教育主管部门等相关工作。

行业层面，指广州动漫制作行业，如动漫游戏产业链上游行业——动漫设计行业（含艺术设计与文化创意行业）、动漫游戏产业链下游行业——动漫产品的品牌运营与管理（含商务服务与品牌管理）。行业提供人才需求分析，开发跨企业共性培训资源包，创建对接企业岗位的实训平台，开展"1 + X"证书制度试点，进行职业能力测评、毕业生就业后的数据跟踪、产业学院的教学大数据收集和分析，助力产业学院建设。

企业层面，指以广州漫游计算机科技有限公司为龙头的动漫游戏产业链上 10 家广州开发区企业深度参与产业学院建设。企业提供人才需求、内部培训模块、实习岗位、产业资源、技术研发需求等，同时投入最新的生产性软平台。

"三领域三育人"指的是瞄准动漫游戏产业链上游、中游、下游产业领域，进行协同育人、复合育人、文化育人。

"四主体三领域三育人"模式是一个有机联系的系统整体，具有严密的逻辑关系，具体如图 4 – 1 所示。

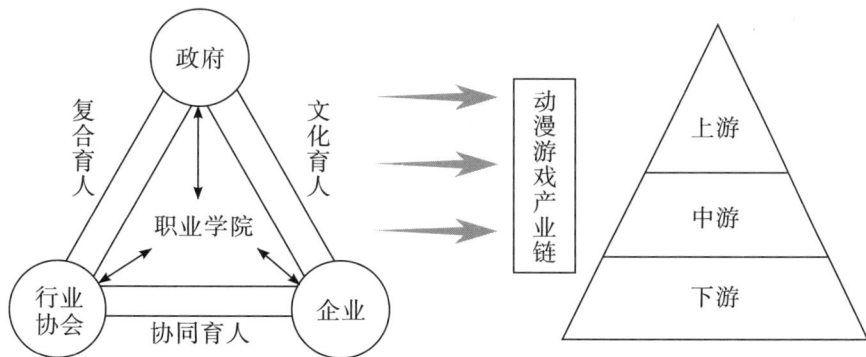

图 4 – 1　"四主体三领域三育人"模式

动漫游戏产业学院建设采用了管理委员会领导、院长负责的管理模式。动漫游戏产业学院管理委员会由广州科技贸易职业学院和广州市政府发起，吸收行业协会和合作企业。管理委员会作为产业学院决策机构，负责审议、监督以及指导产业学院的办学经费、人才培养模式制定、专业课程设置、教学项目、指导教师编制、实训岗位等重大事项。广州科技贸易职业学院指定信息工程学院院长为产业学院院长，从行业协会、合作企业骨干人才中选任副院长。在管理委员会的领导下，院长负责执行管理委员会的有关决策，履行日常的教学职能，行使管理权限并承担管理责任。

管理委员会下设"创新创意研发建设""人才培养模式建设""师资队伍建设""实训条件建设""质量保障监控"五个工作组。

动漫游戏产业学院建设采用了专业群对接产业链跨界融合共育模式。动漫游戏产业正处于产业转型升级的战略机遇期，以技术创新和进步为核心，强调集聚、高效、协同、自主创新，对产业学院提出了新的人才培养使命与要求。"云物大智"（云计算技术、物联网技术、大数据应用及人工智能的开发与应用）时代潮流倒逼职业技能提升，知识型技能劳动者逐步替代岗位操作者并成为产业转型升级的主力军，单一岗位能力向复合型职业群能力转化成为大势所趋。动漫游戏产业学院在以上背景下，深入研究对应动漫游戏产业链的专业群后确定进入产业学院建设的专业，如动漫制作技术专业、云计算技术与应用专业、电子商务专业、艺术设计专业（影视动画设计与制作）、服装设计专业、皮具设计专业、商务服务与管理类专业等。

对接产业链、多专业构成的产业学院在人才培养过程中与单一专业构成的产业学院运行机制截然不同，产生的协同效益不可同日而语，主要区别在于前者立足产业链，其内生的专业逻辑适恰产业逻辑，有助于协同育人，跨界链接，融通共生。

首先，动漫游戏产业学院以多元主体构筑多维融合平台。不仅有广州市教育局、广州开发区政府的牵引，还有与动漫游戏产业链息息相关的行业协会、企业、职业学院做支撑。高职院校与产业链所在地的政府、行业协会、企业等多元主体共同参与建设，以需求为导向，利益相关者成为利益共同体，促进平台优质资源要素的跨界融合。

其次，动漫游戏产业学院运行管理需充分调动多方力量，构建共设专业、共建基地、共培团队、共享资源、共创成果、共育人才"六共"协同育人运行机制，集产业发展、学生培养、教学与技术服务、产业成果转化等多功能于一体。该运行机制要求产业学院协同各方有效沟通，全力配合。专业群对接产业链跨界融合共育模式的逻辑关系如图 4 - 2 所示。

最后，动漫游戏产业学院因链而建，涉及的专业、行业具有固链、补链、强链、延链功能，培育的复合型人才适应产业发展需求，继而反哺产业转型升级。此乃深度推进产教融合的机制体制创新与发展的重要举措。

二、 产教融合的师资队伍建设实践

产教融合的师资队伍建设是广州科技贸易职业学院产业学院建设的基础，更是其可持续性发展的动力。广州科技贸易职业学院立足于整体发展高度，依托现代产业学院建设，充分发挥教师发展中心功能，加强高素质教师队伍建设，有目的性、有针对性地壮大、补强师资队伍，进一步提升学院教师职业教育能力与水平，推进课程建设与改革，提高人才培养质量。

共设专业

共建基地

共育人才

复合育人	上游设计类专业	·艺术设计 ·产品艺术设计
文化育人	中游制作类专业	·动漫制作技术 ·计算机应用技术 ·云计算技术与应用 ·电子信息工程技术 ·模具设计与制造 ·机电一体化技术
协同育人	下游服务类专业	·会展策划与管理 ·市场营销 ·电子商务

共培团队

动漫游戏产业学院

共创成果

共享资源

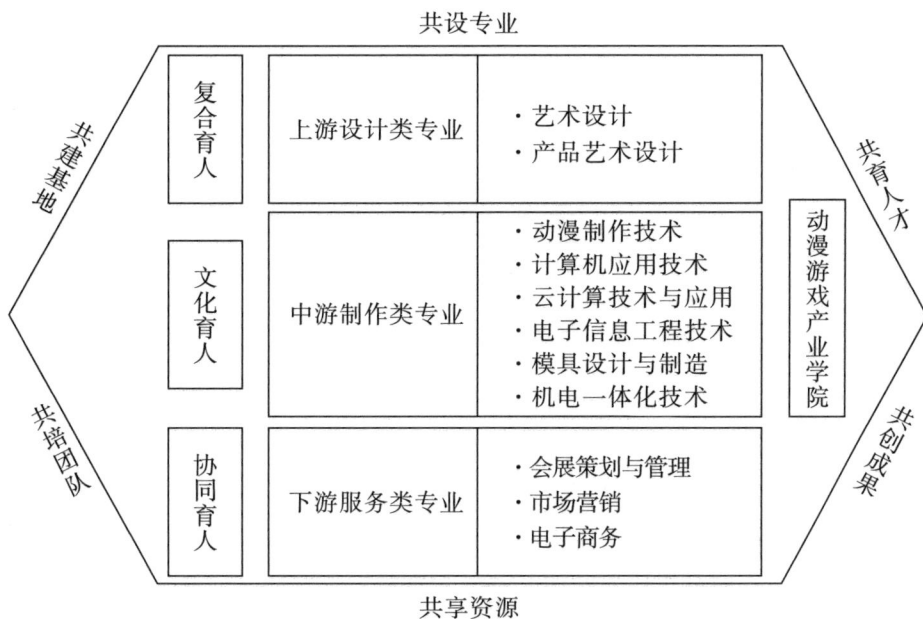

图 4 - 2　专业群对接产业链跨界融合共育模式

1. 强化师德建设工程，提升教师思想政治素质和职业道德水平

（1）强化师德建设工程。坚持把师德建设放在突出位置，深入贯彻落实《中共广东省委教育工委　广东省教育厅关于建立健全教师师德长效机制的实施意见》，每年9月按中共广东省委教育工委要求开展"师德建设主题教育月"活动。拓展师德教育载体，多渠道、分层次、有的放矢地创新师德教育内容和方法，增强师德教育的针对性和有效性，将师德教育摆在教师培养培训工作的首位。加大典型师德宣传力度，组织开展师德先进报告会、师德建设论坛等活动，表彰师德标兵，在学院内营造重德养德的良好风气。规范教师从教行为，加强学术诚信教育，严肃查处学术不端行为。

（2）构建师德长效机制。加强教师心理健康教育，实行教师师德承诺制度，建立教师诚信体系。加强师德考核，将师德考核摆在教师考核的首位，建立和完善教师师德规范及其考核评价机制，将师德考核贯穿于日常教育教学、科学研究和社会服务的全过程，将师德表现作为教师绩效考核、职称（职务）评聘、岗位聘用和奖惩的首要内容。推行师德考核负面清单制度，建立教师师德档案。实行师德违规"一票否决"制，若教师有师德违规行为，其师德考核为不合格，并要接受相应处分。完善师德监督机制，加大师德违规惩处力度。对有普通师德违规行为者，按规定给予相应处分；对危害严重、影响恶劣者，坚决清除出教师队伍。完善师德问责机制，对师德建设工作不力、监管不到位的部门，追究相关责任人的责任。

2. 加强产教融合、校企合作，推动"双师型"教师队伍建设

（1）依托现代产业学院建设教师实践基地，建立3年一周期的全员轮训制度，实行新任教师先实践后上岗和教师定期实践制度。将尚未达到"双师"素质要求的专任教师安排到企业参加顶岗实践，将专任教师每5年必须有6个月以上时间到企业或生产服务一线实践的要求纳入岗位责任，年度到企业实践锻炼的专任教师比例需达到20%以上，把专任教师到企业实践作为在职教师继续教育的重要形式和教师职务（职称）评聘、晋升的必要条件。

（2）建立"双师型"教师培养长效机制。明确专任教师到实训基地和企业锻炼的目标、考核办法及待遇等，使专任教师深入行业、企业第一线实践制度化、规范化，为教师进入企业实践锻炼提供制度保障。把具有3年以上专业相关企业工作年限的专任教师比例作为部门工作目标任务的一项重要指标，并纳入对二级学院（部）绩效考核的内容。要求专任教师积极参加企业生产实践、应用技术研究项目、工程应用项目、开发应用项目、调查与对策研究项目，参加专业技能培训并考取高级技术（技能）等级证书，提高自身实践能力。建立"双师型"教师继续教育培训制度和"教师职业生涯规划"制度，借助校企合作与企业联合培养专任教师，针对教师实际情况实行分类培养，对未具备"双师"素质的教师要求5年内到企业顶岗实践2年以上。

（3）提升教师社会服务能力。制定和完善"双师"素质教师认证制度，加大专业教师"双师"素质的认定和管理力度。根据行业、企业的实际情况和职业教育的发展，把科研、技术开发和服务、企业兼职和实践、实训基地和实验室建设、成熟的项目团队成员、职业资格等纳入"双师"素质认定条件，提高教师的社会服务能力；建立校内"双师"素质教师评价激励机制，提高"双师"素质教师奖励性绩效工资水平，同时将"双师"素质作为专任教师职务晋升、评优的必备指标，对专任教师参与社会实践、社会服务、挂职锻炼的时间和经费给予制度性保障。

3. 加强专业带头人培养，提高师资队伍整体素质

（1）实施"专业领军人才"培养计划，培养、选拔一批综合素质高、教学能力强，在本地区行业中有较大影响力的专业领军人才。通过承担校企合作项目、开展技术服务、指导技能竞赛、参加国内外培训、开发精品课程等，培养一批在国内外具有较大影响力的专业带头人，促使其成为省级专业领军人才。通过分批安排校内所有专业带头人赴国（境）外培训、研修，承担厅（局）级以上教研和科研项目，主持专业建设及核心课程开发，立项项目团队孵化，"双专业带头人"共建专业等途径，拓宽专业带头人视野，增强其在行业、企业的影响力，提升其总体规划及资源整合能力，使其专业水平与国内外先进水平接轨，在专业建设和专业改革中充分发挥引领、组织作用。加强教学名师和技能大师工作室建设，充分发挥教学名师、技能大师的示范作用，引领教师共同成长。

（2）借力企业优秀人才，聘用与培养兼职专业带头人。加大高层次技能型兼职教师引进力度，规范行业协会、企业兼职专业带头人的聘用。每个专业聘用 1 名兼职专业带头人，与专职专业带头人配合，实施校企互动的"双专业带头人"制。制定相应管理办法，根据不同专业需求设立特聘岗位，制定优惠政策，聘用兼职专业带头人参与专业建设，如指导学生顶岗实习，讲授部分专业核心课程，作为项目负责人带领校内教师开展横向项目研究，参与实验实训基地建设，指导青年教师等具体工作，推进专业建设、实训基地建设和师资队伍建设。

4. 完善校企互动机制，构建专、兼结合教学团队

（1）探索"校企双向互聘"机制，即企业向学院派出兼职教师，承担专业课教学，学院向企业派出访问工程师，到企业实践锻炼，通过校企合作、协同共建的方式，稳定兼职教师来源。各二级学院（部）根据专业教学团队建设需要，选择具有一定规模，生产技术、治理水平在本行业中处于先进水平，与学院合作关系密切的行业协会、企业，作为互聘互兼的合作单位。积极与行业协会、企业联系，建立良好的合作关系，建立一支稳定的兼职教师队伍，聘请既有实践经验又能胜任教学任务的行业专家或处在生产一线的技术能手承担学院实践教学任务，逐步提高兼职教师承担专业课时的比例，并对教学效果优秀者给予奖励。

（2）强化对兼职教师的培养，全面提升兼职教师的教学水平。实现兼职教师教育教学能力的专项培训常态化，包含教师职业道德、高等职业教育核心理念及教育学、心理学等课程的学习，不断提升兼职教师教育教学能力，发挥兼职教师在高职教育中的作用。一是为兼职教师配备教学经验丰富的专职教师进行一对一传帮带，使兼职教师尽快熟悉教学，提高教学方法和教学技巧；二是组织开展兼职教师岗前培训，提升其教学能力；三是定期组织兼职教师开展座谈、经验交流、研讨、联谊等活动，鼓励其参与学校建设；四是选派优秀兼职教师参加国家级、省级业务培训，并对长期承担教学工作的企业专业技术人员进行高校教师资格认定和职称评定，调动其积极性；五是构建教师成长系统，激励专、兼结合教学团队自学，从而服务企业、服务社会。

（3）完善"专兼结合＋双师素质"的"专业带头人＋骨干教师＋梯队教师"教学团队建设体系。以专业建设、课程建设、项目建设等为主线，以责任分工为依据，对现有专业师资进行科学优化整合，补充团队所需人才，组建各类教学团队。搭建教学团队管理平台，运用激励和评价制度，打造与企业联系紧密、规模稳定、特色鲜明、综合能力强的专、兼结合优秀教学团队。[①] 每个教学团队聘请 1 名具有行业、企业影响力的校外专家，

---

① 参见邹艳荣，翟秋阳. 校企合作下高职"双师型"教师队伍建设探究［J］. 学理论，2015（23）：113－114.

同时选拔 1 名校内专家，两人分别作为教学团队的专、兼职教师团队负责人。加强教学团队的骨干力量，培养团队的梯队教师，组织兼职教师参加教育培训、课程建设、教研活动，创新兼职教师聘任和管理机制，提高兼职教师的教学能力，从而提升教学团队的整体实力。

5. 深化人事分配制度改革，提升学院人才队伍素质和竞争力

学院将岗位聘期考核结果与职务晋升、岗位分级竞聘、薪酬分配挂钩，营造有利于人才脱颖而出、人尽其才的制度环境，切实激发优秀人才、专业领军人才和优秀创新团队的活力。

（1）建立与绩效改革相适应的薪酬激励机制。坚持"一流人才、一流业绩、一流待遇"的薪酬分配导向，修改完善《绩效工资制度》，依据管理、技术、技能、服务等工作岗位的特点，突出责任、能力和业绩，坚持薪酬分配向关键岗位、技术岗位和技能岗位倾斜。通过严格的绩效考核，拉开不同岗位的收入差距，达到"凝聚关键人才、激励骨干队伍、调动全体人员"的目的。

（2）健全教师考核评价制度。探索建立教学督导、学生、企业等多方参与的评价体系，引导教师潜心教书育人。根据不同专业教师的岗位职责和工作特点，不断完善教师分类管理的评价办法以及相关配套奖惩制度，开展职教能力培训与测评工作，完善工作方案。

三、 深化产教融合的现代产业学院建设实践[①]

1. 建设现代产业学院的理论依据

为深入贯彻党的十九大报告提出的构建职业教育体系和深化产教融合、校企合作精神，落实《国务院办公厅关于深化产教融合的若干意见》文件要求，推进职业院校人才培养供给侧与产业需求侧紧密对接，广东省作为国家改革开放先行区、试验地，启动了粤港澳大湾区国家产教融合型示范城市试点工作，指导职业院校深层次开展产教融合、校企合作工作，培养符合产业高质量发展和创新需求的高素质人才。教育部、工业和信息化部结合《国家产教融合建设试点实施方案》，于 2020 年出台《现代产业学院建设指南（试行）》，明确了产教融合型现代产业学院建设的关键要素：构建理念先进、顺畅运行的管理体系，共建企业在区域产业链中居于主要地位，主要专业与区域产业发展高度契合，有丰富教学资源及高水平教学团队。这是国家层面与时俱进、大力推进产业学院建设的指导性文件，其指导思想进一步明确以立德树人为根本任务，发挥企业作为教育主体的重要作

---

① 本小节参见蒋新革. 现代产业学院建设内涵辨析与实践 [J]. 广东轻工职业技术学院学报，2021，20（1）：39-44.

用，面向产业需求完善人才培养协同机制，有效整合区域创新资源与校内教育资源，促使政校行企多主体价值融合、功能互补、资源共享、协同创新，深化产教融合、校企合作，实现教育链、产业链、创新链与人才链的深度衔接。

深化产教融合、校企合作是职业教育人才培养的必由之路，在国家政策及理论研究的引领下，职业院校探索的"双师"工作室的共育路径、特色学院的特色路径、孵化器基地的生产路径与产业学院的融合路径各有侧重。产业学院是为了服务某个特定行业或企业，由政校行企多方协同共建，采用企业化管理方式、现代化治理结构、市场化运行机制、综合化功能定位的创新型办学模式。其在建设内涵上发挥行业协会、企业的主体作用，运用行业协会、企业的实践育人长处，提升行业、企业高技能人才的内在动力，全面提升人才培养质量，重视治理体系与治理能力现代化建设，是政校行企四方资源统筹的平台，是教育链、产业链、创新链与人才链四链衔接的平台，更是实施职业院校全面深化教育综合改革的平台。

2. 现代产业学院建设机制

中共中央、国务院于 2019 年 2 月印发了《粤港澳大湾区发展规划纲要》，明确支持传统产业改造升级，加强产学研深度融合，建立以企业为主体、以市场为导向，产学研深度融合的技术创新体系。粤港澳大湾区是继美国纽约湾区和旧金山湾区、日本东京湾区之后的世界第四大湾区，是我国建设世界级城市群和参与全球竞争的重要空间载体。粤港澳大湾区既有发达的高端产业，也有作为高端产业支撑和配套的中、低端产业，高、中、低端产业自成一体，共同构成一条完整的"微笑曲线"。

经过多年建设，现代产业学院在建设策略、治理体系、模式创新及其实践上取得了较好成效。为全面服务区域产业升级及经济发展，现代产业学院建设做到：①坚持"把现代产业学院建在开发区、把专业建在产业链上"的职业教育理念，按照深化教育链、人才链与产业链、创新链全方位衔接构建专业体系，充分发挥职业院校与地方政府、行业协会、企业四元办学主体作用，加强产业园区企业、职业教育的统筹和部门之间的协调，切实增强人才对经济高质量发展的适应性，增强服务产业发展的支撑作用，推动经济转型升级、培育经济发展新动能。②坚持创新发展，探索职业院校、产业园区、龙头企业及广州开发区政府"校园企区"等合作办学模式，推进机构共建、人才共育、过程共治、资源共享的校企合作体制机制改革，打造集高质量生产、真实项目学习、生产技术创新、岗位技能竞赛、创新创业于一体的实体性人才培养创新平台。③坚持产教融合，以专业群对接产业链、以产业学院对接产业园区、以课程体系改革对接产业转型升级，积极开展"两对两访三落实、两制三育一体系"工程。大力探索教育教学改革，建立教育链、产业链、创新链与人才链紧密结合的可持续发展的新型教学机制，将人才培养、教师专业化发展、学生创新创业、企业服务科技创新功能有机结合，促进产教融合。推动职业院校人才培养供给侧与产业需求侧紧密对接，培养大批产业需要的高素质人才，为提高产业竞争力和汇聚发展新动能提供人才支持和智力支撑，达成政府、职业学院、行业协会、企业四方满意的成效，实现现代产业学院可持续、内涵式创新发展。现代产业学院建设策略如图 4 - 3 所示。

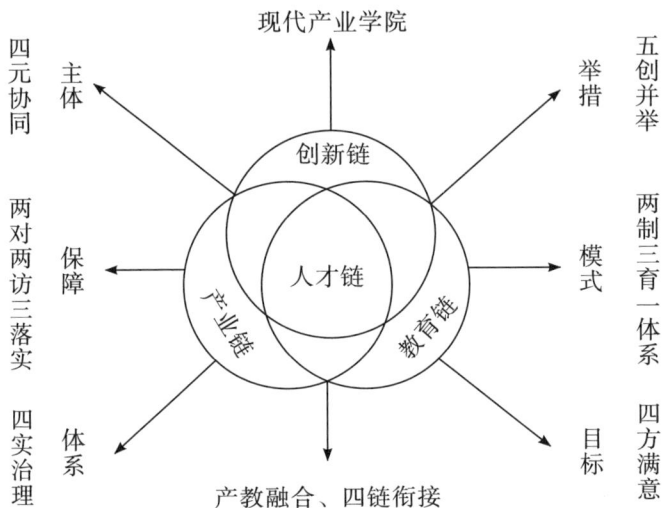

图 4 - 3　现代产业学院建设策略

3. 多措并举创建现代产业学院新模式

（1）"五创并举"助推现代产业学院建设成效提升。现代产业学院建设目标是创新办学模式、增强办学活力，打造示范性人才培养实体。然而，目前在产教融合发展方面，特别是在合作渠道、合作模式、合作内容、合作机制等方面，存在诸多问题。因此，需要产业学院建设各方集思广益、各尽所长，协同构建突出"以学生为中心"理念的产业学院，通过"五创并举"建设长效运行机制。一是树立政校行企四方共建、共治、共赢的理念，统筹各方资源创建现代产业学院组织，实施理事会领导下的院长负责制，兼顾四方利益诉求。二是现代产业学院理事会依据产业发展趋势，结合产教融合探索实践，定期创办四链衔接的论坛，引导参与各方积累丰富的产教融合资源，进行"三教"改革，提高产业学院的育人质量和社会服务能力。三是产业学院管理机构针对建设中的难点问题，创设产业学院建设专项研究课题以及研究型本科大学教育学院重点委托课题，提升教师团队能力，增强人才服务产业作用，促进资源开发利用。四是坚持改革开放理念，构建多元评价的保障体系，创立政校行企四方积极参与现代产业学院建设的绩效激励制度，形成有利于产教融合的环境。五是兼顾利益相关方不同属性，加强党的全面领导，创新现代产业学院党团组织模式，构建大思政教育平台，结合产业园区特点组织志愿者活动，实现现代产业学院可持续、内涵式创新发展。

（2）"两制三育一体系"模式深化产教融合。现代产业学院坚持育人为本、产业为要、产教融合、创新发展的建设原则，构建了"两制三育一体系"教学组织模式，以促进产教融合成效的全面提升。"两制"即现代学徒制和学分制。现代产业学院精准对接区域经济发展需求，充分发挥行业协会、企业育人主体作用，按照现代学徒制"工学交替、岗位成才"人才培养要求，结合人才培养规律和企业人才岗位成才过程，创建"教学与生产相统一、学生与员工相统一、基地与车间相统一、教师与工程师相补充、技术与创新相融合"的实践平台，突出支撑产业发展的现代学徒制人才培养模式。大力开展学分制改革，以产教融合为契机，制定学分互换认定管理办法，通过参加企业项目开发、创新创业训练、社会实践、行业技能竞赛、考取职业资格证书等实践项目进行学分互换认定，调动了学生的学习积极性和主动性，为人才培养改革奠定了坚实的基础。坚持育人为本，实施现代学徒制和学分制的"两制"改革，目的是在现代学徒制的组织与学分制的治理中，提升培养对接产业发展的专业技能、促进产业转型的创新创业能力及助力学生长远发展的综合素质"三育人"成效。多元主体参与的人才培养质量评价体系建设是现代产业学院保持生命力的保障，应建立教学质量评价机制，改革相应的教学内容和合作形式，形成科学合理的教学质量评价标准和考核办法，引领社会对人才评价的变革，制定现代学徒制教学诊断与改进实施办法。在落实职业学院、企业、行业协会及社会的多元评价机制过程中，还应本着公平、公开、公正的原则，对考核结果进行公布，并根据 PDCA 循环不断优化发展规划和考核方案，推进教学建设及改革深入发展。

（3）现代产业学院达成四方满意成效。依托产业园区建设，政校行企四元主体协同的现代产业学院（如图 4-4 所示），坚持以成果为导向、以项目为驱动的"工学交替"组织模式，对应区域产业链上游、中游、下游的设计、制作及产品，服务行业实施专业群对接建设，达成政府、职业学院、行业协会、企业四方满意的聚集成效。

广州科技贸易职业学院积极参与广州市教育局与广州开发区政府共建的产教融合示范区建设，与产业园区合作建设了科学城产业学院。广州开发区政府发挥其行政作用，支持将学生培养过程与属地经济、社会、社区、志愿者文化相融合，优化了开发区职业教育。

作为广州市公办高职院校，广州科技贸易职业学院坚持办学公益性，积极聚合社会、企业、行业各方资源，创新"两制三育一体系"教学组织模式，建成省级协同创新中心和省级科研创新团队，成为职业教育研究生培训基地。学院人才培养质量保持逐年稳步提升，就业率连续多年位居全省前列，2020 年克服新型冠状病毒肺炎影响保持 98% 的高就业率。广州科技贸易职业学院的现代产业学院建设得到行业协会、科技创新中心等行业组织的支持，积极开展行业技能竞赛，共同研发岗位规范、质量标准，对接行业设置专业，制订培养方案、课程标准等。进驻现代产业学院的学生规模从 2018 年 700 余人，到 2019 年 1 200 余人，再到 2020 年 2 500 余人，实现连续大幅增长的发展态势，较好地支持了区域产业的发展。现代产业学院与合作企业积极开展现代学徒制的探索与实践以及相关产教融合项目合作，有 2 个专业成为教育部现代学徒制试点专业，12 家合作企业获得广东省建设产教融合型企业认证（智能制造企业 4 家、信息技术企业 2 家、商贸服务企业 6 家），电子信息工程技术专业教师团队与企业合作的项目荣获广东省高职院校首个省级科技进步一等奖，提升了校企双方的品牌形象，实现了校企合作共赢。

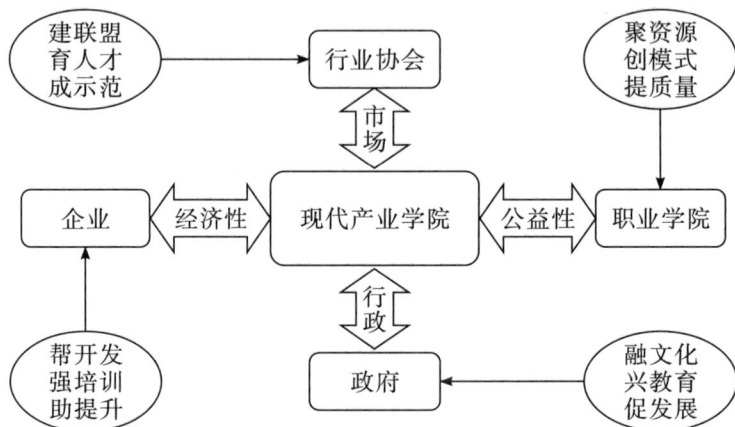

图 4-4　政校行企共建现代产业学院职能

党的十九届五中全会明确提出建设高质量教育体系，这对职业教育提出了更高要求。高等职业教育是我国职业教育的中坚力量，具有突出的职教性特征，开放、跨界、合作、共治是职业教育办学的基本理念。对接现代产业园区建设的现代产业学院，是深化产教融合、校企合作的新探索实践。

第二节　专业建设的产教融合实践

广州科技贸易职业学院明确办学定位，依托自身资源优势，与行业、企业深度融合，通过推进教学工作诊断与改进，建立了以社会需求为依据、以专业评价为核心、以制度建设为重点、以信息技术为手段的专业动态响应机制。学院制定《广州科技贸易职业学院专业优化调整方案》《广州科技贸易职业学院专业动态调整预警管理办法》等文件，立足人才培养质量，增强为区域经济社会发展服务的意识，以市场需求为导向，准确把握经济发展和社会进步的基本趋势，并根据办学定位，从办学规模和效益出发，对专业设置进行了调整和整合，初步形成了电气自动化技术、动漫制作技术、现代物流管理、市场营销、国际经济与贸易、汽车检测与维修技术、艺术设计七大专业群，较好地适应了区域经济社会发展和产业结构升级对高技能人才培养的迫切需求。学院紧密对接粤港澳大湾区产业建设，布局战略性新兴产业与先进制造业和现代服务业领域，开设与行业、企业发展密切相关、市场需求旺盛的专业，打造产教深度融合、行业特色鲜明的专业，限制和淘汰市场需求不足、就业状况不佳、基础条件较差的专业。

学院服务广州及粤港澳大湾区地方区域经济，对接产业，重点支持对接广州支柱产业、优势产业、战略性新兴产业与关系到国计民生基础产业的专业，推动学院专业设置、人才培养定位与产业岗位群对接，实施全方位深度合作，针对性培养本土企业需求的高技能人才，并为区域企业开展技术服务，更好地推进区域产业转型升级。学院坚持"合作办学、合作育人、合作就业、合作发展"，引导和鼓励创新校企合作机制、教师队伍建设机制、投入保障机制，实现专业发展与人才培养目标和企业发展与岗位任职要求相对接、专业教学内容更新与企业技术革新相对接、专业教学环境与企业现场环境相对接、专业文化与企业文化相对接、毕业生就业与企业人力资源需求相对接，形成人才共育、过程共管、成果共享、责任共担的紧密型校企合作专业建设长效机制。

学院在专业建设中，把改善专业办学条件作为工作重点，整合政校行企多方资源，多渠道筹措资金、加大投入力度、科学合理使用资金，使专业办学条件从根本上得到改善。优先发展省级以上品牌专业、重点专业建设，以品牌专业、重点专业建设带动专业群发展，打造特色专业学院，形成学院特色。以提高质量为核心，深化教育教学改革、体制机制创新改革，构建以就业质量为核心的质量评价监控体系，引导专业形成以职业能力为核心的教学体系，建立多方评价教学质量机制，构建以社会满意度为核心的质量评价监控体系，开展专业与课程的诊断与改进工作，切实提高专业人才培养质量，提高服务区域经济发展的能力。

一、 动漫游戏专业产教融合实践

动漫游戏专业依托科学城产业学院深化产教融合、校企合作人才培养模式改革，与合作企业紧密开展协同创新、协同育人工作，共同探索培育产业需要的高素质技术技能型人才之路。

1. 打开校企合作新思路，实现产教融合新局面

2021年9月，动漫游戏专业依托科学城产业学院，在该产业学院会议室召开以"校企合作新思路、产教融合新局面"为主题的企业咨询会。来自27家企业的领导、专家应邀参会，为学院产教融合、校企合作工作出谋献策。校企双方就产教协同育人、师资队伍建设、学科共建、实训基地建设、顶岗实习、共建大师工作室等方面展开了研讨。学院表示将继续不断探索创新产教融合、校企合作模式，积极搭建产教深度融合平台，提高创新性、应用型、技能型人才培养质量，为粤港澳大湾区及区域经济发展提供人才保障。

2021年，广州科技贸易职业学院与广州漫游计算机科技有限公司深度合作，在科学城

产业学院共建了产教融合示范基地。该基地以"人岗匹配"为目标进行搭建，举力开展教育产业链与创新人才链合一的品牌建设。2021 年 9 月，动漫游戏产业学院第七届企业实践训练营顺利开营，有动漫制作技术专业、移动应用开发专业的 200 余名同学参加。在为期半年的实训营中，同学们在原画设计、3D 建模、游戏动效、Unity 游戏开发、H5 前端开发等领域开展在岗实践学习。这既是学院的实践课，也是学生的必修课，是帮助学生全面掌握专业知识和实践技能、提升和开拓就业创业竞争力的新途径。

图 4 - 5　与会人员合影

2. 政校行企携手，彰显技能大赛魅力

2021 年，动漫游戏产业学院承办了 2020—2021 年度广东省职业院校学生专业技能大赛动漫制作赛项、虚拟现实（VR）设计与制作赛项。这两个赛项都在科学城产业学院举行，来自全省 54 所高职院校的 99 支队伍参加了动漫制作赛项，来自全省 43 所高职院校的 71 支队伍参加了虚拟现实（VR）设计与制作赛项。学院携手广州开发区多个合作企业共同承办这两个赛项，得到了广东省计算机学会、广州动漫行业协会等的大力支持。多家企业参与了大赛的命题与评审，竞赛内容更贴近产业、行业对人才的需求，能有效地对职业院校人才培养进行检验。此次竞赛的成功举办，是职业教育深化产教融合、校企合作的具体表现，竞赛内容与产业发展紧密契合，为企业提供了高技术技能人才保障。

图 4 - 6 　动漫制作省赛现场

3. 深化产教融合，践行现代学徒制

动漫游戏产业学院在推行现代学徒制试点过程中，以产教融合为建设主线，形成双主体办学、双导师育人机制。以省级试点专业动漫制作技术专业为例，在企业师傅的指导下，学生学徒完成了央视国家品牌栏目广告《泥巴村》的录制工作，参与了天河区法制办普法栏目节目拍摄，深度参与了广州地铁融媒体宣传拍摄工作，承接了广州地铁《地铁线上》节目的拍摄与编辑工作。

图 4 - 7 　学生参与广州地铁融媒体宣传拍摄工作

二、 跨境电商示范学院产教融合实践①

进入 21 世纪以来，世界经济不断发展，多边贸易合作日益增多，各国也在努力提升

---

① 本小节参见李湘滇，曾三军. 跨境电商示范学院产教融合机制研究与实践 ［J］. 中国市场，2020
　（24）：169 - 170，174.

经济实力，进而提高世界地位。我国经济也得到迅猛发展，特别是随着对外贸易的扩大，我国在世界经济中的地位逐步上升。随着"一带一路"倡议的提出，跨境电商成为实现互联互通的新业态、新形式。随着 2015 年"互联网＋"时代的来临，跨境电商逐渐引起人们的注意，并有望成为中国乃至世界经济的增长引擎。

在跨境电商行业的人才需求侧有巨大缺口，然而在培养职业人才的高效供给侧未能从人才结构、数量及质量上得到很好的匹配。因为跨境电商是新兴行业，目前高职院校还未开设对口专业，只开设了与之相关的国际贸易、电子商务及商务英语等专业。以上专业的知识结构、技能要求、培养过程都难以满足跨境电商的岗位及技能要求，因为跨境电商行业需要掌握一定外语技能，熟悉跨境电商中的网络营销业务、快速通关业务以及便捷物流组织与运营的复合型人才。尽管每年国际贸易、电子商务及商务英语等专业的毕业生数量相当可观，但兼具以上专业特征的跨境电商人才却稀少。单一的专业无法满足跨境电商行业对人才的需求，因此跨境电商行业仍然存在很大的人才缺口。对标跨境电商复合型人才特点，现有专业的应届毕业生还存在专业知识不扎实、视野不开阔、知识与技能单一、解决实际问题的能力不足等缺陷。在此背景下，广州科技贸易职业学院加快了相关专业建设的步伐。

1. 广州科技贸易职业学院商务服务专业群与跨境电商企业共建示范学院

广州科技贸易职业学院商务服务专业群与跨境电商企业共建示范学院是产业与教育发展的需求。广州科技贸易职业学院的商贸学院商务服务专业群开设有国际经济与贸易、商务应用英语、会展策划与管理等商务类专业。商贸学院秉承"商汇财智、贸通天下"的学院文化与精神，各专业团队刻苦钻研，掌握现代商务产业发展规律，对相关专业的人才培养模式、课程体系、实践教学条件、师资队伍建设及社会服务等内容进行了改革，取得了专业建设与人才培养的系列成果。尤其是近几年来，商贸学院结合国际贸易方式的新变化，对国际经济与贸易、商务应用英语等专业进行了课程内容改革，加入了跨境电商行业的理论课程与实践课程模块，为跨境电商复合型人才的培养奠定了基础。但是，由于跨境电商行业发展日新月异，表现为进出口谈判与跟单技术、网络营销与快速通关技术、国际物流与供应链技术等发展变化极快，而且跨境电商交易国的广泛性要求交易语言多样性等，使得一些高职院校的相关商务服务专业难以跟上跨境电商的人才培养需求。商贸学院的商务服务专业也不例外，在跨境电商人才培养过程中主要存在以下三个问题：

第一，课程体系的缺损。旨在提高跨境电商人才核心技能的课程内容只是在原有专业的课程体系中加入部分跨境电商课程模块，国际经济与贸易专业没有整体升级改造为跨境电商专业。由此导致该专业在跨境电商人才核心技能培养方面的课程对应不突出，尤其是实践课程模块对应不清晰，因而难以从课程标准与课程内容上缝合新型岗位的技能与要求。

第二，实践指导教师的缺少。商贸学院一直重视商务服务专业群师资团队的建设，每个专业内的理论课与实践课教师结构有一个较合理的比例。但由于前面分析的跨境电商产业技术发展快、岗位能力复合等因素，存量师资难以在较短时间内完成多种岗位技能的培训，这就导致跨境电商实践课程模块师资的缺少。同时，由于教师团队实践教学能力不足，教师本人难以引进企业真实的跨境电商训练项目，使得跨境电商相关实践课程模块难以按照项目引领、任务驱动的工学结合人才培养模式进行教学。

第三，实习实训条件的缺口。商贸学院的商务服务专业群各专业经过多年专业建设的积累，在校内外实训基地的建设及实践教学条件的改善方面均有不错的成绩。但是，与跨境电商的行业特点所要求的条件对标，在校内实训室进行实训项目教学时，实践教学条件存在教学硬件设施旧、带宽不够及网速慢等条件的缺口。各专业虽然开展了校企合作工作，建立了适合自身要求的校外实训基地，但由于前面分析的因素，国际经济与贸易专业没有整体转向跨境电商，其所建立的校企合作项目与传统贸易特点相关度高，与跨境电商行业新技术、新要求连接并不紧密，所以校外实践教学条件也存在缺口。

一方面是跨境电商行业迅猛发展带来的人才需求侧巨大缺口，另一方面是有跨境电商人才培养任务的各高职院校商务服务专业群所面临的人才供给侧缺陷，对此，商贸学院商务服务专业群教师团队深入行业调查及研究后达成以下共识："春江水暖鸭先知"，跨境电商企业就是"先知水暖的鸭"，跨境电商贸易所需的进出口谈判与跟单技术、网络营销与快速通关技术、国际物流与供应链技术等，跨境电商企业最先应用，最熟悉新岗位标准与技术；跨境电商企业由于市场竞争激烈，无暇长时间大规模地培养能够熟练运用新技术的员工；商贸学院商务服务专业群熟悉教育规律，积累了商务服务专业人才培养的经验，具备培养跨境电商人才所需的国际贸易及英语应用能力等厚实基础，但急需打通实践应用这最后一关。基于以上共识，教师团队一致认为，要解决跨境电商现代人才培养"最后一公里"问题，真正消解跨境电商行业高职教育人才供给侧与企业人才需求侧的结构、质量与规模矛盾，走产教融合、校企合作之路是企业与高职院校的必然选择。商贸学院与广东省跨境电商行业协会、广东省跨境电商服装行业协会及协会下属的众多跨境电商企业经过较长时间的相互熟悉与磋商，终于达成共建跨境电商示范学院的共识，并积极进行签订合作协议、构建课程体系、建设师资队伍、落实办学条件等工作，践行产业与教育共同发展的使命。

2. 校企合作的跨境电商示范学院机制建设

跨境电商示范学院有能力解决跨境电商行业人才渴求问题，并实现产业与教育共同发展的使命。构建良好机制是前提，在校企合作的长效机制下，重点建设好示范学院的课程体系、师资队伍、实践教学体系及提升社会服务能力是关键。机制建设与课程体系建设等重点内容都是示范学院的建设工作，相互之间为前置性与后承性的关系，只有先设计并构建好机制，后续的建设内容才可能落地。

示范学院的校企合作机制建设，其目标是要实现产教融合的长效性。完成这项长期性工作的要素首先是产教融合、协同育人的主体，即哪些主体参与的示范学院组织机制便是首要机制；各主体要素参与校企合作工作后，如何开展工作便是示范学院的运行机制；示范学院进行各项产教融合的具体工作，追求共同育人、共同发展的结果便是其利益机制。从组织机制到运行机制再到利益机制，构成了机制闭环，成为示范学院的整体机制。结合跨境电商示范学院建设的实际，主要构建以下三方面机制：

（1）政校行企多元参与的组织机制。参与示范学院建设的政府主体有广东省及广州市相关政府职能部门，主要是具有高职教育管理职能的广东省教育厅及广州市教育局。职能部门通过校企合作示范学院建设项目及产教融合人才培养改革项目等，引导省财政及市财政专项资金用于示范学院的建设工作。参与示范学院建设的职业学院主体是广州科技贸易职业学院，主要是商贸学院商务服务专业群以其教师团队、学生及相关教学资源参与合作并构建示范学院的基础。参与示范学院建设的行业协会及企业为广东省跨境电商行业协会、广东省跨境电商服装行业协会及协会下属的众多跨境电商企业。跨境电商企业中有亚马逊、速卖通、易贝及 Wish 等有品牌影响力的企业。职业学院与行业协会、企业的参与机制是建立在以资本为纽带或合同约定基础上的多元参与。

（2）资源共享、产教融合的运行机制。示范学院建设的参与各方提供自己的优势资源并实现共享。政府的资金投入是源头，并提供政策及行政措施的扶持；职业学院的资源有办学场地、实训设施、师生资源、课程资源等；跨境电商行业协会与企业提供了真实工作项目及岗位标准，项目引领、任务驱动的实践课程，实训导师等。示范学院引企入教，实现了资源共享、产教融合的运行机制。

（3）协同育人、共同发展的利益机制。校企合作、产教融合的示范学院符合各级政府的办学意图与方向，有利于解决人才供给侧与人才需求侧在结构、质量与规模方面的矛盾，有利于产业结构优化及经济升级；跨境电商企业获得了促进行业发展的急需人才，提升了企业的人才质量与综合竞争力；职业学院通过校企合作，创新了人才培养模式，提高了人才培养水平。

3. 跨境电商示范学院产教融合内涵建设

跨境电商示范学院的内涵建设各项指标严格按照《国务院办公厅关于深化产教融合的若干意见》（国办发〔2017〕95 号）有关校企合作、产教融合的精神加以确定，设立明确的建设目标、设计清晰的建设思路、执行到位的建设措施，通过校企合作，提高了行业协会、企业参与办学程度，深化产教融合，促进教育链、人才链与产业链、创新链有机衔接，实现了校企人才对接。示范学院产教融合内涵建设内容丰富，具体如下：

（1）课程体系建设。跨境电商企业根据行业变化所产生的岗位与技能要求，结合商务服务专业与合作职业学院的实际，深度参与跨境电商示范学院建设规划、跨境电商专业规划、跨境电商专业人才培养方案的制订等。校企结合企业岗位的实践教学需求，共同确定课程体系，尤其是实践实训课程体系，并根据企业技能要求进行教材开发、教学设计等，并将课程改革与企业需求融入人才培养环节。

（2）师资队伍建设。构建校企师资融通平台，企业技术与管理人才到职业学院任教，实行企业导师岗位制，职业学院教师定期到企业实践锻炼，实行学院教师实践岗位制；建立产教融合师资团队，优化"双师"队伍结构，整合师资，为企业与职业学院的人才培养服务。

（3）实践教学体系建设。企业与职业学院通过跨境电商示范学院，建立跨境电商"双师"工作室、跨境电商创新创业基地、跨境电商项目实战基地等；开展跨境电商生产性实习实训，共建、共享生产性实训基地，完善学生实习实训，推进实习规范化；推行面向企业真实生产环境的任务式培养模式改革；实行现代学徒制，实现职业学院招生与跨境电商企业招工的衔接，校企育人"双重主体"，学生学徒"双重身份"，职业学院、企业和学生三方权利义务关系更加明晰；推进产教协同育人，实现职业学院与企业联盟、与行业协会联合、与园区联结，坚持工学结合、校企双制、工学一体的办学制度。

（4）社会服务能力提升。通过产教融合完成企业的真实项目，提升企业的生产管理水平及商业运作能力；制订企业员工培训计划，提高企业员工的技能；实行转岗就业人员及社会人员再培训，提升校企合作示范学院的社会服务能力。校企围绕跨境电商企业的商务谈判、报关通关、营销与物流等问题开展协同创新，实现商业项目研究成果向产业转化；校企共同确定选题并开展研究，满足跨境电商企业生产与经营的实际需求。

图4-8　与广东致学信息科技有限责任公司来访人员洽谈产教融合项目

图 4 - 9 与广州华商学院来访人员交流产教融合经验

三、 智能制造产业学院 "双元四共" 产教融合实践

广州科技贸易职业学院智能制造产业学院秉承"匠心筑梦、科技赋能、智造兴邦"的育人理念，以"产教深度融合＋产学研训协同"为办学特色，依托粤港澳大湾区智能制造丰富的行业资源，与海尔智家、光宝电子、广州数控、智光科技、创电科技、威凯检测、隆深机器人等10多家行业知名企业在专业建设、人才培养、实习实训、社会服务、师资培养、课岗融合等方面深入合作，积极探索现代学徒制、"订单班"、工学交替等多种"双元四共"（共建、共享、共融、共育）人才培养模式，形成了"产学研训协同"育人格局，有效地提高了人才培养质量。

1. "双元四共"多元化育人实践

智能制造产业学院积极开展现代学徒制人才培养模式，专业群全部四个专业均获广东省现代学徒制专业建设立项，电气自动化技术和电子信息工程技术两个教育部现代学徒制试点专业于2021年顺利通过验收。

现代学徒制合作企业多为国家或广东省产教融合型高科技企业。其中，电气自动化技术专业分别与佛山隆深机器人有限公司、光宝智能汽车（广州）有限公司合作；机电一体化专业与佛山海尔滚筒洗衣机有限公司合作；电子信息工程技术专业与珠海杰赛科技有限公司、广州杰赛科技股份有限公司合作；工业机器人专业与广州数控设备有限公司合作（如表4-1所示）。

表 4 - 1　智能制造产业学院现代学徒制专业建设情况

办学时间	专业名称	现代学徒制合作企业	备注
2018 年、2019 年、2020 年	电子信息工程技术	珠海杰赛科技有限公司 广州杰赛科技股份有限公司	教育部第三批现代学徒制试点建设项目
2019 年、2020 年	电气自动化技术	佛山隆深机器人有限公司	合作企业为广东省第一批产教融合型企业 教育部第三批现代学徒制试点建设项目
2020 年、2021 年	电气自动化技术	光宝智能汽车（广州）有限公司	
2019 年、2020 年	机电一体化	佛山海尔滚筒洗衣机有限公司	合作企业为广东省第一批产教融合型企业
2021 年	工业机器人技术	广州数控设备有限公司	合作企业为国家产教融合型企业

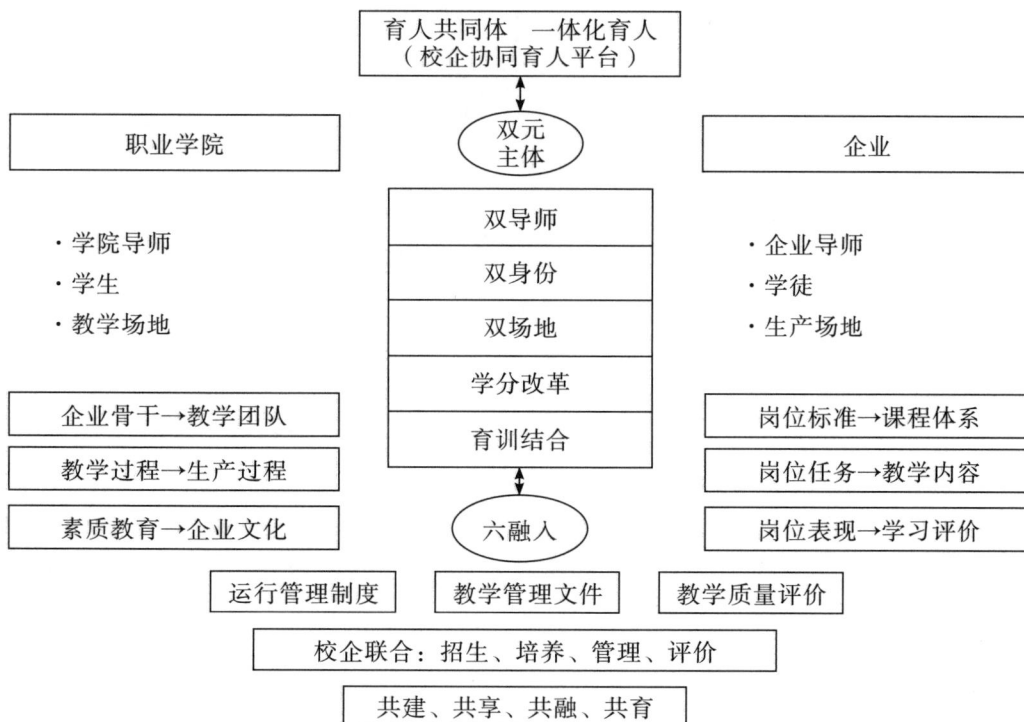

图 4 - 10　现代学徒制人才培养模式

校企深入合作，实施共建、共享、共融、共育的现代学徒制人才联合培养、管理与评价新模式。共建、共享师资、实训设备、教学场地、教学资源、创新平台等资源，按照现代学徒制"工学交替、岗位成才"人才培养要求，强化"双导师、双身份、双场地""学分改革、育训结合"，构建将企业骨干融入教学团队、岗位标准融入课程体系、岗位任务融入教学内容、教学过程融入生产过程、素质教育融入企业文化、岗位表现融入学习评价的"六融入"协同育人机制，实现人才共育。

2. "订单班"人才培养模式实践

学院积极推进"订单班"人才培养模式，与海尔智家共建智能制造产业学院，"订单式"培养企业所需人才，将职业学院教学、校内实训、企业实习和学生成长有机协同，使教育与行业发展相适应、学生成长与员工培养相融合、技能培养与工匠精神养成相统一。

图 4 - 11　2019 级海尔智家"订单班"创客宣誓

3. "工学交替、跟岗学习"人才培养实践

（1）在合作企业跟岗学习。例如，威凯检测技术有限公司是我国产品检测行业的龙头企业，学院电气自动化技术专业自 2013 年开始，与该公司合作开展人才培养，至今已培养了过百名检测技术人才，为其引领产品检测行业快速发展提供了高技术技能人才支撑。学院与广州因明智能科技有限公司开展校企合作，实行工学交替，在岗培养学生成长为自动化设备集成工程技术员。学院与深圳富瑞姆机器视觉有限公司合作，在岗培养学生成长为 3C 设备机器视觉集成调试技术员。

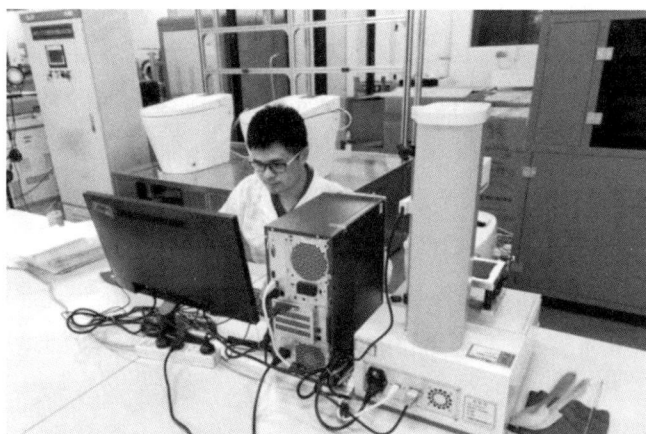

图 4 – 12　学生在威凯检测技术有限公司跟岗学习

图 4 – 13　企业"自动化设备集成工程技术"培训室

图 4 – 14　企业"机器视觉集成调试技术"培训室

（2）产教深度融合的"产学研训协同"校企合作。校企按照职业学院教育和企业学徒的标准、内容和组织要求，开发实践教学体系，创建校内外学徒环境，充分发挥职业学院和企业的实践教学资源优势，共同按生产模式进行系统化的实践教学条件建设。学院电气自动化技术专业和佛山隆深机器人有限公司通过校企合作，在企业共建了三个实训基地——电气控制柜安装与调试实训基地、工业机器人组装与测试实训基地、广东省大学生校外实践教学基地（电气自动化技术专业），为学生学徒提供真实的岗位学习技术技能；在学院共建了"广州科贸机器人工程技术中心"，为学生学徒在企业学习专业技术提供网络教学及实训平台。企业提供工学交替的学徒岗位，创建了企业师傅带徒弟的实践教学环境。

图 4 - 15　工业机器人组装与测试实训基地

四、 电商物流专业产教融合实践

1. 政校行企协同创新体制机制建设

（1）精准对接的人才培养模式建设。学院电商物流专业群充分发挥学院平台优势，落实校企互聘互用，共建、共享师资团队，创新人才培养模式，推动电商物流专业群与产业需求对接，以"双师"工作室和项目教学为抓手实现深度产教融合，推进电商物流人才供给侧改革。

校企全面推行以"1 + 2"学习为特征的人才培养模式（1 年仿真课堂基础知识学习 + 2 年在岗实践学习），通过深度合作，实现高度协同育人。例如，学院与"苏宁易购"合作开办产教融合试点班，探讨新型现代学徒制合作，以及校园推客大赛合作事宜。2021年，校领导、教务处领导、创新创业学院院长、管理学院院长及工作室代表、企业高层在产教融合人才培养交流会上，共同就科研项目合作、人才培养及竞赛组织等内容进行探讨，确认相应的合作框架。同年，苏宁广州大区负责人、人力资源部经理、培训组职能经理、招聘组职能经理与管理学院院长、物流教研室教师团队，就电商物流产业学院建设发展进行交流。学院工商管理专业与广东链家房地产经纪有限公司合作，成功申报 2020 年广东省高职教育现代学徒制试点项目。双方高度重视试点工作，加强统筹协调，落实资金等保障措施，为试点工作提供有效支持；同时，加强管理，牢牢把握现代学徒制"招生招工一体化、企业员工和职业学院学生双重身份、校企双主体育人"的基本特征，进一步完善试点工作方案和人才培养方案，加强对试点工作的全过程、全方位管理，落实高等职业教育人才培养要求，高质量完成教学任务。

图 4 - 16　与会人员合影

（2）"理事会＋合同契约"的管理体制机制建设。电商物流专业群与合作企业联合成立产业学院，采取理事会制，邀请企业轮流担任理事会轮值主席，组织形式采取非营利性组织机构理事会管理模式。实行轮值理事长领导制，下设秘书处负责协调，后由广州物流职业教育集团承接秘书处职能。

产业学院依托广州科技贸易职业学院作为广州市科协直属事业单位的背景以及广州物流职业教育集团的平台，建设校企文化深度融合，"理事会＋合同契约"的管理体制机制，构建资源共享的校企协同育人运营模式。合作各方通过签订协议，规定各自在产业学院建设过程中的权利和义务。在构建专业群人才培养模式的过程中，突破行业、企业和学院的界限，以"专业产业学院""校企合作示范学院"的具体形式共同建立深度融合的校企合作文化，共享实训基地，最终实现资源共享、优势互补、有机结合、共同发展。

（3）深度产教融合的生态供应链运营模式。学院以供应链深度融合模式为主线，将物流管理、电子商务、工商管理、采购管理四个专业的教学团队、课程体系、工作室等进行全面整合，为区域经济发展提供全供应链需求的人才培养、物流与供应链产学研服务、职业技能培训等社会化服务，构建深度产教融合的长效性校企合作机制。

合作各方在广州物流职业教育集团的平台上，协同集团的其他成员单位，以产学研项目为抓手，推动多赢利益机制的运行。校企共同选题研究，为企业把脉，提出解决方案；积极推进基础研究成果向产业技术转化。每一个产学研合作项目都经历选题、申报、研究全过程，以协议约束各方权利并合理分配利益，在此基础上进一步探索以政校行企为一体的多方合作办学实体化运作模式。

以物流管理专业为核心，联合管理学院内电子商务、工商企业管理和社会工作（面向政、行客户需求）三个辅助专业以及广州物流职业教育集团平台内相关跨院系专业成为专业群，为区域经济发展提供全供应链需求的人才培养、物流与供应链产学研服务、职业技能培训等社会化服务。

为深化专业群与产业（链）的对应性，电商物流专业群新增社会工作（应急管理方向）专业，并且对原有专业进行了优化。其包括现代物流管理、电子商务、工商企业管理、社会工作（应急管理方向）四个专业，对接国家、广东省、广州市重点发展的电子商务和物流服务产业，并重点发展在突发公共事件中相关产业的应急管理能力。珠三角地区集聚电商、物流与连锁经营企业，在区域内形成产业集群的同时，重视产业与人才孵化等现代服务功能，形成线上线下多模式、多业态融合发展。

打造产业学院创新创业平台，促进师生共同参与；设立创业基金，深化创新创业教育改革；引导学生参与创新创业训练，企业导师进行项目指导，促进企业与孵化项目对接，为师生和企业技术人才共同创业创造条件；积极促进科教融合，以科学研究、技术革新促进教学和人才培养，并将成果及时应用于企业。

2. 校行企合作，共同进行深度产教融合型课程建设

在现有省级精品共享课程资源基础上，打造校行企资源共享课程资源库。电商物流专业群以培养粤港澳大湾区电商物流产业供应一流技术技能型人才为宗旨，以毕业生胜任职业岗位群和"1＋X"证书制度为专业群课程体系设计依据，以职业核心能力和专业核心能力培养为主线，以产教融合的合作企业要求为人才培养质量标准，整合教学资源，建立"通用管理平台课＋专业模块课＋岗位能力拓展课"的充分体现"能力进阶"的课程体系。

（1）课程教学内容和岗位实践内容相结合。企业基于专业群通用核心能力，根据自身的常规运营计划和生产计划，提出可以与专业开展合作的项目，结合学院的学期培养任务要求将其融入人才培养方案。例如，苏宁产教融合试点班和百世现代学徒制试点班都实现了学分置换，轮岗实践多项课程。对电商物流专业的专业课程和深圳市头狼电子商务有限公司的培训课程进行相关分析，完成相关课程的设置和置换。2017级、2018级学生在学院和企业完成大三的专业课程学习和顶岗实践，头狼公司派出业务骨干负责专业实践课程教学，将国际贸易、跨境电商、国内电商平台实操等课程融入头狼公司的培训课程，对学生进行系统的国内电商、跨境电商业务流程实践教学，针对岗位进行就业训练，例如安排国内电商、跨境电商的运营、美工等岗位的职业训练，头狼公司在学生完成实务训练的基础上推荐其去深圳、广州等珠三角电商企业进行顶岗实践，实现了学生课程学习与毕业实习、就业的衔接。

以学习者为中心，以工作岗位和业务流程为骨架和主线，进行工作任务分析；识别课程中适合碎片化处理的内容，并将其开发成相应的"微课"或"微内容"。"微内容"在电商课程"新媒体研究营销"中进行了一定的应用，"微课"已应用于2019级、2020级的"新媒体营销""网络营销与实践""网店运营"等课程中。

（2）实训课程与"1+X"考证相结合。结合"1+X"考证要求，将物流采购与供应链管理实训、专业实习、仓储管理等课程的实训环节相结合，提升课程的实效。

（3）实训室建设与产教融合需要相结合。如"1+X"考证实训基地建设、电商物流产教融合双创基地建设等。

3. 深度产教融合型实训基地建设

VR/AR高度仿真教学空间打造。建立物流管理和电子商务两个VR/AR高度仿真教学空间，各容纳100名学生。通过整合职教集团资源，实现核心课程线上线下实时交互式课程教学。VR/AR信息技术与基础理论课程的融合，打破时间、地点等因素的限制，实现受众面的扩大，具有很好的教育价值。

为推进"1+X"考证试点工作，方便2021级毕业生课堂和课后训练，光宝产业学院申请专用实操场地并获得批准，新建物流管理职业技能等级认证实操室，保障学院2020年物流管理职业技能等级认证考试工作顺利完成。

新增专业群课赛证融合实训室建设任务，并逐步建设跨专业课赛证融合实训室。该实训室具有开放性，不局限于某个专业方向教学使用。除了专业硬件环境外，实训室还配备"网络营销实训系统""电子商务综合实训与竞赛系统""人力资源管理智能仿真与竞赛对抗平台""智慧零售运营与管理比赛软件"等专业软件环境。根据教育部"以赛促学""以赛促教"的指示精神，参照教育部、广东省教育厅相关赛项的竞赛内容，搭建训练平台，通过对企业结构和管理的操作展示，让每个学生都能直接参与模拟的企业运作，扮演不同的角色，体验复杂、抽象的经营管理，提高综合能力。

供应链生态体系式实践教学空间打造。分别是供应链前端新媒体营销教学空间、电商物流仓储实训空间、采供与谈判产学研工作室三大核心空间。学院与百创通物流科技（广东）有限公司合作建设产教融合型双创基地，企业投入金额为122 931万元。

4. 建立产业学院师资库，进行专、兼结合的"双师"队伍建设

进驻产业学院的各专业要建立校企互聘互用，共建、共享师资团队的机制，支持企业

技术和管理人才到产业学院任教；在产业学院内部设立若干教师岗，由企业派业务骨干担任；每个专业建立由学院、企业、行业协会的专家和技术人才组成的 10～20 人产业学院师资库，为产业学院开展教学和培训提供教师资源保障；积极鼓励开设产业学院教师工作室、大师工作室和技术研发平台，将产业学院建设成"双师型"教师培养培训基地。鼓励教师团队利用顶岗实践、校企合作工作室和创新创业项目等机会，进行精品课程和特色课程建设。

5. 产教融合课程开发

专业群将积极倡导任课教师紧密联系电商物流企业，共同探讨创新，开发设计自己所任教的课程，争取全面实现课程不同程度的产教融合。课程思政课是对课程不断反思总结升华而形成的，其中融入了党员对业务的深刻理解。将"国际货运代理"课程结合国际货运代理职业资格考试建设成"课证融合课"。同时，各任课教师根据课程的特色情况，建设"移动交互课""实践平台课"等。

2020 年，专业群新增 2 名博士，有专任教师 29 人，均具有 2 年以上的企业任职、挂职工作经历，拥有丰富的实践经验，具有较高的教学能力、技术创新能力和技术服务能力，能满足重点专业群各专业教学和行业、企业的发展需要。其中，博士 5 人，硕士 31 人；副高级以上职称者 17 人，比例为 48.57%；"双师型"教师 30 人，比例为 85.7%。此外，还聘请了知名企业家等 34 人担任客座教授或兼职教师，形成了一支知识与能力、年龄与职称结构合理的教师队伍。

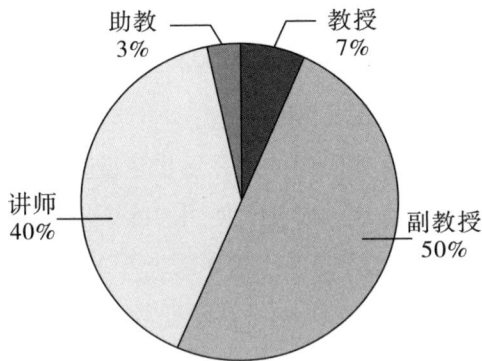

图 4 - 17　专业群师资结构（2020 年）

为了稳固兼职教师队伍建设，获得最新行业动态资讯及所需技能，专业群推行"双岗制"企业生产性实训教学，通过专业产业学院，每门课程选派一位专任教师完成基础教学，再通过课程置换引入企业一线技术人员和专家进行项目化授课，同时，专任教师对学生进行辅助指导，形成实训课教师"双岗制"。专任教师在参与项目案例化教学的过程中，积累企业项目开发经验，进行教学知识储备和应用技能更新，并参与企业实践工作，既提高自身的专业技能，又为企业服务。

五、 汽车专业产教融合实践

随着我国社会整体经济水平的不断进步，汽车产业和汽车服务行业得到了长足发展，社会对汽车相关专业人才的需求也不断增多。高职院校中的汽车专业是我国汽车产业和汽车周边产业的人才摇篮，每年为国家提供了大量的汽车专业化人才。近年来，随着汽车产业对工作人员的专业知识和实际能力的要求越来越高，传统的高职院校教育模式已不能完全满足汽车产业对人才的要求，高职院校应在完成系统的理论教学的基础上，采用与企业合作的产教融合人才培养模式，以更符合社会和市场的需求。通过课堂学习和实践操作相结合的培养模式，可为社会提供更适合的专业人才。[①]

我国高职院校汽车专业的校企合作模式已经实施了较长时间，探索出的合作方式也有很多类型。例如，最常见的工学交替培养模式、"订单式"培养模式和资源互补型培养模式，都是在理论教学的基础上为提高学生的实践能力和就业能力而设立。为达到学生到企业学习的目的，高职院校的汽车专业通常会与企业联合建立适合学生实践学习的实训基地，为学生到企业参与实际工作创造有利条件，同时又不影响企业的正常生产经营。对于实训基地的建设，有了企业的支持与技术指导，就能保证学生在实践中获得知识的准确性与实用性，同时，企业也能利用高职院校先进的研发力量解决企业发展中的技术问题。[②]

广州科技贸易职业学院的交通工程学院汽车专业采用了多种模式与企业深度推进产教融合，开展了专业建设的实践。交通工程学院积极配合科学城产业学院产教融合工作的要求，开展引企入园，与合作企业联合申报立项了智能网联汽车产业学院。2019—2021年的主要成果包括：校企共建2个产教融合基地，企业投入资金合计650万元；推荐企业成功申报广东省建设培育产教融合型企业，深入探索现代学徒制等人才培养新模式，并立项省级现代学徒制项目2项、省级教研教改项目2项、市级产学研科研项目1项、市级基础科学科研项目3项；开展课岗融合建设27门；承担技术开发、技术咨询、社会培训等所得资金超过62万元。

1. 校企共建产教融合型实践基地

2020年，学院与广州粤峰高新技术股份有限公司共建"智能网联汽车技术应用产教融合双创基地"，企业投资400万元；2021年，学院与易飒（广州）智能科技有限公司共建"广州科技贸易职业学院—广州易飒智能网联汽车测试装调产教融合基地"，企业投资250万元。

2. 开展现代学徒制人才培养

学院与广州市粤峰高新技术股份有限公司（北斗应用技术产教融合产学研创新联盟）

---

① 参见张红伟. 高职汽车专业校企合作模式探索与实践［J］. 农机使用与维修，2018（9）：60 - 61.
② 参见张红伟. 高职汽车专业校企合作模式探索与实践［J］. 农机使用与维修，2018（9）：60 - 61.

签订现代学徒制人才培养合作协议，并顺利立项为广东省高职教育现代学徒制项目。校企共同制定合作机制，有明确的合作模式与育人模式，制订了人才培养方案。

3. 校企联合开发课岗融合课程

学院汽车检测与维修技术专业与广州市粤峰高新技术股份有限公司共同创办春季学徒制班并招生，相关专业技术技能课程、岗位学徒课程、综合拓展课程等27门均由企业主导，按照企业岗位需求设置。

4. 校企联合开展对外技术服务

校企联合申报并立项了广州市教育局产学研项目"基于北斗应用的智能网联新能源汽车电池远程管理系统研究及应用"，到账经费40万元；申报并立项了广州市科学技术局科研项目"基于北斗自动导引车辆的智能跟踪应用技术研究""基于多传感器融合的无人驾驶室内外定位技术研究"，到账经费10万元；开发课岗融合课程2门，到账经费12万元；开展"'1+X'智能网联汽车测试装调职业技能等级证书师资培训""智能物流工程师与车联网应用专项技术培训"，到账经费15万元。

5. 提供顶岗、跟岗实习岗位

2019年，学院加入"北斗应用技术产教融合产学研创新联盟"，汽车相关专业学生参与该联盟骨干企业的跟岗实习、顶岗实习、创业教育培训等超过100人次。

图4-18　校企共建智能网联汽车技术应用产教融合双创基地

图 4 - 19　产教融合师资为现代学徒制班学生授课

图 4 - 20　智能网联汽车专业建设标准及教材编写工作研讨会

图 4 - 21　"1 + X"智能网联汽车测试装调职业技能等级证书师资培训班开班仪式

图 4 - 22　企业导师为学生进行创业教育培训

六、　会展策划与管理专业产教融合实践

学院会展策划与管理专业采取了以科学城广州凯云发展股份有限公司（广州开发区控股集团子公司）为基地，依托会 E 人（北京优联信驰文化发展有限公司）、中青旅博汇会展运营管理有限公司、深圳 ECO 国际会议中心，针对会展项目综合运营管理，共同培养相关技能型人才并进行人才输出的产教融合人才培养模式。其特色是以服务发展为宗旨，以促进就业为导向，以"校企合作，双元育人"为核心；以学校和企业为主体，建立校企联合招生、合作育人、合作就业、合作发展的长效机制；构建产教融合的基于岗位工作过程的专业课程体系；建设专、兼结合的"双师型"师资队伍；在产业学院建立并完善具有本专业特色的现代学徒制体系，符合会展经济社会发展特点。

会展策划与管理专业自从 2017 年进入动漫游戏产业学院起，不断探索将企业训练项目、企业教师引入产业学院，融入教学课程、实践教学项目。会展策划与管理专业根据学院产教融合、校企合作的人才培养模式改革精神，于 2018 年开始进行本专业的实践教学体系改革。为稳步有序推进此项改革，会展策划与管理专业前期与可集中容纳此项改革人数的"2019 北京世界园艺博览会"承办方中青旅进行洽谈与磋商，从 2017 级学生开始先行先试，开展全面的产教融合探索。

1. 创新顶岗实习管理，提高人才培养成效

会展策划与管理专业与中青旅签订校企合作协议后，2019 年 2—10 月，49 名 2017 级学生参加了"2019 北京世界园艺博览会"项目顶岗实习，8 名教师进入项目驻地指导学生实习。此次实习让学生和教师们接触到世界级的大型博览会项目，其规模之大、接待人数之多是以往参加的会展实践教学项目所不及的。实习中，学生的表现受到企业认可，多名学生获得"优秀实习生"称号，教师则获得"优秀指导教师"称号。

图 4 - 23 2019 北京世园会顶岗实习表彰大会暨中青旅会展实训基地授牌仪式

2. 助力专业群建设,丰富学生实践项目

以专业群建设为契机,2019 级、2020 级人才培养方案中设有"会展项目课程包",专业群中的各专业均可进入项目建设的实践课程项目。根据人才培养方案,2021 年 3 月 15 日,43 名 2018 级学生进入中青旅江苏园博会项目组进行顶岗实习;2021 年 4 月 10 日至 7 月 2 日,90 名 2019 级学生、40 名 2018 级学生进入上海花博会项目组进行专业实践。

图 4 - 24 学生前往江苏园博会实习

图 4 - 25　学生前往上海花博会实习

3. 开发课岗融合课程，构建技能证书制度

通过北京世园会顶岗实习和江苏园博会、上海花博会项目实习，校企双方均发现传统的会展策划与管理专业教学与现实岗位需求不匹配，企业还是要花大量时间与精力进行岗前培训。为了培养出符合企业岗位需求的技能型人才，会展策划与管理专业引入现代学徒制，以企业用人需求与岗位资格标准为导向，以学生（学徒）技能培养为核心，以学校、企业的深度参与和教师（师傅）的深入教授为支撑，深化教育模式改革，推进教育机制创新，提升高职教育的核心竞争力。

学院与中青旅博汇（北京）会展运营管理有限公司就会展企业的人才标准、会展专业的特色打造及课程设置等问题进行了深入合作。2019 年，会展策划与管理专业申报了中青旅博汇会展策划与管理专业学徒制项目并获批试点运行。2020 年 11 月 26 日，在教育部主办的全国产教融合研讨会上，中青旅博汇（北京）会展运营管理有限公司和学院签订了共建产业学院协议，双方在合作开发课程、"1 + X" 证书制度、全面开展会展人才培养方面达成共识。2020 年 9 月至 2021 年 8 月，中青旅博汇（北京）会展运营管理有限公司与会展产业学院合作开发了 7 门博览会运营专业实践课程：博览会概况、博览会应急管理、活动策划与执行、场馆管理、票务管理、服务礼仪、游客服务。2020 年 12 月，中青旅博汇（北京）会展运营管理有限公司在会展产业学院进行了为期 2 周的博览会运营课岗融合课程理论知识培训。

2020 年 5 月及 12 月，校企合作组织 "1 + X" 证书——"博览会运营执行能力证书" 理论考试。学生需参加认证考试并结合项目实践以获取证书。

图 4 - 26　"中青旅产业学院"授牌

图 4 - 27　课岗融合课程理论知识培训

4．产业学院多种人才培养路径

会展产业学院深入推进"工学交替、育训结合"的"三对接"人才培养工作，并通过三二分段、专业学院、国际合作项目等多种人才培养路径，实现了中高职衔接和专本衔接。学生专业技能水平逐年提高，技能证书获得率高达100%。师生参加技能竞赛获奖丰硕，取得优秀成绩。

5．产业学院"三教"改革

会展产业学院坚持立德树人理念，开展课程思政、教赛结合，推动复合型教师能力建设。其建设有省级精品课程"展览实务"（已于2020年通过省级验收），并开发了配套的教材。同时，探索校企双元开发新形态一体化精品教材，实现线上线下的互联互动、资源共享。教师参加教学能力大赛获奖丰硕。

七、 艺术设计专业产教融合实践

艺术设计专业结合学院高水平专业群建设及科学城产业学院建设工作的总体要求，按照专业标准要精准对接行业标准、课程标准要精准对接企业岗位标准等建设要求，及时统一思想，提高认识，积极走访对接相关行业协会、企业，加强专业对接企业工作，在专业建设、课程建设、师资队伍建设、学生管理工作、现代治理体系改革等方面深化产教融合。

学院以艺术设计专业群建设为契机，依托珠三角地区的设计产业，建立了艺术设计专业群的育人平台——数字媒体产业学院。学院与广东东方麦田工业设计股份有限公司、广东云图动漫有限公司、广东优创合影文化传播股份有限公司、广东普天云健康科技发展有限公司等十余家公司，在产学研合作的基础上，利用各自的资源优势，共建艺术设计学院"产学研创联盟"。一方面，创新产学研合作模式，加强产学研建设研究，促进学院专业建设发展和创新。另一方面，通过产学研合作形式，帮助学生理论和实践相结合，提高专业技能，以此推动学生创新创业。此外，将真实项目融入课程，以项目化教学提升整体专业建设水平。

数字媒体产业学院将充分利用黄埔科技园区与广州科技贸易职业学院"粤港澳大湾区现代产业学院职教联盟"、4K内容创新基地的资源聚合优势，面向数字媒体与文化创意等相关产业，按"服务产业、深度对接、跨界合作"三个方面的内涵特征进行建设。

1. 开发课岗融合课程

2020年9月，学院与广东优创合影文化传播股份有限公司共建数字媒体艺术设计产业学院。校企双方充分利用产业学院的育人平台，依托专业及时调整和改进人才培养方案，共同制订专业课程和执行方案。进行课岗融合的课程有广告策划、UI设计、网络广告设计、广告影视制作、CI设计、二维动画设计、三维动画设计、动画插画设计等。

通过反复调研，深入沟通，不断磨合，艺术设计专业（广告设计与制作应用、影视动画设计与制作）的许多学生进入企业各个岗位，参与了企业不同项目的实习，实习时间达到半年以上。学生在企业导师和校内教师的共同指导下，专业能力得到了大幅度提升，学生对在企业顶岗实习的满意度达到了99%。

2020年10月，学院组织新生在企业认知实践过程中深入企业现场，让不同年级的学生在企业实际工作环境中交流与分享实践经历，以增强新生对专业技能的学习动力，激发其学习动机。

图 4 - 28　学生在企业学习影视器材操作基础知识

图 4 - 29　学生在企业顶岗实践

2. 合作开展基地建设

学院与广州普天云健康科技发展有限公司、广东优创合影文化传播股份有限公司、广东东方麦田工业设计股份有限公司、广州大画文化传播有限公司等多家企业共建与专业对接的校外实践教学基地。例如，与广州普天云健康科技发展有限公司共同建立广州"科普云"艺创辅具协同创新中心；与广东优创合影文化传播股份有限公司共同建立数字媒体产业学院，建设以新技术、新材料、新视觉的艺术科技为核心的校外协同创新中心。学院还持续开展校园文化品牌共建设计项目培训。

2020 年 8 月 4 日，广州科技贸易职业学院与广东东方麦田工业设计股份有限公司校外产学研实践基地签约授牌仪式暨 2020 年校园文化品牌共建设计项目——VI 设计项目成果展演顺利举行。双方领导签订了共建广州科技贸易职业学院创意设计学院产学研实践基地协议。

学院以校企合作为依托，将企业的先进生产技术和行业标准规范转化为教学资源，引导学生加入精准定位的项目化工作室，借助行业协会与企业的力量孵化学生的创新成果，开发并设计创新作品、申请国家专利，与企业共同促成产品落地，解决学习成果不能转化成市场需求的问题。截至 2020 年底，师生共完成专利 11 项，其中发明专利 1 项、实用新型专利 1 项，研发产品 20 余项。

图4-30 朱志坚副院长向东方麦田公司代表授予"产学研实践基地"牌匾

图4-31 校企共建文化品牌活动

图4-32 学生搭配进行企业顶岗实践

3. 共享资源、协同推进

当前，广东省以数字技术为核心驱动力，以高端化、专业化、国际化为主攻方向，大力推进 5G、AI、大数据、VR/AR 等新技术的深度应用，巩固、提升游戏、动漫、设计服务等优势产业，提速发展电竞、直播、短视频等新业态，培育一批具有全球竞争力的数字创意头部企业和精品 IP，高标准建设一批省级数字创意产业园等发展载体，形成以广州、深圳为核心引擎，珠海、汕头、佛山、东莞、中山等地特色集聚的"双核多点"发展格局，打造全球数字创意产业高地，提升双创孵化与服务能力，推进院校人才培养，推动行业可持续发展。

在此背景下，校企双方共享资源、协同推进，探索产教融合双创基地建设模式。2021年，学院与广州大画文化传播有限公司共建"泛娱乐数字创意产教融合双创基地"。

（1）空间建设。大画文化公司在数字媒体产业学院投入了运动数据采集与实时编辑系统、动捕采集专业数字资产库及专业课程培训包、数字三维模型实时立体扫描系统、多功能专业录直播实训间、专业图形工作站、产教融合资源库等价值 400 万元的设备，在打造能满足影视动画设计、广告设计等专业及相关方向的直播实践环境的同时，为新媒体平台内容创作环节的音频采集提供专业、高效的实施环境。

（2）数字创意应用技术课程建设。开发适合企业标准的数字创意应用技术专业课程，探索创新创业通识课程、泛娱乐数字创意以及相关专业精英课程体系，包括课程标准、教学标准、考核标准和教材建设等。

（3）开展技术技能培训。面向企业、退役军人、农民工、下岗职工等群体开展泛娱乐数字创意培训，提升其职业能力与就业能力，打造区域性产教融合数字创意应用技术培训示范基地。

（4）开展企业"订单班"人才培养。校企双方协同开展企业"订单班"人才培养，以"泛娱乐数字创意产教融合双创基地"为载体，共同培养合格的企业员工，优先选拔与录用学院毕业生到企业顶岗实习及就业。

（5）搭建泛娱乐数字创意产能孵化服务中心。企业在参与学院教学与人才培养过程中，将在制可公开项目及外部订单资源导入产教融合双创基地，实现商业项目产值化。

（6）建立产教融合资源库，用于企业真实项目教学。包含：云图动漫真实项目模型库；电影基本人物/场景贴图素材库；Photoshop 商业实战笔刷库；ZBrush 笔刷库；动画项目部内部教学视频；数字资产项目部内部教学视频；工作室内部动画资源库；电影 CG 角色模型套；旅游、中国潮流等文创资源；企业多岗位内部教学资料等。

艺术设计学院落实艺术设计专业"市场、企业、课堂"三位一体教学特色，走访了优创合影、东方麦田、刘金山地质科普、三九文化传媒、威法西门子、甲子建筑设计、顺德米壳工业设计等多家行业领先的专业设计公司，共同探讨行业发展趋势、课岗融合、优化人才培养方案等内容，并与优创合影、东方麦田等多家企业在项目合作、课程开发、人才培养方案制订、教学资源库建设、课题研究、教学课程对接等方面进行了深入合作，实现产教融合。

图 4 - 33　企业导师在学院与学生分享动漫设计项目经验

图 4 - 34　教师获得行业考评员资格证

第三节　课程建设的产教融合实践

国务院在 2019 年 1 月颁布的《国家职业教育改革实施方案》中提出了职教改革 20 条，可从中解读出职业教育改革发展的四大要素：专业（群）建设是主线，课程建设是核心，师资是关键，实训是手段。这四个要素相互支撑、相互促进，课程建设在职业教育的核心地位更加明显。广州科技贸易职业学院在加强专业建设的同时，也积极加强核心课程建设。

一、 加强产教融合课程体系建设

1. 推进课程体系改革

加强课程体系建设，建立产业技术进步驱动课程改革机制，形成对接紧密、特色鲜明、动态调整的课程体系。充分发挥公共基础课程功能，加强大学生素质教育，将职业道德、创新创业教育、人文素养教育贯穿于专业课程体系中；实施校内外结合、课内外结合的项目化教学，进一步加强学生核心能力培养；完善以工作过程和岗位综合职业能力为导向的课程体系建设；引入行业协会、企业参与符合职业资格标准的新课程开发，构建公共基础课程与专业课程紧密衔接、彼此互相促进发展的机制；积极参与省、市级各类课程建设；不断改善教学效果与提高教学质量。同时，以技能竞赛为抓手，积极组织人员参与省、市乃至国家级技能竞赛，以赛促教，以赛促学，赛教融合，赛训结合，弘扬工匠精神，增强师生动手实践能力与职业化水平。

2. 形成拓展能力进阶式课程架构

深化专业群课程体系建设，为"1+X"证书制度试点打好基础。深入推进专业群与产业集群或产业链对接，专业群内的专业与具体的职业岗位对接，专业群教学标准与"X"职业技能证书教学标准对接，打破以专业为单位的课程壁垒，构建以专业群为单位的课程体系。遵循"底层共享、中层分立、高层互选"的构建原则，形成拓展能力进阶式课程架构。根据"1+X"证书制度试点要求，为每个专业群选择好若干职业技能等级证书，将职业技能标准与专业群内相应课程教学标准紧密融合，利用专业群内的拓展课程资源，将职业技能证书与课程内容有机衔接，设计"课证融通"课程，形成专业群"课证融通"拓展能力进阶式系统。

3. 建立个性化校企合作课程互换机制

借助产业学院丰富的产教融合基地，各专业与企业合作开发了大量的校企合作课程，学生可以根据自己的专业兴趣和专业特长进行个性化课程选课，部分理论课和实践能力培养类课程可以互认。学生可以根据自己的意愿进入校企合作实践基地修读相关课程，获取相应学分，也可以根据自己的学习能力和时间安排提前修读相关专业课程，提前毕业。

4. 不断开发线上课程教学资源库

学院积极引入"超星泛雅""蓝墨云班课"等教学平台，以现代化技术与教学手段服务学生自主学习，服务教师课堂教学，服务行业继续教育培训。积极引入"超星尔雅"公共课平台，以数字化、信息化等现代教育技术手段，构建集教学、管理、学习为一体的数字化共享教学资源库，搭建网络教学平台，课程建设取得明显进展。2020年疫情防控期间，指导教师千余人次建设教学资源，开设网络课程547门，占教学计划内课程总数的67.7%。建设省级精品资源共享课程8门、校级精品资源共享课程87门和专业教学资源库2个。师生充分运用信息化手段，改善现有教学方式和方法，通过在线教学平台和工具充分互动，以线上线下相结合的方式进行教学。强有力的课程改革和教学资源建设保证了教学质量的提高，满足了学生线上线下的学习需要。

5. 建立企业主导的课程改革

学院试点专业实施了企业主导的现代学徒制课程改革，强调在教学过程中以任务为导向，校企共商共管开课计划与教学内容，规范教学过程管理，以实现对学生能力的培养。教学项目的设计真实复现日常岗位研发过程，学生在师傅（教师）的指导下亲自处理项目全流程，在此过程中学习工程知识、设计/开发解决方案、现代工具应用、个人与团队工作、项目管理与财务等内容。以企业真实岗位为载体，以工作任务为驱动，建立典型工作任务对应表，培养学生的职业岗位技能，将必备的专业理论知识、行业标准融入工作任务，分组、分岗位实施教、学、做一体化教学，充分调动和激发学生的学习兴趣，从而提高学生的岗位技能。

6. 提升课程教学质量

对接职业标准、行业标准和岗位规范，调整课程结构，更新课程内容，深化课程改革。通过打造"三级"（国家级、省级、校级）精品在线开放课程，推进专业（技能）课程、公共基础课程的分层分类建设。构建立体化教学课堂，将课堂教学、实践教学、网络教学和第二课堂教学相融合。推广项目教学、案例教学、情景教学、工作过程导向教学，广泛运用启发式、探究式、讨论式、参与式等教学方式，激发学生的学习积极性。加强实践性教学，探索基于虚拟现实、增强现实等技术的体验式实训教学。规范实习管理，维护学生、学校和实习单位的合法权益，提高技术技能人才培养质量。

二、 推进课岗融合精品课程改革

为进一步贯彻党的十九大及习近平总书记系列讲话精神，落实《国家职业教育改革实施方案》《教育部高等学校课程思政建设指导纲要》等文件精神，推动课程建设，提高课程建设整体水平，广州科技贸易职业学院不断推进课岗融合精品课程改革工作。

为贯彻《教育部关于加强高等学校在线开放课程建设应用与管理的意见》精神，学院课程建设团队按照《普通高等学校教学质量国家标准》等要求，以正确的思想导向、强大的科学性为指导，突出以学生为中心的教学设计，充分开展在线教学活动与指导，积极打造课岗融合精品在线开放课程。课岗融合精品在线开放课程坚持立德树人、产教融合和以学生发展为中心的原则，秉承"质量立校、人才强校、特色兴校、服务荣校"办学理念，推进课岗融合、课程创新，推进教师、教材、教法"三教"改革，让课程优起来、课堂活起来、效果好起来。构建全员、全过程、全方位育人格局，科学实施课程评价，严格执行课程管理，夯实基层教学组织，提高教师教学能力。

1. 课岗融合精品在线开放课程的特色

课程特色主要有：符合岗位工作知识、能力、素质相融合的最新要求，以真实项目和工作环境为载体，体现信息时代的新知识观、新学习观；课堂组织形式灵活、互动活跃度高，实现信息技术与教育教学的深度融合；课程考核落实多元化、差异化的评价机制；在培养学生解决问题的创新思维和特定技术技能方面成效明显。

课程建设要做到"课岗对接、课证融合、课赛融通、专创融合、课程思政、劳动素养、德育美育"相结合。在课程教学过程中，合理融入政治认同、家国情怀、道德修养、法律意识、文化素养、工匠精神等世界观、人生观、价值观引导；融入创新、创意、创造、创业思维和能力培养；融入以艺术课程为主体的美育课程，主要包括音乐、美术、书法、舞蹈、戏剧、戏曲、影视等课程，以审美和人文素养培养为核心、以创新能力培育为重点、以中华优秀传统文化传承发展和艺术经典教育为主要内容。

2. 课岗融合精品在线开放课程资源

教学资源包括人才培养方案、课程标准、课程整体教学设计（含单元设计）、教学实施报告、课程微课、课程 PPT 课件、课程教学案例、课程试题库等，要求具有丰富的线上课程教学资料，作为开展线上线下混合式教学的基础。

教学团队由专业领域学科带头人、具有高级职称或博士学位的相关教师担任课程负责人，同时与行业协会、企业开展深度合作，引进技能大师、企业工程师、高水平技能型兼职教师等技能人才。

课程教学做到将课程标准与岗位标准相融合、教学内容与工作任务相融合、教学环境与生产车间相融合、教学团队与企业骨干相融合、考试考核标准与企业岗位标准相融合。校企共建课岗融合的课程体系、课程标准，开展教学设计，推动课程改革，实现人才培养与企业需求无缝对接，提高人才培养精准度，提升学生的职业能力与就业能力。

3. 课岗融合精品在线开放课程管理

由学院对各二级学院推荐的课程进行评定遴选，由入选精品在线开放课程的专业所在二级学院签订建设任务书。精品在线开放课程自遴选结果公布之日起面向社会开放，开放时间不少于 2 年。学院为选出的课岗融合精品在线开放课程配备一定的建设经费，重点支持这些课程的建设；同时，要求课岗融合精品在线开放课程的负责人每年对所在二级学院全体教师开展课程改革指导，指导内容包含课程设计、课程教学实施、课程标准编写、微课制作等，以带动学院课程建设水平整体有效提升，起到良好示范作用。入选省级精品课程或由获省级教师教学能力比赛一等奖及以上奖项教师主讲的课程可直接入选校级精品在线开放课程。

负责精品在线开放课程的二级学院在建设有效期内自觉接受学院对课程运行情况的监督和管理，每年对教学资源进行持续更新，保证课程正常运行。学院每年对其建设情况进行检查，重点检查教学资源建设、课岗融合、教学设计、教学改革、课程思政等进展。对达到预定建设要求的精品在线开放课程允许继续建设，对未完成阶段性建设任务的课程将要求进行整改并暂缓后续经费资助，整改后完成阶段性建设任务的可继续建设，整改后仍无法完成阶段性建设任务的将不再给予资助，并取消"精品在线开放课程"称号。取消称号的课程将两年内不得再申报。

三、 建立产教融合优秀课程遴选指标

学院课程定位坚持进行充分的行业、企业调研，在确认专业能力体系的基础上，做到课程所承担的培养任务清晰。课程建设要符合企业岗位任务要求且达成度高，能有效支撑专业人才培养目标，能突出能力本位，注重培育学生的学习能力、信息素养、创新能力及精益求精的工匠精神和爱岗敬业的劳动态度。课程设置与岗位工作深度融合，构建服务于岗位工作要求、行业要求及学生职业发展的课程内容体系。明确前导与后续课程，课程对学生岗位工作能力培养和职业素养养成起主要支撑或明显促进作用，且与前导、后续课程衔接得当。

1. 课程教学设计要求

依据学院实际使用的专业人才培养方案和课程标准（专业课教学应体现行动导向的模块化课程设计、项目式教学实施），围绕目标达成、教学内容、组织实施和多元评价需求进行课程整体规划。围绕岗位工作任务与教学目标，进行学情分析，确定教学目标，优化教学过程。针对不同生源分类施教、因材施教。合理运用平台、技术、方法和资源等组织教育教学，进行考核与评价，持续开展教学诊断与改进。专业（技能）课程设置鼓励按照生产实际和岗位需求设计模块化课程，强化工学结合、理实一体，实施项目教学、案例教学、情景教学等行动导向教学。

2. 课程内容要求

根据职业教育国家教学标准要求，对接职业标准（规范）、职业技能等级标准等，优化课程体系和教学目标。训练项目来源于职业岗位实际工作任务。能根据人才培养目标，设计和更新实训项目，设计融学习过程于工作过程中的职业情境。拓展教学内容深度和广度，体现产业发展新趋势、新业态、新模式，体现专业升级和数字化改造。结合专业特点，做好课程思政的系统设计，有机融入劳动精神、工匠精神、劳模精神等育人新要求，实现润物无声的育人效果。优化实践教学体系，实训教学内容应体现真实工作任务、项目及工作流程、过程等。根据教学内容建设丰富多样的教学资源，体现科学性与适用性。

3. 课程资源开发

教材开发方面，与企业合作编写课岗融合特色教材，大量引用企业实际的工作案例与问题解决方案，突出实用性与先进性。教学资源建设内容丰富，符合高质量课程设计要

求，满足网络教学需要。有案例集、图片库等资料，可为学生的课外学习提供帮助；有高水平的教学文件、教学录像、演示录像、技术支持库等资料，可为学生的自主学习提供有效支撑。通过自建或引用校外优质音视频、图文等资源建设课程，针对教学重点、难点，行业新技术、新工艺、新方法、新规范、新标准，定期更新线上资源，便于学生有效进行资源共享、互动交流和自主式、协作式学习。

4. 教学组织与实施

根据学生的认知规律和岗位特点，创新教学模式，教学方法得当，突出以学生为中心，强调知行合一，实行因材施教。教学实施注重实效性，突出教学重点、难点的解决方法和策略，关注师生、生生的深度有效互动，收集教师教、学生学的行为信息，并根据师生反映的问题及时调整教学策略。合理选用国家规划教材和优质精品教材，专业（技能）课程积极引入典型生产案例，使用新型活页式、工作手册式教材及配套的信息化学习资源。合理运用虚拟仿真、虚拟现实、增强现实和混合现实等信息技术手段，通过教师规范操作、有效示教，提高学生基于任务（项目）分析问题、解决问题的能力，培育学生的职业精神和创新思维。

5. 实践教学设计

有各类实践教学活动实施方案，实践教学体现岗位特征和职业性，其内容符合课程的培养目标。单项实训项目具有前瞻性，适合学生未来岗位需求，培养学生职业能力效果明显。有效利用实践教学条件，创造性地开展社会职业技能培训项目。实践教学条件能满足教学要求，进行开放式教学效果明显。实践教学基地能为课程教学模式改革提供相应的支持和保障。为课程实践教学提供真实的职业环境，能满足学生了解行业企业实际、体验行业企业文化的需要。

6. 课程管理与评价反思

合理运用信息技术和信息化教学设施设备提高教学与管理成效。课程标准、教案、教学进度表完整、规范、简明、真实、可借鉴、可监督。深入贯彻落实《深化新时代教育评价改革总体方案》，改进结果评价，强化过程评价，探索增值评价，健全综合评价；鼓励依托线上平台和软件工具，运用大数据、人工智能等现代信息技术，开展教与学行为分析。针对教学目标、教学内容、教学组织等采用多元化考核评价，教学诊断与改进积极有效。教学实施后应充分反思在教学理念、教学设计、教学实施、教学评价过程中存在的不足，总结在课程思政、素养教育、重点突出、难点突破等方面的改革与创新，做到设计理念、教学实施与育人成效的有机统一。

四、落实"课岗融合建设工程"

为落实《国家职业教育改革实施方案》《职业教育提质培优行动计划（2020—2023

年）》及全国职业教育大会精神，推进职业教育课程标准落地实施，提高技术技能人才培养质量，广州科技贸易职业学院积极推进"课岗融合建设工程"。校长蒋新革教授主抓，带领教务（科研）处、信息工程学院、智能制造学院、交通工程学院、艺术设计学院积极落实"课岗融合建设工程"工作，制订了学院关于进一步做好课岗融合人才培养改革的实施方案。方案要求推进完善"课岗融合建设工程"的内涵标准和改革方向，推进课程内容与职业标准对接，实现教学过程与生产过程深度融合。要树立全校一盘棋的大局意识，坚定信心，坚定不移地深化复合型技术技能人才培养模式改革，落实先进技术项目融入教学内容、岗位技术能手融入教学团队。产教融合、校企合作要将行业标准、职业资格证书、技能大赛、企业文化、岗位培训、生产案例、创新创业训练等内容融入课程，将学生的岗位表现融入学习评价，创新"双师"指导、工学交替的课岗融合在园在岗育人模式，以项目为驱动，以成果为导向，以"1＋X"证书标准为核心，校企共建课岗融合的课程体系，推动企业生产与专业教学紧密结合。建立多元主体参与的人才培养评价体系，制定教学诊断与改进实施办法，落实学院、企业、行业协会及社会共同参与的多元评价机制，推动人才培养质量的全面提升。

1. 构建职业功能模块化课程体系

坚持"两对两访三落实"，要求专业对接行业职业标准、课程对接企业岗位标准，积极访问区域产业链龙头企业和学校杰出校友，明晰企业人才需求规模与质量标准，落实与产业园区优质企业共建实训基地、先进技术项目融入教学内容、岗位技术能手融入教学团队。坚持对接产业需求的办学理念，积极探索以工作任务为导向的课程体系，以培养适应产业发展需求、以岗位为中心、综合素质强的高素质技术技能人才为目标，校企合作构建体现职业功能模块的课程体系。

2. 通过调研确定职业岗位典型工作任务

依据国家职业标准、"1＋X"证书标准等，结合专业建设，设计行业（企业）调研表，组织各专业深入企业开展市场调研。通过调研，对数据进行统计分析，撰写《专业人才需求与专业改革调研报告》，编制《企业调研与职业能力分析指导书》。不断与企业沟通，对岗位对应的主要工作任务和职业能力进行集中整理、分析，剔除重复内容，精选典型工作任务；在确保适用、够用的基础上，兼顾专业的可持续发展，结合教学需求，最终形成集典型工作项目、工作任务、职业能力于一体的"工作任务与职业能力分析表"，并提请行业、企业专家评审。

3. 依据企业岗位需求制订专业人才培养方案

依据《企业调研与职业能力分析指导书》，在《国家职业标准》、"1＋X"证书标准及《专业职业能力分析指导书》的基础上，通过研讨，确定专业培养目标与规格，构建课程体系，制订专业人才培养方案。可先将工作岗位转换为教学项目，再将教学项目整合为课程内容，根据专业培养目标与规格，在整合课程内容的基础上构建专业课程体系，编制教学进度表，制订专业人才培养方案，再组织专家讨论评审，最后报学院确定。

4. 按照职业能力分析制定课程内容及标准

依据专业人才培养方案要求，按照《专业职业能力分析指导书》，在课程专家的指导下，确定课程内容，编写课程标准。根据企业职业岗位能力需求和国家职业标准要求，明确课程具体任务、内容及要求，合理配置教学资源。将教学项目分解成若干任务，并对各任务进行分解，确定任务内容及课时。根据实施过程考核的原则，制定教学项目的"过程考核评价表"，明确课程中教学项目的考核权重，建立课程教学评价体系。提请课程专家、行业（企业）专家对课程大纲进行认证、评审，并根据专家意见再次修改完善，最终形成可实施的项目化课程标准。

5. 校企合作编制教材

根据专家组审定后的课程标准，校企合作共建校本教材、数字化教材。具体可分为以下阶段：第一阶段，编写大纲及样章。根据《专业职业能力分析指导书》、课程标准，按照项目化形式重构课程内容，形成课程大纲。第二阶段，校企共编教材。组织企业技术人员与学校教师共同编写适应产业发展需求、岗位能力需求的教材。第三阶段，修改完善教材。组织专家、企业人员、学校教师对教材进行评审，并修改完善。第四阶段，选择相应的专业和班级开展教学试点。

6. 开展课岗融合教学改革实践

对应职业岗位需求，将行业标准、职业资格证书、技能大赛、企业文化、岗位培训、生产案例、创新创业训练等内容融入课程，将学生岗位表现融入学习评价，以项目为驱动，以成果为导向，以"1＋X"证书标准为核心，推动企业生产与专业教学紧密结合。鼓励以学徒班、创业班、工作室、项目组等多种形式开展课程教学、项目开发、技术服务、创新实践，提升学生的职业能力，促进人才培养契合产业发展要求。构建"两制三育一体系"教学组织模式。积极开展现代学徒制、学分制试点，鼓励学生参加企业项目开发、创新创业训练、社会实践、行业技能竞赛和考取职业资格证书等并进行学分互换，落实人才培养"三育人"——对接产业发展的专业技能、促进产业转型的创新创业能力、助力学生长远发展的综合素质。[①]

7. 建立多元化质量评价体系

建立由学校、企业、行业协会、社会组成的教学质量监控委员会，从专业、课程、人才培养质量等多方面进行评价，齐抓共管；建立由企业主导的多方参与考核评价机制。创

---

① 参见郑荣奕，蒋新革. 现代产业学院建设：发展历程、组织特征与改革路径 [J]. 职业技术教育，2021，42（30）：14 – 19.

新考核评价和督查制度，建立基于工作岗位的考核评价标准，落实学校和合作企业的主体责任；完善人才考核及评价机制，形成科学合理的教学质量评价标准和考核办法，聚集行业焦点，构建学校、企业、行业协会及社会共同参与的多元评价机制，推进人才培养改革深入发展。

五、 学院产教融合课程建设实践

学院教务处校企合作办为了深化产教融合、校企合作工作，进一步提高学生培养质量和就业竞争力，实现学生职业素养、专业能力与企业岗位要求和课程知识对接，积极为各二级学院牵线搭桥，联系知名大型现代化企业与各专业进行课程对接。下面以机电工程学院与海尔集团公司的合作为例进行介绍。

1. 海尔产业学院开展产教融合情况

2019 年 4 月，经学院校企合作办联系，机电工程学院与海尔集团公司进行了对接，先后与武汉海尔电器股份有限公司、顺德海尔电器有限公司、佛山海尔电冰柜有限公司和佛山海尔滚筒洗衣机有限公司进行了深入的交流研讨，达成了共建海尔产业学院、实行现代学徒制、开办"订单班"等校企合作意向。与海尔集团公司的合作，是学院在产教融合工作方面的一次全新尝试。

2019 年 5 月，学院副院长朱志坚率领教务处、机电工程学院和信息工程学院负责人及专业指导老师一行 8 人前往佛山海尔滚筒洗衣机有限公司工业园开展产业学院校企合作建设调研工作。

图 4 - 35　会议研讨

图 4 - 36　调研交流人员合影

2. 学院与海尔集团公司的合作历程

2019 年 5—6 月，机电工程学院 32 名 2017 级学生赴武汉海尔跟岗实习。其中，机电一体化技术专业学生 12 人，电气自动化技术专业学生 6 人，汽车维修与检测技术专业学生 4 人，工业机器人专业学生 10 人。教师带领学生奔赴武汉海尔，做好企业与学生的沟通工作，解决好学生在理论课程与实践跟岗课程学习中遇到的实际问题。

2019 年 9 月，19 名 2017 级学生赴佛山海尔（三水）跟岗实习。其中，机电一体化技术专业学生 9 人，电气自动化技术专业学生 3 人，汽车维修与检测技术专业学生 1 人，工业机器人专业学生 6 人。教师与佛山海尔负责人落实课程置换等事宜。

2019 年 10 月，科学城产业学院的 64 名 2017 级学生赴顺德海尔和佛山海尔进行为期两周的综合实训。其中，机电一体化技术专业学生 29 人，工业机器人专业学生 35 人。

在此期间，教务处副处长范琳率领徐承亮、王明杰和王鹏飞老师前往顺德海尔进行现代学徒制招生宣传。

2019 年 10 月 11 日，海尔集团（华南区）为学院 200 多名 2019 级机电一体化技术、电气自动化技术、工业机器人专业新生开展专业教育及"订单班"宣讲。

图 4 - 37　沟通交流会

图4-38 企业宣讲会

3. 教师在校企合作过程中的积极作用

学院与海尔集团公司的合作过程总体情况良好，实现了平稳过渡。但由于学院与企业的性质不同，人才培养目标存在差异，在学生的培养中解决产教融合过程中出现的实际问题时，教师发挥了积极作用。

教师帮助学生拓宽实习就业渠道，从多个企业中遴选出合适的、与专业对口的实习岗位供学生挑选；加强校企沟通，植入校企合作课程，真正实现以岗带训，提高学生就业竞争力，提高实习质量。如海尔集团公司的售后岗位与机电一体化技术专业对接。又如低压电工上岗证培训，要求培训点在确保培训质量的同时提供优质就业单位；加强学生安全教育，培养学生团队协作意识；建立跟岗（顶岗）实习党支部，充分发挥党员、预备党员和入党积极分子的模范带头作用，确保实习稳定有序开展；建立健全实习相关规章制度，做好总体规划、详细安排以及突发事件的处理预案；与企业沟通，发挥员工主观能动性，提高员工工作积极性，提高单位时间的生产效率，改良传统的"两班倒"工作制度；建立相应的奖惩制度，把实习成绩与评优挂钩；挑选合作效果好的企业挂牌，签订"订单班"协议。

4. 学院与海尔集团公司合作的持续推进

在与海尔集团公司合作的过程中，学院学生袁希桐在武汉海尔实习时提出的一项技术革新措施受到公司嘉奖。在海尔集团公司举办的2020校企合作战略发布会上，学院被授予"海尔高技能人才培养示范院校"称号，与海尔集团公司合作的"订单班"班主任获评"优秀班主任"。

学院与海尔集团公司的合作有很多收获，逐一解决了课程、实践等方面存在的一些问题，形成了良性的战略合作关系，让学院的产教融合、校企合作工作呈现出崭新的局面，再上新台阶。

为充分发挥校企双方优势，推动校企全面加强深度合作，构建校企命运共同体，满足学校、企业、学生多元需求，2021 年 7 月 20 日，校长蒋新革教授、副校长曾三军教授与智能制造学院等相关负责人前往佛山三水海尔智家华南园区，就校企合作开展专题调研，与佛山海尔冰箱总监王秀良、海尔智家华南园区人力资源总监刘天宇、招聘总监干志勇等共商合作事宜。调研期间，企业负责人介绍了海尔智家华南园区建设情况，提出了生产、组装技能型人才紧缺的问题，高度肯定了学院毕业生的职业素质与职业道德。在海尔集团公司就业的 2018 级学生代表介绍了在岗学习、工作与生活情况，并就学院人才培养、产教融合等方面提出了意见和建议。大家就促进用人单位与毕业生精准对接，积极开展企业"订单班"、现代学徒制、"1＋X"试点等多种合作形式进行了深入探讨。校企双方就深入合作达成高度共识，表示要站在未来长期可持续发展的高度，以培养学生的实践能力和创新能力为根本，寻找与把握校企战略性合作的价值和利益平衡点，建立基于校企共同发展的动力机制、基于互惠多赢的利益驱动机制、基于校企合作的保障机制以及基于优势互补的共享机制，深化产教融合、校企合作，提升人才培养质量。

图 4 - 39　海尔集团公司 2020 校企合作战略发布会现场

图 4 - 40　沟通交流会

第五章

产教融合管理体制机制改革实践

《教育部关于推进高等职业教育改革创新引领职业教育科学发展的若干意见》（教职成〔2011〕12 号）提出以服务为宗旨、以就业为导向，走产学研结合发展道路的办学方针，以提高质量为核心，以增强特色为重点，以合作办学、合作育人、合作就业、合作发展为主线，创新体制机制，深化教育教学改革。体制机制改革是高职院校建设的核心与引领，广州科技贸易职业学院以"深化校企合作产教融合，服务学校高质量发展"为核心，探索管理体制机制改革，完善科学城产业学院理事会制、教育教学管理、学生管理工作创新、粤港澳大湾区现代产业学院职教联盟机制，推进体制机制改革，促使学校综合治理体系和治理水平不断提升。

第一节　学院体制机制建设与改革创新

"十三五"期间，学院体制机制改革已初见成效。学院加强协同机制创新，深入研究与实践，推进政校行企协同创新育人工作，构建政校行企协同创新系统，成立相关理事会，探索建立以校企合作理事会为核心的政校行企协同创新育人体制机制。学院继续深化办学体制机制和人才培养模式改革，坚持机制创新，推行粤港澳大湾区"职业联盟"管理机制；切实促进学院与地方政府、行业协会、企业、其他职业院校等的深度融合与互补共赢，为专业建设、人才培养、社会服务等起到积极的促进作用。推进学分制管理制度改革，建立健全专业结构调整优化机制，构建二级院系管理体制改革，将人事权、财权、裁事权下放二级学院，扩大二级学院办学自主权，促进人才培养工作更具活力，措施得力，成效明显。

一、 建立政校行企协同创新育人体制机制

深化产教融合、校企合作是现代职业教育的必由之路。社会经济发展的现实向职业教育提出了新要求，即职业教育不能按老路子单独完成对技术技能人才的培养，而要融合产业，与企业共同完成。职业教育要进行改革，实现政校行企共同育人的体制机制创新。在政府层面，要求完善法律法规体系，建立政府资源平台；在学校层面，要求完善服务对接制度，精准培养人才；在行业层面，要求确定行业标准与岗位标准，落实培养、开发学生岗位能力的职责；在企业层面，要求协调落实共建措施，稳步推进育人措施落地。通过政校行企协同，推进产教融合、校企合作，培养技术技能人才。①

应面向职业教育创新人才培养模式，积极探索教育教学改革，建立教育链、产业链、创新链与人才链紧密结合的可持续发展的新型教学机制。面对职业教育的发展，如何实现产教融合、校企合作的产业学院体制机制改革，是一个值得深思的问题。只有构建理事会管理体制，发挥理事单位各自的优势，以产教深度融合为基础，以专业发展为纽带，以高素质、高技能人才培养为核心，充分发挥职业院校、企业各自的优势，才能优化职业教育资源配置，提高办学水平，实现资源互补、政策共享、连锁培养、科学发展。理事会能对科学城产业学院办学中有关科学城各产业对应的专业建设和发展、专业设置、人才培养、产学研互动、办学经费等重大问题进行审议、决策、检查、指导、咨询、监督和协调，因此构建政校行企协同的产业学院理事会管理系统非常必要。

1. 构建政校行企协同的理事会管理系统

产业学院要构建政校行企协同的理事会。理事会成员主要由广州市相关政府机构成员、广州开发区科学城企业成员、相关高职院校成员及高职教育领域的社会专家共同构成。产业学院理事会领导下的机构有：教产组（负责教学组织、运行与管理及产教融合工作中的生产组织与管理）、学工组（负责学生管理工作）、综合组（负责综合协调与管理工作）、创新工作室（负责创新创业项目的组织与管理工作）、创业基地（负责创业的实施与运行管理工作）、活动中心（负责校企优秀文化的融合与活动管理工作）、研发车间（负责技术研究及产品开发等管理工作）。以上机构分工合作，实现了产业学院的统筹资源、制订规划、产教融合及人才培养质量诊断等工作有效开展。②

2. 构建"理事会领导下的院长负责制"协同育人运行机制

产业学院要构建"理事会领导下的院长负责制"协同育人运行机制，实现体制机制创新。广州开发区科学城产业学院实施"理事会领导下的院长负责制"管理制度。理事会是

① 参见蒋新革. 新时代高职产教融合路径的探索与实践 [J]. 职教论坛，2020（1）：123-127.
② 参见尹婷婷. 基于产业园区"产教融合"育人模式的实践：以广州科技贸易职业学院为例 [J]. 湖北开放职业学院学报，2020，33（13）：22-23，26.

由政府、学校、行业协会、企业多方主体推选，是政校行企协同创新的理事会管理系统。理事会的指导单位为"广州市产教融合示范区"共建单位广州市教育局与广州开发区管委会等广州市政府相关机构，负责产业学院理事会的政策及理论指导；理事会的共建单位为光宝电子（广州）有限公司等科学城企业，为产业学院提供实训教学条件等；理事会的参与成员为相关兄弟院校及高职教育领域社会专家。理事会是产业学院的决策管理机构，院长在理事会的领导下全权管理并使产业学院有效运行，制定《广州开发区科学城产业学院理事会章程》等制度。[①]

3. 实现政校行企协同育人的模式创新

为进一步提高理事会领导班子的战略思维和科学决策能力，提高理事会成员单位相关部门负责人的组织协调和执行能力，增强理事会成员单位的凝聚力，理事会的组建是关键。理事会设立理事长 1 人、副理事长 2 人、秘书长 1 人、副秘书长 1 人、理事 7～9 人。学院及合作企业推荐以上人选，由理事会相关会议确定。随着合作企业的不断增加可适当增加或调整理事名额。通过理事会管理实现政校行企协同育人的模式创新。通过理事会的建设，实现引企入教，充分调动企业参与产教融合的积极性和主动性，强化政策引导，鼓励先行先试，促进供需对接和流程再造，构建校企合作长效机制；逐步提高行业协会、企业参与办学程度，健全多元化办学体制，全面推行校企协同育人，解决人才教育供给与产业需求重大结构性矛盾，实现职业教育对经济发展和产业升级的贡献。

4. 开创教育和产业融合发展新格局

为深化产业学院体制机制改革，可利用理事会管理，开创教育和产业融合发展新格局。产业学院将产教融合作为促进经济社会协调发展的重要举措，融入经济转型升级各环节，贯穿人才开发全过程，形成政府、学校、企业、行业协会、社会协同推进的工作格局；面向产业和区域发展需求，完善教育资源布局，加快人才培养结构调整，创新教育组织形态，促进教育和产业联动发展。产业学院利用市场合作和产业分工，构建校企利益共同体，形成稳定互惠的运行机制，促进校企紧密联结。通过较为有效的"理事会领导下的院长负责制"协同育人运行机制，实现产业学院体制机制创新。

产业学院通过运行机制改革，让行业协会、企业人员从原来的顾问变成决策者，直接参与产业学院的建设发展和人才培养全过程；改变产业学院教师的附从者身份，赋予其高度的建议权、决策权和执行权，在集思广益的基础上，激发其干事创业的活力，由此实现学校与合作企业及相关利益主体协同育人。[②]

①　参见尹婷婷. 基于产业园区"产教融合"育人模式的实践：以广州科技贸易职业学院为例［J］. 湖北开放职业学院学报，2020，33（13）：22－23.
②　参见尹婷婷. 基于产业园区"产教融合"育人模式的实践：以广州科技贸易职业学院为例［J］. 湖北开放职业学院学报，2020，33（13）：22－23.

二、 推行粤港澳大湾区产业学院 "职教联盟" 管理机制

为贯彻党的十九大 "深化产教融合、校企合作" 的精神，落实《国务院办公厅关于深化产教融合的若干意见》（国办发〔2017〕95 号）及《国家产教融合建设试点实施方案》（发改社会〔2019〕1558 号）等文件要求，推进人力资源供给侧结构性改革工作部署，通过建设职业院校、企业、科研院所、地方政府以及其他社会组织等紧密结合的现代产业学院协同发展联盟，发挥行业协会、企业、学校资源集成优势，优化资源配置和共建共享，深化联盟办学体制机制和人才培养模式改革，更好地推动区域经济社会发展，促进校企深度合作，助力粤港澳大湾区经济社会更好、更快发展，学院坚持机制创新，推行粤港澳大湾区产业学院"职教联盟"管理机制。

学院紧紧围绕国家关于实施创新驱动发展和粤港澳大湾区全面建设的重大战略部署，按照省委、省政府关于提升国际湾区核心竞争力的具体举措，面向粤港澳大湾区经济社会发展特别是支柱产业与新兴产业发展的现实需求，遵循产业发展规律、教育发展规律和科技创新规律，以供给侧结构性改革为引领，以推进"职教联盟"建设为抓手，以促进校企深度融合为主线，以提升科技、人才供给质量和水平为核心，以建立校企协同发展运行机制、服务和监督考核机制及优化校企协同发展环境为重点。"职教联盟"由政府主导，各主体协同发力，促使粤港澳大湾区职业院校"汇聚资源，服务产业"，推动高职院校、行业协会、企业、科研院所、地方政府等优势互补，共建、共治、共享，以促进产业转型升级，促进职业院校办学水平和人才培养质量大幅提升，为粤港澳大湾区经济社会发展作出更大贡献。

1. 明确联盟建设主体，共同搭建产教融合信息平台

按照"政校行企多元主体，共建、共治、共享、共赢"的宗旨确定联盟建设主体，广东省政府（教育厅）为联盟顶层规划主体，是主导与推进联盟建设的重要成员；粤港澳大湾区职业院校及科研院所是联盟人才培养及产业服务供给主体，是联盟决策执行的供给侧具体落地成员；行业协会、企业是联盟的人才使用、技术需求及产业服务需求主体，是联盟决策执行的需求侧具体落实成员。理事会是联盟的最高决策机构，负责制定和修改联盟章程，吸收和罢免联盟成员，审议联盟发展规划、工作报告以及相关组织管理制度，决定联盟发展建设的其他事项。理事会由职业院校、科研院所、行业协会、企业等成员单位主要负责人以及政府部门有关人员组成。联盟责任单位负责召开和主持相关工作会议。

联盟主体共同搭建产教融合信息平台。建立产学研申报与管理平台，通过平台申报校企双方有资源互补优势的科研项目，同时结合地方经济发展，承担相关工程型项目的研究与实施，向政府各级主管部门申请相应的科学技术研究经费。根据生产、教学的实际需要，安排教师到企业进行生产实践，为学校进行科学研究提供良好的生产试验条件，通过

合作完成科研任务。推荐经验丰富的技术人员和管理骨干作为学校的兼职教师，加强教学与生产实践交流，不断积累双方的人才培养经验和促进双方的人力资源利用。校企双方共同针对相关领域的科研项目申报、研究成果转化方面的合作搭建创新创业服务平台，为师生及企业提供创新创业项目一站式服务，包括创新创业项目申报、创新创业项目管理、创新创业项目推送、创新创业信息发布等。为创新创业企业、团队、个人等提供培训、技术、政策、资源、金融等服务，作为创新创业项目的唯一窗口，提供找资金、找市场、找技术、找导师、找场地等一站式服务；建设"1＋X"证书培训与管理平台，进驻平台的企业与学校在"1＋X"证书制度方面进行合作开发与推广，结合学校在专业建设上的经验，重塑职业教育的教学培养模式，把"1＋X"证书制度的试点同专业建设、课程建设、教师队伍建设等紧密结合。

2. 建立联盟运行机制，共同制定联盟章程和规章制度

联盟章程是联盟建设发展的根本遵循，要明确联盟建设指导思想、名称、性质、宗旨、任务、组织机构与职责等；明确联盟的会议制度、议事程序、决议执行程序等；明确联盟成员在协同创新、协同育人、协同发展等方面的合作方式；明确章程自身的制定、审议、修改、启动程序，以及事关联盟发展建设的其他重大事项。根据联盟章程，制定规章制度，具体化章程涉及的上述相关事项，推动联盟自身规范、有序、健康发展。制订和实施相关工作方案、合作协议和发展规划。结合目前联盟成员在人才、科技等方面的供需实际状况，借助供需产教融合信息管理平台，实现校企供需初步全面对接，激活人才、科技资源供给存量，并解决由于信息不对称导致的供需失衡问题。联盟成员共同分析目前的供需现状和存在的问题，找准导致人才、科技供给针对性、有效性不够的关键点，制订和实施人才培养模式改革、科技创新体制机制改革等工作方案；校企签订合作协议，共建二级学院和教学实训基地，开展"订单式"人才培养和科技创新，共建各类研发中心，促进办学体制改革；制订联盟建设三年发展规划，实现联盟成员更高层次、更高质量的供需平衡、融合发展。

联盟运行机制建设包括以下方面：通过联盟信息管理服务平台，发布国家级和省级经济社会发展方针政策、科教发展政策、产业发展政策及相关法律法规等；发布产业升级、科技创新、人才供需等信息；发布联盟建设工作动态，以及其他服务政策信息等。举办联盟成员合作对接会，每年至少举办一次大型产学研合作对接会，结合实际需要灵活举办多场次小型对接会。联盟每年可召开一次研讨会，内容涉及行业产业发展趋势、高职院校办学体制改革、人才培养模式改革、科技创新和组织管理模式改革等，形成的成果及时应用于联盟发展建设。

3. 完善管理体制机制，搭建产学研服务平台

"职教联盟"由高职院校、地方政府、行业协会、企业等多元主体协同建设，形成共

建共管的组织架构，实施理事会、管委会等共同治理的模式，赋予高职院校改革所需的人事权、裁事权、财权，建设科学高效、保障有力的制度体系；充分考虑粤港澳大湾区区域、行业、产业特点，结合各高职院校自身的禀赋特征，优化创新资源配置模式，增强"自我造血"能力，打造产教融合示范区，实现教育链、创新链、产业链的深度融合；探索推进股份制、混合所有制改革，引入多元资本共同投资参与办学，试点"公办民助""民办公助""委托管理"等混合所有制办学模式，推进产业学院建设。"职教联盟"由政府、学校、行业协会、企业等成员组成，在成员组成上保证主体类型的多样性，明确组织内各自的利益目标，增强团队凝聚力；通过理事会章程，提供具体的混合所有制政策支持，制定混合所有制下各产业学院的运行与管理制度，建立与之配套的行之有效的运行机制，解决长效合作机制问题；探索按混合股份完善理事会成员构成比例，凸显不同类别的层次性，按照优先度原则，履行自身职责。

"职教联盟"鼓励各成员整合资源，建立产学研服务平台。通过联合建设实验室（研发中心），发挥学校的人才与专业综合性优势，围绕产业技术创新关键问题开展协同创新，实现学校知识溢出直接服务区域经济社会发展，推动科研成果的转化和应用，促进产业转型升级。联盟成员依据各自在人才、技术、资金等方面的优势，共建工程技术（研究）中心、研发中心、研究院、智库等研发平台，共同承接各级各类科研项目，联合攻克核心和共性技术等，并强化校企联合开展技术攻关、产品研发、成果转化、项目孵化等工作，共同完成教学科研任务，共享研究成果，产出一批科技创新成果，提升产业创新发展竞争力；同时，大力推动科教融合，将研究成果及时引入教学过程，促进科研与人才培养的积极互动，发挥产学研合作示范影响，提升服务产业能力。

三、 办学体制机制建设与改革创新

学院逐步推进以学分制改革为重点的教育教学管理制度改革，在教学管理中，坚持以生为本，构建科学化、个性化、信息化的教学管理模式。科学化指根据管理要求，制定出一整套适合学生教学发展需求的制度体系，促进管理科学有效。个性化指尊重学生的个体差异、兴趣、爱好，建立学分制，鼓励学生个性化发展。信息化指充分利用大数据和互联网技术，提高教学管理效率。学院坚持以教学为中心，坚持立德树人，通过校企协同育人、学分制管理创新、"双师型"师资队伍建设、质量管理等一系列措施，制定和完善《广州科技贸易职业学院学分制管理办法》《广州科技贸易职业学院学分互换管理办法》《广州科技贸易职业学院重修管理办法》《广州科技贸易职业学院转专业管理办法》《广州科技贸易职业学院课程思政实施工作方案》等制度文件，不断提高教学管理水平。依托广州开发区科学城产业学院建设，积极推进现代学徒制、"订单班"等人才培养改革试点工作，广泛开展政校行企深度融合，共建校内外生产性实训基地、师生工作室、协同育人平台等，促进人才培养质量提升。

1. 学分制管理制度改革

2020 年，学院在现代产业学院建设背景下，以学生的个性化学习需求和国家对创新人才的需求引导学分制进行综合改革，进一步完善了弹性学制，导师管理制，转专业、辅选重修制和学分互换认定等制度。学分制改革以制度创新为驱动，全面提高人才培养创新能力，改革教学管理制度，推进学分制管理制度深化改革。鼓励学生跨学科、跨专业学习，最大限度保障学生的个性化发展需求，构建培养创新创业能力的学分管理体系。具体见图 5－1：

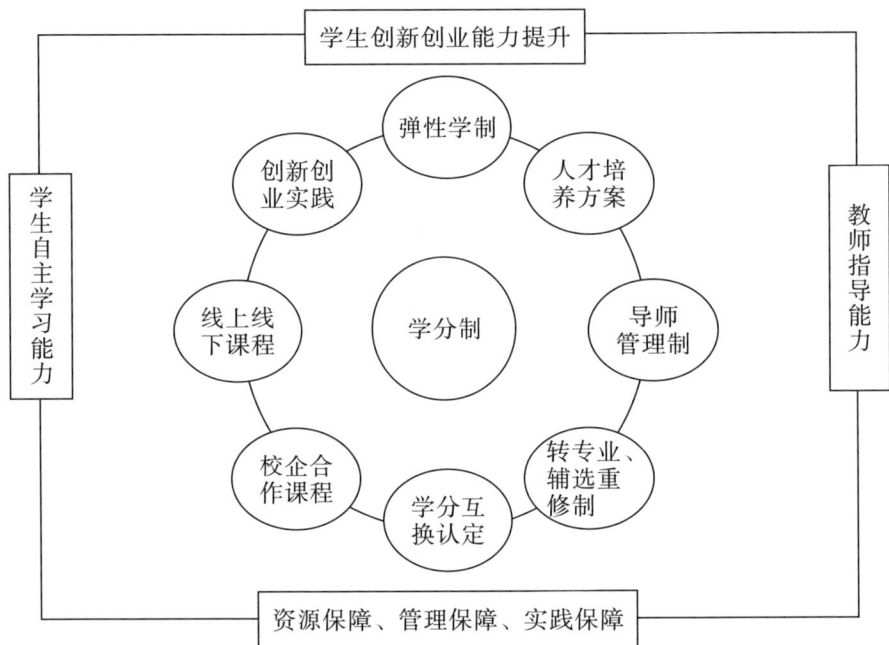

图 5－1　学分制改革

（1）实行动态弹性学制。学院不断开展学分制改革创新探索，修订了学分制实施细则，实行动态弹性学制，修业年限为 2～5 年或 3～6 年，为个性化培养奠定了坚实的制度基础。另外，为满足学生的创业需求，规定学生在校期间可申请休学进行创业，在修业年限之内，学生可以随时进行创业，也可以随时返回学校进行学习，修够规定的学分即可毕业。

（2）制订学分制人才培养方案，健全选课制，给予学生更多自主选择和自由发挥的空间。以产业学院建设为契机，对各学分制试点专业人才培养方案作了相应调整，一方面合理调整选修课学分比例，使选修课学分比例高于总学分的 20%，另一方面合理调整实践教学学时比例，使实践教学学时普遍超过总学时的 50% 以上，现代学徒制试点专业实践教学学时超过总学时的 60%。这让学生有充分的时间进行自主学习和实现自我发展，鼓励学生把更多的时间用于创新实践，以获得创新创业实践学分。制定《广州科技贸易职业学院公共选修课管理办法（试行）》，以行业协会、企业为依托，有效利用"超星尔雅"公共课平台，采用数字化、信息化等现代教育技术手段，丰富教学资源，贯彻因材施教的原则，发挥学生的个性及特长，充分调动学生的学习积极性和主动性，让学生根据自己的学习基础及兴趣爱好进行课程选修，拓展学生的知识和技能，提高人才培养质量。

（3）建立导师管理制，加强学生学习过程管理。各专业建立导师管理制，由专任教师组成导师队伍，指导学生完成在校期间的课程学习，规避未知风险，提高人才培养质量。同时，导师按学生考勤、课堂作业、日常表现等记录学生学习过程的成绩，强化学生自主学习意识、提高学生自主学习能力。建立学业预警机制，由教务处、二级学院、导师综合预警信息，加强对学生学业的预警提醒，以提升学生学习质量。

（4）制定开放的转专业及辅选重修制度。制定《广州科技贸易职业学院转专业管理办法》《广州科技贸易职业学院重修管理办法》《广州科技贸易职业学院重修收费办法》等开放的转专业及辅选重修制度，充分尊重学生的兴趣、特长，给学生提供更多的自主学习选择权。学生可根据自身情况，按照学校要求提出转专业申请，转到自己认可的专业进行学习；学校每学期开设"人文与素养""科学与技术""社会与经济""艺术与审美""运动与健康"五大类一百余门通识教育公共选修课，供学生选修，促进学生个性化成长；鼓励学生开展"1＋X"证书试点学习，辅修证书课程，置换其他课程；支持学生自主学习，对已修读过的课程，只需随班修读三分之一的课程，其他采用自学形式完成，缓解了学生的学习时间压力。

（5）以生为本，建立学分互换认定管理制度。制定了《学分制管理办法》《学分互换认定管理办法》，在全院范围内全面推进学分认定与互换、学分绩点改革，学生通过选修相关课程，参与技能竞赛、社会实践，考取职业技能证书、"1＋X"证书等成绩可以转换为相应学分。同时，学院以高职扩招退役军人班、现代学徒制班为试点，探索并实施了校企课程学分互认、成果学分互认等，学生在合作企业中所修的课程，在一定范围内学分可以互换、成绩可以互认，使学生选课的自主权扩大了，有利于培养学生的技术创新能力。

（6）建立个性化校企合作课程互换机制。利用产业学院丰富的产教融合基地，各专业与企业合作开发了大量的校企合作课程，学生可以根据自己的专业兴趣和专业特长进行个性化选课。部分理论课和实践能力培养类课程可以互认，学生可以根据自己的意愿进入校企合作实践基地修读相关课程，获取相应学分，也可以根据自己的学习能力和时间安排提前修读相关专业课程，提前毕业。

2. 建立健全专业结构调整优化机制

（1）建立健全专业动态调整和退出机制。学院制定了《广州科技贸易职业学院专业优化调整方案》《广州科技贸易职业学院专业动态调整预警管理办法》等文件，立足人才培养质量，增强为区域经济社会发展服务的意识，以市场需求为导向，准确把握经济发展和社会进步的基本趋势，跟踪毕业生发展，结合学院办学定位、办学资源、专业质量科学调整优化专业结构，建立与专业建设相衔接的就业质量保障体系，为专业教学改革提供支持。近年来，学院根据区域经济社会发展状况撤销了部分与产业发展需求不吻合的专业（如 2020 年根据专业预警对皮具艺术设计专业停止招生），有效促进了专业整改，进一步完善了面向市场、优胜劣汰的专业优化调整机制，形成有效对接粤港澳大湾区及广州市产业发展需求的专业结构，显著提升了专业服务产业的能力。

（2）优化专业群布局。对接区域经济发展，发挥专业集群效应，以促进专业协同发展、发挥集群效应为目标，对教学单位进行优化重组，如将艺术设计、产品造型设计、环境艺术设计、服装与服饰设计组合起来，共建艺术设计专业群，重组艺术设计学院，将电气自动化技术、电子信息工程技术、机电一体化技术、工业机器人专业组合起来，共建电气自动化技术专业群，重组智能制造学院，将现代物流管理、电子商务、工商企业管理、社会工作（应急管理方向）专业组合起来，共建电商物流专业群，重组管理学院。

截至 2020 年，学院累计建设教育部骨干专业 2 个、中央财政支持重点建设专业 2 个、广东省重点（品牌）建设专业 8 个，入选教育部现代学徒制试点单位，建设教育部现代学徒制试点专业 2 个、省级现代学徒制试点专业 9 个，建设广州市特色学院和校企合作示范学院、产业学院共 5 个。

3. 二级学院管理体制改革

学院通过制订总体规划、调整内部政策、开展考核监督、提供保障服务等方式对教学部门实施目标管理，逐步建立竞争有序、充满活力的学校运行管理机制。

为充分调动二级学院（部）的工作积极性和主动性，提高教育教学质量和办学效益，确保学院持续健康发展，学院管理重心下移至二级学院（部），深化教育领域"放管服"改革，全面推行校院两级管理，推进二级学院综合改革，修改完善《学院两级管理暂行办法》，二级学院（部）在学院总体调控和监督评估下承担明确的责任和义务，享有相应的权力和利益，逐步成为充满活力且集教学、科研、行政、学生管理等工作于一体的组织机构，更好地推进人才培养工作不断深入发展。

学院积极推进内部管理体制改革，通过下放管理权力，降低管理重心，调整资源配置，规范管理行为，充分调动二级教学单位在教学、科研、服务中的积极性、主动性和创造性，不断提高办学质量和效益，推进学院内部治理能力现代化。制定《广州科技贸易职业学院二级学院管理实施办法》《广州科技贸易职业学院二级学院考核实施办法》，逐步推进人、财、物、事等权限的下放。从机构设置、人才引进和队伍管理方面，扩大二级学院人事管理自主权，如自主设置与调整教研室，自主拟定教学、科研、实验、行政等机构干部人选；在国家及学院财务制度框架内自主管理、使用各项经费，扩大二级学院财务管理自主权；从人才培养、专业（群）建设、发展规划、制度建设、学生管理、科学研究与社会服务、党建思政、安全稳定、综合管理等方面扩大二级学院事务管理自主权，激发二级学院的办学活力及动力。

第二节 产教融合背景下的教师管理机制改革

产教融合的价值导向对师资队伍建设提出了新要求。2013 年 11 月，《中共中央关于全面深化改革若干重大问题的决定》首次提出"深化产教融合、校企合作"；2017 年 10 月，党的十九大报告中提出"完善职业教育和培训体系，深化产教融合、校企合作"；2017 年 12 月，《国务院办公厅关于深化产教融合的若干意见》中强调"深化产教融合，促进教育链、人才链与产业链、创新链有机衔接"。产教融合是实施"人才兴校"的战略举措，要求教师既具备理论知识的教学能力，又具备开展产学研合作的教学能力。要进一步加强高职院校和企业的"产学研用"合作，实现校企合作双赢的局面，培养高质量"双师型"教师队伍是重要保障，也是必然趋势。

根据《国家职业教育改革实施方案》等文件精神的要求，高职院校担负着培养生产、建设、服务、管理第一线的高素质技术技能人才的重要任务。因此，高职院校必须加强内涵建设，深化教育教学改革，加快适应转方式、调结构、促升级的经济建设客观发展的需要，以提高人才培养质量为核心，而人才培养质量的关键在于教师。学院教师要转变教育教学理念，提升教学实施能力，促进教学质量和教学效果的提高。学院要不断提升师资队伍整体水平，增强教师职教能力，全面提高教学质量，有效促进专业建设、课程建设、校企合作、工学结合以及服务社会等方面的发展。

学院紧紧围绕职业教育人才培养的根本任务，实施强师工程，加强内涵建设，引导教师积极投身职教能力建设，把高职教育人才培养理念融入教学改革和课程建设，要求教师必须持有学院颁发的《职教能力测评合格证书》上岗。此做法旨在进一步提升学院教师的职业教育能力与水平，推进课程建设与改革，为学院学生的可持续发展能力培养提供科学判定依据，为专业建设、人才培养模式改革提供依据。学院利用 2 ~ 3 年时间，已完成全部专任教师培训测评工作，使学院教师转变职业教育教学理念，提升教学实施能力，提高教学质量和教学效果；优化教学内容，深化课堂教学改革，提升学院教师职业教育能力与水平，推进课程建设与改革，实现教学效果明显改善和人才培养质量不断提高，全面打造一支综合素质高、职教能力强，适应我国高职教育发展需要的专、兼结合的"双师型"高水平教师队伍，促进学院可持续快速健康发展。

一、 教师激励机制和管理模式创新

2019 年 2 月，中共中央、国务院印发《中国教育现代化 2035》。该文件聚焦教育发展突出问题和薄弱环节，重点部署了面向教育现代化的十大战略任务，其中明确要求"推进教育治理体系和治理能力现代化"。高职院校院系两级管理体制改革是推动高职院校治理能力现代化的重要手段和有效途径。随着经济社会进步和自身发展，我国高职教育无论办学规模还是教育内涵、管理水平都有了显著的提升。随着教育改革创新的深入，高职教育改革的重点和难点已经由注重办学规模向追求高质量发展转变，由改善外部教学环境向完善内部治理结构和建立现代大学制度转变。传统的内部管理模式已不能适应高职院校的发展需要，应积极推进内部管理体制改革，探索实行院系两级管理——通过下放管理权力，降低管理重心，调整资源配置，规范管理行为，充分调动二级教学单位（系部）在教学、科研、服务中的积极性、主动性和创造性，不断提高办学质量和办学效益，推进内部治理能力现代化。①

近年来，职业教育在深化产教融合、推动校企合作、推进教育治理体系和治理能力现代化的过程中取得了一定成绩，但产教融合制度体系仍存在一些问题。就高职院校本身而言，在产教融合背景下影响师资队伍建设的因素主要有考核错位、管理缺位等方面："双师型"教师队伍建设存在缺乏有效的激励机制、对"双师型"教师培养力度不够等问题，激励晋升制度重教学科研、轻实践评估；教师企业顶岗实践、培训、考核流于形式；管理太集中，无法调动二级学院的积极性。

教育部、科技部发布新文件对教师激励机制提出了新要求。2020 年 2 月，教育部、科技部发布了三个具有导向意义的文件：《关于破除科技评价中"唯论文"不良导向的若干措施（试行）》《关于规范高等学校 SCI 论文相关指标使用树立正确评价导向的若干意见》《教育部　国家知识产权局　科技部关于提升高等学校专利质量促进转化运用的若干意见》。以上文件落实了中共中央办公厅、国务院办公厅《关于深化项目评审、人才评价、机构评估改革的意见》《关于进一步弘扬科学家精神加强作风和学风建设的意见》《关于深化项目评审、人才评价、机构评估改革的意见》的要求，深入贯彻党的十九大精神和习近平总书记在全国教育大会和 2018 年两院院士大会上的重要讲话精神，改进了科技评价体系，纠正了科技评价中唯论文至上的不良导向。要求按照分类评价、注重实效的原则，"不把论文作为主要的评价依据和考核指标，突出科研成果创新、质量和贡献"。破除论文"SCI 至上"，探索建立科学的评价体系，营造高校良好创新环境，加快提升教育治理体系和治理能力现代化水平，"在人才评聘体系方面，高校要以质量和转化绩效为导向，更加

---

① 参见褚建伟. 高职院校院系二级管理问题归因与对策研究 [J]. 中国培训，2019（8）：24 - 27.

重视专利质量和转化运用等指标，在职称晋升、绩效考核、岗位聘任、项目结题、人才评价和奖学金评定等政策中，坚决杜绝简单以专利申请量、授权量为考核内容，加大专利转化运用绩效的权重"。

根据产教融合背景下对师资队伍建设的要求，结合国家最新文件的导向精神，贯彻落实"不把论文作为主要的评价依据和考核指标，突出科研成果创新、质量和贡献"的文件精神，管理部门需结合产教融合的特点，从激励制度、评价机制等多角度提出改进建议，以进一步深化"双师型"师资队伍建设，推动高等教育健康发展。建立良好的制度保障体系是培养适应产教融合战略的"双师型"教师队伍，深化落实产教融合政策的基础。推进教育治理体系和治理能力现代化，需要进一步对学院教师激励机制和管理模式进行改革。

1. 学院教师激励机制的发展变化

具体目标为以培养适应产教融合战略的"双师型"教师队伍为宗旨，以教师激励机制和管理模式改革为切入点，围绕培养适应产教融合战略的"双师型"教师队伍和最新文件精神，对教师绩效评价体系、岗位设置方案和两级管理办法进行改革。在原有制度的基础上，将产教融合对教师教学能力和素质的新要求，以及国家最新文件精神融入制度，去除原有制度中不适应新形势、新文件的条款。建立健全学院的激励机制和管理模式，为深入贯彻产教融合的方针战略做好制度保障。其中，岗位设置方案是激励机制最基础的部分，在新形势、新政策环境下也需要做针对性修改，其中岗位设置条件和各岗位职数设置是需解决的基础问题。

产教融合对教师的能力和素质提出了新的要求，国家最新文件对教师的绩效评价也提出了新的导向，因此教师绩效评价体系中的绩效指标要围绕新的要求和新的导向重新设置，这是要解决的核心问题。两级管理是推进教育治理体系和治理能力现代化的有效途径，也是有效发挥教师激励机制作用的必要条件，两级管理办法中关于人员经费分配的问题和考核办法也是要解决的重点问题。

2. 管理模式变革

学院于 2015 年 6 月印发了《两级管理暂行办法》，以邓小平理论、"三个代表"重要思想、科学发展观和习近平新时代中国特色社会主义思想为指导，为建立权责明确、充满活力的管理体制，提高学校管理水平，依照按级负责、分层管理的精神，降低管理重心、强化激励机制，实行党委领导下的校、院两级管理制度。通过制订总体规划、调整内部政策、开展考核监督、提供保障服务等方式对教学部门实施目标管理，逐步建立竞争有序、充满活力的学校运行管理体制。教学部门在学校的宏观调控下明确责任义务，享有相应权利，充分调动本部门教职工的积极性与创造性，逐步建立人尽其才、物尽其用、科学高效的部门日常工作体制。执行四年多后，总结出以下问题：两级管理改革不够彻底，两级学院自主性不高；两级管理绩效考核监督体系不完善；部分内容已不适应最新文件精神和新形势的需要。因此，2019 年学院启动了两级管理改革工作。此次改革需解决的主要问题是推进人员经费两级管理和建立完善的两级管理绩效考核监督体系，并对旧方案中不适应最新形势和文件精神的部分进行修订。2020 年 3 月，学院经过多轮讨论研究，充分征求教职工意见，对兄弟院校进行调研并对文件和政策进行深入解读，吸取专业人士意见，确定了人员经费两级管理中关于人员经费分配的办法。2020 年 4、5 月间，学院根据前期整理的资料对原有方案进行反复修改，就修改过的方案通过教代会再次向教职工征求意见，并组织相关职能部门修订旧方案中的相关内容，以推进建立完善的两级管理绩效考核监督体系。自 2021 年 1 月起，修订后的《两级管理办法》全面实施。

3. 建设成效

新修订的绩效工资制度、岗位设置方案和《两级管理办法》在通过教代会和学院党委会审议后已在全校范围内实施。2020 年，根据《岗位设置实施办法》《岗位聘用与晋升工作方案》，经申报、审核、评审、公示等规范流程，学院 356 名教职工获得岗位晋升。2019 年、2020 年深化职称评审改革，学院 3 人晋升正高级职称，23 人晋升副高级职称，较大程度地激发了全体教职工干事创业的积极性。学院通过《两级管理办法》推进内部管理体制改革，下放管理权力，降低管理重心，调整资源配置，规范管理行为，充分调动了二级教学单位在教学、科研、服务中的积极性、主动性和创造性，不断提高办学质量和办学效益。

二、 建设产教深度融合的教师发展中心[①]

近年来，国务院、教育部相继颁布多项文件，要求高校积极推进教师发展中心的设立，为中青年教师提升专业水平和教学能力构建资源平台。因此，教师发展中心是高职教育产教深度融合的内在需求。轻职教、重普教，轻技能型人才、重研究型人才的观念，一直是影响职业教育发展的社会消极因素。而社会经济产业结构的调整，使得高素质应用型人才供不应求。对高职教师而言，不再是简单地承担教书育人的职责，还要在课堂之外，面向市场、产业，进行技术创新、产品研发、科技攻关等实践，同时掌握前沿的行业信息。然而，当前一些长期在教育第一线工作的教师，面对新教育理念及现代化的教育技术，接受缓慢、知识更新滞后，这些问题制约了人才培养质量的提升。建立教师发展中心，可以为教师提供专业指导、教学素材、行业信息等资源，搭建教学资源共享平台。

2016 年教育部发布《关于中央部门所属高校深化教育教学改革的指导意见》，提出要实现教师培训体系的制度化、专业化、网络化，各地高校要建立教师教学发展中心，开展教师培训、教学咨询服务、教学改革研究、教学质量评估，建设优质教学资源，提升教师

---

① 本小节参见陈庆华. 产教深度融合背景下教师发展中心的建设探赜 [J]. 成才之路，2020（8）：8-9.

教学能力和业务水平。但高职院校原有的教师发展中心建设有一定局限性，具体表现为：

（1）功能单一。大多数教师发展中心以教师培训为主，通过强制的、模式化的方式开展岗前培训、顶岗实践、访问学者计划、高级研修班、短期业务培训和公派出国进修等。培训确实提升了教师教学能力和学术水平，但作为培训的主体，教师更多是被动接受和服从培训，没有真正提升创新能力。

（2）专业发展形式单一。近年来高职院校在校企合作、产教融合方面取得了较大突破，教师发展中心在发展企业实践实训基地、与行业协会加强合作等方面也发挥了极大作用，但更多是为了提升学生的就业率，教师自身的专业发展诉求并没有融入这一过程。这是由于教师专业发展在深化校企合作、产教融合过程中的重要性和必要性还没得到真正的认同和支持。

（3）机构设置存在辅助性。大部分教师发展中心挂靠在教务处或者人事处，而非独立机构，使得教师发展中心不具备行政权力，造成与其他行政部门在交叉工作领域分工的矛盾和冲突。

根据部分院校的实践经验，目前教师发展中心的建设重点应该放在"规划教师发展、教师成长研究、教师培养培训、建设资源平台、推进研讨交流、为教师个性化发展提供咨询服务"六方面内容上，同时要开展目标明确、特色鲜明、功能完备、形式多样的教师发展促进活动。[①]

1. 教师发展中心的功能

（1）研究教师需求导向。教师发展中心要结合学校教师队伍建设的实际，发掘教师职业发展的热点、难点进行调研，把解决问题作为重要职责，并提出对策、建议，以科学的研究成果促进教师专业发展和内涵发展。[②] 为提高教师发展中心服务的针对性和个性化程度，涉及教师职业生涯发展的各类人员均是其研究对象，包括从入职教师、青年骨干教师到专家型教师。

（2）培训交流。教师发展中心要建立便捷高效的培训、交流平台，探索多渠道、分类别的培训方式，使教师真正从"被动接受服务"转变为"主动要求服务"，从而切实提高教师各项素质。[③] 同时，增加教育技术等相关应用知识的培训，以及具体技能的实操、实训内容。

（3）咨询诊断。教师发展中心要完善向教师提供个人发展的咨询、诊断与建议的工作

---

① 参见陕西省教育厅关于加强省属高等院校教师发展中心建设的指导意见（陕教师〔2013〕29号）.

② 参见董玮. 高校教师发展中心价值功能探析：以陕西省高校教师发展中心建设为例［J］. 陕西教育（高教版），2016（11）：52-53.

③ 参见李永，吴昌龙. 高校教师教学发展中心业务职能研究：基于10所国家级示范中心2015年网站文本的分析［J］. 教育与教学研究，2017，31（6）：62-68.

内容，并结合日常工作，帮助教师制订个人专业发展规划，对教师开展学术潜力、教学质量和科研能力方面的个性化指导，以促进教师与学校同步发展。

（4）建立网络资源、数据资源教师发展交流平台。网络平台是对外展示的重要窗口，也是具有学校特色的对外展示平台。教师发展中心要根据信息化时代的特点，研究开发教师在线交流功能，收集教师教学发展相关热门话题，便于教师及时了解教师发展中心的动态。

（5）关注教师发展的人性化问题。加强对教师内心的关注，从外部激励向内部关注转变，例如关注青年教师在家庭和工作之间如何更好地安排时间问题、青年教师职称晋升政策咨询与支持问题等；增强教师自我认同感以及对教育事业的归属感，关注教师的身体、心理及职业素养，全方位地给予教师支持与帮助。①

2. 实现教师发展中心功能的路径

（1）设置具有独立行政权的教师发展中心，明确学校职能部门与教师发展中心工作职责的协调与统筹关系，实现教师发展工作的常态化、专业化。配置结构合理的行政管理人员，同时配备各类教学专家、咨询人员、质量评估专家、现代教育技术专家等，可以采取专、兼职相结合的方式。②

（2）突出学术性质。教育部国家级教师教学发展中心工作会议指出，在高等学校里，教师教学发展中心应该是服务性的学术机构，而不是单纯的管理部门。教师发展中心应该优化配置各种优质资源，辅助教务处、科研处开展学术性服务。

（3）促进培训的系统化、专业化。整合各职能部门的培训活动，如人事处的师资培训，教务处的教学团队建设、教师技能大赛，科技处的科研团队建设等。

（4）加大教师发展中心的经费投入，保障教学、教师培养工作；结合职业教育教学制度文化的特色，建立与完善相关教学奖惩、考核评价与激励制度。

（5）增加教师专业发展活动的实效性和针对性。目前，大多数高职院校开展的教师发展活动有教师培训、教学竞赛、午间沙龙、教研坊等，这些活动对于促进教师关注教学、研究教学、提升教学能力起到积极的促进作用，但也存在以下不足：活动吸引力不强、教师参与度不高；活动方式单一，以竞赛、培训为主，针对教师个体的教学咨询、研讨交流等活动少。

（6）加强调研，了解教师的发展需求。要改变以往以刚性的行政命令方式开展教师发展活动的方式，应根据教师教学实际，了解教师发展的实际状况、存在困难和发展需求，

---

① 参见靳于谦. 高校教师发展中心的职能与功能初探［J］. 知识经济，2017（5）：144－145.
② 参见吴红，祝木伟，孙婷婷，等. 高职院校教师发展中心功能及其实现路径［J］. 中国职业技术教育，2017（28）：72－74.

针对教师发展需求设计有效的教师发展项目，提高教师发展活动的针对性和实效性。[①]

3. 学院教师发展中心建设

在深化产教融合、校企合作的背景下，教师发展中心的设立能更好地为教师提供专业指导，构建全面的教学资源共享平台，尊重教师的自主性，为教师提供个性化、专业化发展服务，培养职业认同感，这也是实现教师全面发展与学校卓越发展双向互动的现实要求。

学院教师发展中心致力于构建常态化、制度化、特色化的教师发展体制机制，提供综合性服务，围绕教学开展教学质量监控、督导、评价，并通过培训和创新培训模式提高教师教学能力。一是建立教师业务档案，开展教师教学技能培训，选派教师外出研修，检查、考核教师到企业实践的方案和效果，组织教学竞赛、教学观摩和教学方法研讨等活动，开展师德师风建设工作，提供教学技能咨询服务等。二是系统性规划"教师发展项目"。出台学院教师教学能力提升行动计划实施方案，实施一系列教师教学能力提升培训项目，围绕师德师风、信息技术、教学设计、综合素质四个方面组织开展一系列教学培训，包括新教师入职培训、青年教师教学过关、教师传帮带、教学竞赛、单科进修、实践锻炼、校本培训、委托培训等，服务教师职业生涯发展。[②]

三、 建设产教深度融合的 "双师型" 教师培训基地

学院于 2016 年 1 月成立了教师发展中心，融合学院高新技术继续教育培训基地功能，强化"双师型"教师建设任务，探索高素质高技能职业教育教师和产业需求人才的继续教育创新模式，形成了基于产教融合的教师培养和继续教育培训模式。学院以主校区番禺校区为核心，围绕广州开发区科学城产业学院校区、越秀区花果山校区，面向职业院校开展师资培训，促进职业教育教师素质、技能的提升，以及开展考证培训和技能鉴定、职业技能培训，促进人才职业技能的提升；面向企业提供技能培训服务，对接广州开发区产业发展需求，开展引企入教、送教上企、技术服务等，充分调动企业参与产教融合的积极性和主动性，促进供需对接，实现"育训并举"，提高培训水平，适应社会需求。

1. 促进师资建设和社会培训双提升

学院以打造适应新业态、新技能、新服务的专业技术人员为理念，促进师资建设和社会培训双提升。

（1）提升"双师型"教师队伍建设。学院对现有教师开展"双师型"教师队伍建设培训。咬合大湾区的产业链结构需求，与区域产业发展相融合，深化校企合作，实现信息

---

① 参见别敦荣，李家新. 大学教师教学发展中心的性质与功能 [J]. 复旦教育论坛，2014，12（4）：41-47.

② 参见曹松梅. 全媒体时代高校基层组织党建工作创新路径探析 [J]. 智库时代，2019（47）：26-27.

源、技术源、创新源与人才源四源合一的产教融合人才培养质量的飞跃。充分调动学院教师参与产教融合的积极性和主动性，开展引企入教、送教上企、技术服务等，促进校企供需对接，实现"育训并举"，让学院教师素质对接产业发展需求，从而促进"双师型"教师队伍建设提升。

（2）面向社会开展职业技能培训。以市场为导向，开展产学合作。面向企业开展职业技能培训，打造产学融合师资团队。学院依托自身专业办学资源，与对应的头部企业开展紧密的产学合作，充分整合学院的师资潜力、专业优势和企业资源，面向社会开展职业技能培训。学院作为广州市高新技术专业继续教育基地，联合有关行业协会，面向广州地区的高新技术园区和企业开办创新企业能力提升、企业创新方法等一系列高级研修班，服务地方企业，推动区域经济发展。

2. 构建多种资源共享平台

学院通过师资建设和社会培训，构建多种资源共享平台，为职业院校与企业实现资源共建共享、职教师资共享等提供"产学研培创"优质服务。

（1）共享平台资源，解决师资水平低的问题，助力人才培养质量提升。学院与其他职业院校及社会机构加强联合，合作开展师资培训工作，先后与广州信息工程职业学校等多所职业院校开展了专项课程、定制课程、"双师型"教师培训，培训教师约1 700人次。

（2）建设"产学研培创"平台，解决"育训并举"不足的问题。依托学院骨干专业、职业教育师资、教育教学改革和实践教学的优势，对接企业需求，派出教师到企业开展上门培训服务，有针对性地提高企业员工的职业素质和技能水平；联合地方企业举办一系列高新技术研修班，服务地方企业，推动区域经济发展；借助广州开发区雄厚的产业集群、企业资源及科研平台，联合企业技术骨干、专家学者构建校企合作的师资团队，将理论与生产相结合、教学与科研相结合，进一步提高了教师业务素质、企业技术水平。

（3）搭建产教融合培训路径，解决服务能力弱的问题。各优势专业契合产业发展前沿技术需求构建培训平台，与相关企业建立产教融合、校企深度合作模式，面向本校及区域院校教师开展"1＋X"区域师资培训，面向社会人员开展岗前培训，面向区域院校学生开展对口区域实习就业服务。例如，国际经济与贸易专业作为全国报关行业指导委员会"1＋X"证书试点单位，建立了考评中心、实训培训中心、产学研培基地等，2018年以来培训社会人员近1 000人次。

学院通过努力，入选了广东省职业院校"双师型"教师培训基地。学院依托专业优势，联合其他高职院校开展"双师型"教师培训，参与培训者有1 200余人次；2020年至今共培养继续教育学历学生6 000多人，为78 747人次开展职业技能鉴定。学院电子信息技术专业与企业共建工程中心研发项目获得广东省科技进步一等奖，学院是获此殊荣的唯一高职院校，显示了较好的专业社会服务效果。

第三节　产业学院学生管理工作特色改革

为切实加强产业学院学生工作的对接与融合，促进学生德育培养，提升学生工作内涵建设，自学院启动产业学院建设规划以来，学生工作处通过统筹协调、规划设计、多方参与等方式，积极探索学生工作全方位、多维度、深层次融合，在学生工作的新思维、新途径、新方法方面进行了有益的实践，初步形成产教融合的学生管理工作特色。

学院始终坚持把思想政治工作贯穿教育教学全过程，积极探索学生管理新模式，把行政职能部门与学生工作紧密结合起来，从贴近学生（Student）、贴近专业（Specialty）和贴近社会（Society）三个维度出发，以学生为中心、以专业为经、以社会为纬，构建"3S"学生管理模式。贴近学生就是确立学生的主体地位，以关心学生为出发点，以尊重学生、了解学生、帮助学生为基点，以建立"学长导师"和"学生主体"相结合的新型学生关系为突破口，以为学生全面发展服务为重点；贴近专业就是要符合专业的实际，理解专业的内涵，从专业知识、专业技能、专业规范和职业素养等角度出发做好学生工作，使之与学生的专业发展有机结合；贴近社会就是学生工作要适应社会的新形势，抓住社会的新问题，关注社会的新变化；应对社会发展的挑战，进而为社会发展提供更多高素质应用型人才。[①]学院要形成全员、全过程、全方位育人的"三全育人"工作格局。学院以"以生为本"的现代管理理念为指导，以"爱心管理"为原则，制定《广州科技贸易职业学院产业学院学生管理办法》《广州科技贸易职业学院产业学院学生行为管理办法》等文件和制度，形成"多元参与，'育'为核心"的学生管理体系——聚焦合心，特色发展，校企协同；创新合作，引领示范，协同育人；凝聚合力，深度参与。该体系通过"多元参与"，协同育人，充分体现了产业学院学生管理的主导地位；紧密围绕"'育'为核心"，柔性合作，共建共创产业学院学生管理新格局。学院通过"塑造健全人格，培养职业精神"，为学生的出彩、成长保驾护航。

一、实施社会实践育人工程

让实践走进园区，让学生修为品格。面对产业学院建在产业园区的实际，学院大力实施社会实践育人工程，以产业园区为平台、以专业为单位，积极主动组建社会实践育人队伍，走进企业、走进社区、走进农村、走进校友。学院抓早抓小、科学规划、精心组织，

[①] 参见侯永生，杨晓莉，程道光. 高职院校"3S"学生教育管理模式探析［J］. 教育与职业，2010（36）：41－42.

与合作企业联动，协同制订产业学院社会实践活动规划。社会实践活动根据"高度重视，力促产业学院建设""就近就便，服务园区发展""创新形式，线上线下结合"的工作安排，以理论学习有收获、思想政治受洗礼、为民服务解难题、清正廉洁做表率为具体目标，围绕助力疫情防控和复工复产、"脱贫攻坚，筑梦有我"主题宣讲、"我当先锋"专业实践、"践以真知"岗位实习四个方面，"扶志"与"扶智"相结合，"党建"与"团建"相融通，综合开展"校企党建合作"、"大手拉小手"党建带团建主题教育活动、"国家资助和助学贷款政策下乡行"、"青年红色筑梦之旅"、"乡村振兴科技创新行动"、"行践"岗位实习社会实践团、"携手共成长"心理团队建设活动等一系列活动。通过资助普及宣讲，解开群众心中疑问；通过军旅国学实践，帮助当地学生锻炼坚强意志；通过科技支农帮扶，切实提高群众科技务农能力；通过心理健康教育，让产业园区职工和产业学院学生更好地认识自我、悦纳自我；通过与校友定点扶贫结合，引领学生按照习近平总书记的要求，怀着一颗感恩的心，珍惜时光，努力学习。同时，更好地引领教育产业学院青年学生勇于担当，切实在服务乡村振兴战略、助力脱贫攻坚等社会大课堂中受教育、长才干、作贡献。

管理学院物流管理专业 2012 届毕业生李创建，在校期间积极进行专业技能实践锻炼，担任学校早期"校中厂"项目"校园配送中心"负责人，毕业后与物流管理专业 2011 届毕业生吴信洲共同创办了百创通物流科技（广东）有限公司，李创建为公司法定代表人兼执行董事。李创建在校期间深受校企合作特有文化熏陶，树立了传帮带的观念，心系母校发展。2020 年 7 月，为贯彻落实习近平总书记视察广东重要讲话精神，适应电商行业新业态发展趋势，支持学院探索课程教学、专业技能、创新教育相结合的有效路径，李创建资助万余元支持学院开展首届"追梦新时代，直播创未来"网络直播大赛。此次大赛吸引了178 支队伍近 600 名学生参加，通过直播带货实操，使学生的专业技能得到了充分训练，全面提升了学生的综合素质，强化了校企的联系，实现了人才培养与职业标准的有效对接，促进了学院的专业建设、课程改革、师资队伍建设等各方面工作，助力学院探索出职业教育产教融合的人才培养新模式。2021 年，为支持学院深入推进产教融合、校企合作，李创建投入 120 余万元，与学院在广州开发区科学城产业学院合作共建"新媒体运营中心·产教融合双创基地"，助力学院人才培养。

学院扎实推进社会实践育人工程，整合实践资源、拓展实践平台。学院秉持"立足园区、服务社区"的理念，多层次开展青年志愿者活动和社会实践活动，例如，与黄埔区团委青年志愿者协会共同开展黄埔马拉松等志愿服务活动。学院通过开展志愿服务活动使学生厚植了服务社会、关心社会的意识，学生则通过实践所学的专业知识提高了组织管理能力。

二、 实施国防教育融入立德育人体系特色管理

国旗护卫队的建队思路是：以三礼为保障，以三课堂为内涵，以三素质为体现。国旗护卫队在秉承"敬国旗，爱国旗，护国旗，做一名国旗忠诚卫士"的宗旨，以"修身、传承、责任、担当"为队训，是一支有着严明纪律、硬朗作风和团结友爱精神的准军事化管理的学生队伍，主要担负学院红色基因理论宣讲、"一二·九"大型升旗仪式、新生入学开学典礼升旗仪式、校运会及各种大型文体活动升旗仪式和护卫国旗的任务，承载着守护国旗的神圣使命。"向国旗敬礼，国旗下的讲话"活动已成为学院国防教育的重要平台和载体。

（一）三礼

三礼是指将国防教育与崇礼、修礼、用礼深度融合，共建立德树人育人体系。

1. 崇礼——国防教育融入立德树人育人体系构建与实施

（1）国防教育与立德树人教育理念融合。学院用国旗文化的内涵，爱国、敬业、诚信等社会主义核心价值观来引导人、感化人、激励人，坚持以人为本，引导学生党员自觉把思想和行为统一到维护中央权威和党的集中统一领导上来。

（2）国防教育与系列主题实践活动融合。学院举办了特色鲜明、寓意独特的文化活动，如"家风家训书画比赛"、"岭南红色故事"系列微视频人物故事大赛、"潮汕侨批故事漫画册活动"、做"诚信的职业人"情景剧表演比赛等，让学生在活动中提升综合素质。

2. 修礼——以国防教育为引领的立德树人教育教改体系构建与实施

（1）深化"一课"教学改革。学院进行军事理论课改革，将原来的部队教官主训改为学生教官协助部队教官进行军训。2020年，有50多名学生经过暑假刻苦训练成为助理教官，协助9名部队教官对2 560多名新生进行军训。

（2）打造三大育人平台。学院运用"宣传平台""素质拓展平台""主题教育平台"这三个育人平台，推进国旗护卫队护苗筑基工程、增速提质工程、茁壮发展工程建设。

3. 用礼——以国防教育为引领的立德树人系列品牌打造

（1）"国旗护卫队"品牌打造工程。学院积极打造校园"国旗文化"育人硬件和载体，建造了"院士长廊"、"国旗文化"宣传橱窗，开设了微信公众号、微课、网络教学平台，营造宽情境下潜移默化、润物无声的育人氛围。

（2）国防文化教育基地及特色学校。学院积极联系"辛亥革命纪念馆""植地庄革命烈士陵园""防震减灾科普示范学校"等实践育人基地，为"国旗文化"育人拓展了校外资源和平台。

（3）"一院一品牌"传统文化项目。学院于2017年开始实施"一院一品"传统文化

项目，各二级学院结合本学院专业和学生的特长建设品牌项目，例如，机电工程学院成立了舞龙队、信工学院成立了龙舟队和舞狮队、商贸学院成立了安塞腰鼓队、管理学院成立了中国鼓队、财经学院成立了八段锦队、服装学院成立了经典诵读队，使学生增强了文化自豪感以及民族自信心和认同感。

图 5 - 2　国旗护卫队

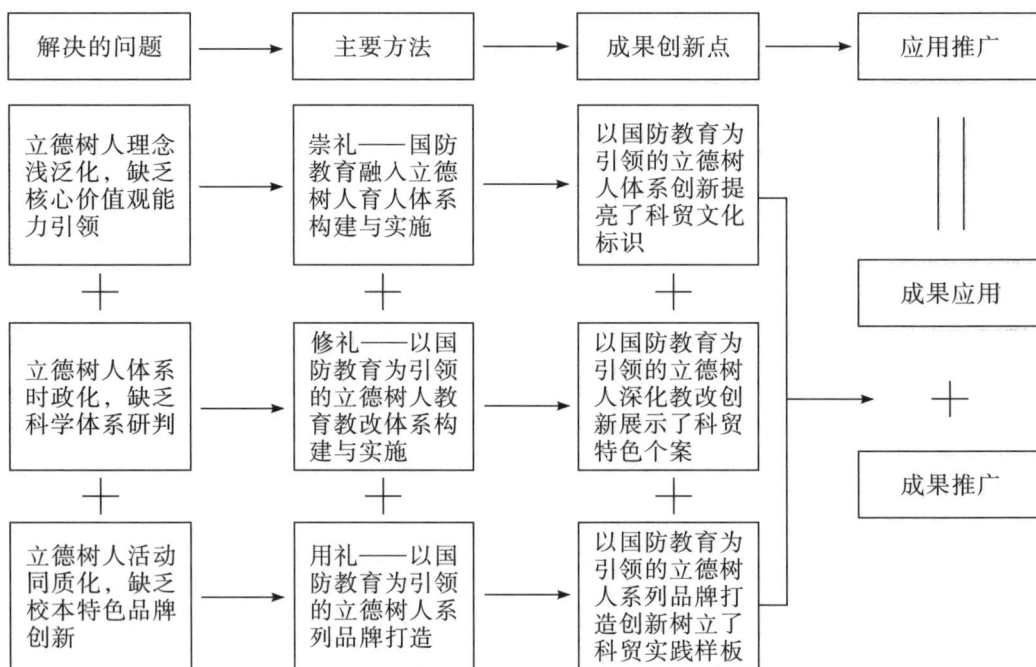

图 5 - 3　三礼育人体系

（二）三课堂

以第一、第二、第三课堂构建立德树人"泛在式立体化"教育教学改革网络体系。

1. 第一课堂——思政课程主导的课程思政融入国防教育的全线教改

以思政课程团队为骨干，将国防教育相关内容融入专业课程思政教学，通过教改创新实施课程思政的深化，促进教师开展课程思政教改创新的积极性。2020 年，学院教师开展"课程思政教育教学改革项目"15 项，其中重点项目 3 项、一般项目 12 项。

2. 第二课堂——网络资源与产教融合实施国防教育工匠精神培养

大力推进国防教育引领下的立德树人育人信息化建设，引入"超星泛雅""蓝墨云班课"等教学平台，拓展各类专业教学资源库及公共网络资源学习平台，为学生提供随时随地进行网络学习的条件。

3. 第三课堂——通过社会实践修为国旗文化品格

将国旗文化研习与社团暑期"三下乡"社会实践结合，例如，以"我和我的祖国"为主题，在五华坪南村开展大学生党员暑期社会实践。举办"携手奔小康，共筑中国梦"夏令营活动，黄埔军校主题教育活动，"我为祖国升国旗""大手拉小手"主题活动。

图 5-4　2019 年大学生暑期"三下乡"社会实践

（三）三素质

通过提高思想素质、能力素质、心理素质，将国旗文化价值观融入立德树人素质拓展体系构建与实施。

1. 思想素质——价值认知体系

将儒家的仁学思想与思政课程及爱国教育相结合，通过"诚信微视频大赛""榜样的力量——年度人物评选""传家风颂家训"等活动，帮助学生筑牢三观，构建价值认知体系。

2. 能力素质——核心能力体系

通过升旗仪式、开展"三下乡"社会实践活动等，培育学生的语言表达能力、组织管理能力等素质；通过顶岗实习、校企合作，培养学生的创新能力。开设"大学礼仪""经典诵读""心理健康"等课程，帮助学生知礼、懂礼、用礼。

3. 心理素质——自我调适体系

开展"人际关系沟通成长小组工作坊""现场心理咨询"等活动，帮助学生养成正确认识自我、调控自我、承受挫折、适应环境的能力。

图 5-5 传颂经典文化主题汇报表演

三、 实行 "社团园区化" 孵育协同育人机制

社团管理引入企业管理元素，深化学生管理工作。社团组织是学生自我管理和自我提升的平台，学生通过参与社团组织，锻炼了组织能力、领导能力、自我管理能力、专业技术能力。为适应产业学院建设，紧贴地方行业发展需求，学院积极创新教育机制，尝试通过企业化社团园区孵育具有适用性职业技术和乐业、敬业职业精神的高素质学生。社团园区实行企业管理模式，采用双导师辅导制，让学生在社团园区"选我所爱、学我所长"。学院以加强学生职业能力和敬业精神为培养目标，引导学生做一名爱国、敬业、诚信、友善的合格劳动者，积极引入企业管理元素，实践出一套学生喜闻乐见、教师乐于施教、与社会无缝对接的"社团园区化"孵育模式。

该模式抓住产业学院建在产业园区的契机，通过效仿企业的成立，创建社团组织；模拟企业的招聘，组建社团组织；模拟企业制度运作社团，组建学院社团园区，搭建职业素质培养社团网格。学院社团园区入驻社团 29 个，社团运作紧抓典型项目和实战体验，着力培养团队成员的职业技能，校企共同精选培育典型项目，引导学生提高专业技能水平。

社团以社会订单为基本，以专业教师指导为抓手，以团队协作为着力点，以人为、临时增加难度为突破口，并结合学院技能鉴定，实现成员技能的提高，鉴定结果也可作为职位晋升的有力依据。当学生进入企业进行实战体验时，鼓励学生参照一般企业的生产、经营流程开展创业实践活动，让学生了解实际工作岗位的技术要求、责任意识和风险意识，培养其职业素养和创业能力。

依托社团园区，学院联合产业园区大力弘扬典礼文化，在产业园区举办产业学院学生毕业典礼，邀请企业代表讲授毕业最后一课。学院始终坚持以每年的重大节庆活动为契机，突出主题、精心组织，举办"十大节庆"校园文化艺术节、科技创新节等学生活动，提升校园文化内涵，促进校企之间的文化交流，使学生在校就能学习到先进的企业管理理念。

交通工程学院为落实教育部高职百万扩招任务，创新探索高职扩招退役军人专班人才培养模式，通过学生自我服务、自我教育和传帮带形式，促使教辅老师参与学生管理，逐步推进学生教学管理、创新创业、复退管理等多方面工作，进一步完善了高职面向社会扩招班的人才培养与管理模式。

智能制造学院与企业同频共振，通过学生组建兴趣小组进入企业，强化双方交流。例如，电子信息工程技术专业学生组成兴趣小组，定期赴广州市粤峰高新技术股份有限公司、广东北斗星盛教育科技有限公司等企业参观学习，与一线技术人员深入交流探讨。此模式开拓了学生的视野，激发了学生的求知欲与探索欲，为校企探索更深层次的合作奠定了坚实的基础。

发展篇

FA ZHAN PIAN

第六章

谱写产教融合发展新篇章

产教融合作为职业教育特征的核心，经过 20 多年的锐意探索，至 2019 年《国家产教融合建设试点实施方案》发布，已上升为国家战略，形成发挥城市承载、行业聚合、企业主体作用的利益相关者深度参与的动力机制。在此背景下，在新的起点上，广州科技贸易职业学院面临的机遇与挑战并存。"十四五"时期是学院加快发展建设、提升整体实力和核心竞争力的关键时期。学院紧紧抓住国家职业教育创新发展的战略机遇，抓住广东省"双高"建设机遇，全面推进资源共享、校企共育、发展共赢的产教融合思路，立足广州市国家一线中心城市政策新优势与高职教育发展新格局，勇立粤港澳大湾区创新发展驱动新潮头，创新政校行企多元协同产教融合育人机制。产教融合是实现高素质应用型人才培养和服务地方经济社会发展的重要途径。为了更好地服务社会主义现代化建设，深入推进产教融合、校企合作，"十四五"时期，学院不断创新思路，深入探索新机制，进一步完善职业教育功能与布局，构建"一体两翼"的发展新格局。

第一节　产教融合"一体两翼"发展创新构想

"十四五"期间，学院将强化番禺校区的教学主体功能，加大对以广州开发区科学城产业学院为核心的产教融合北翼区、以南沙自贸区产业学院为核心的产教融合南翼区的建设力度，以规模和效益相协调为原则，做好两区产业学院的规划与建设，形成"一体两翼"的发展新格局。学院根据专业服务产业，助力社会经济全面发展的专业建设要求，依托"把产业学院建在产业园区、把专业建在产业链上"的建设理念，采取"四元协同、五创并举"建设模式，以国家现代产业学院建设为标准，完善番禺主体校区建设，深化广州开发区科学城产业学院体制机制改革，建设南沙自贸区产业学院，释放"两翼"效应，最终实现"一体两翼"的发展新格局。

一、 "一体": 强化番禺校区教学改革主体功能

广州科技贸易职业学院由广州市科学技术协会于 1984 年创办，是经广东省人民政府批准、教育部备案的广州市属公办全日制普通高等职业院校。中国工程院院士、广州市科学技术协会名誉主席钟南山担任名誉院长。学院秉承"质量立校、人才强校、特色兴校、服务荣校"的办学理念，遵循"厚德、励学、修技、至善"的校训，以立德树人为根本，以服务发展为宗旨，注重技术技能人才培养，大力弘扬工匠精神，遵循创新发展、质量发展、内涵发展、特色发展、协调发展五大发展理念，坚持走"科技助推产业，商贸服务经济"的发展之路，深化产教融合、校企合作，加快建设发展，已为区域发展现代服务业、先进制造业、战略性新兴产业培养技术技能人才 6 万多人。学院努力创建省内一流、国内知名、特色鲜明的现代高职院校，不断提升办学质量，打造特色品牌专业，得到社会广泛认同。学院招生、就业连续多年保持两旺，为培养区域经济发展和产业结构调整迫切需要的高素质技术技能型人才作出了积极贡献。

学院以人才培养质量评估为契机，以重点品牌专业建设为抓手，优化专业结构，积极设置面向区域高新技术产业、先进制造业、高端现代服务业和社区服务的专业，对专业结构进行了大幅度调整和优化。2022 年，学院设有会展策划与管理、国际经济与贸易、动漫设计与制作、电子信息工程技术、汽车检测与维修技术、工业机器人、艺术设计等学科专业 27 个。学院及时调整专业内容，形成能够体现办学特色的商务服务、管理、信息与软件、机电、艺术设计 5 个专业群，突出专业群中核心专业的关键带动和辐射作用。建立特色明显的产业学院、特色学院、示范学院，截至 2022 年已经建立市级特色学院 2 个、市级示范学院 1 个、市级产业学院 1 个、校级产业学院 2 个，推进专业群整体水平提高。

学院强化"融入地方、携手行企、合作育人、服务经济、共同发展"的办学模式和产教融合、校企合作、工学结合人才培养模式改革，以省级"现代学徒制"试点专业为引领，丰富"现代学徒制""系统培养""项目导向模式""分段递进模式"等人才培养模式内涵。实现人才培养模式改革与创新发展，逐步形成各专业人才培养模式特色。例如，会展策划与管理专业通过校企合作、学生实践实操、教师参与企业工作项目等形式，强化"标准引领教学，项目提升技能"的人才培养模式，取得了良好效果。动漫设计与制作专业依托动漫基地的优势，通过番禺动漫游艺协会与动漫园区共建紧密型校企合作互动平台，形成了以创新工作室为载体，以校企互动训练基地、校企合作实训基地为平台，岗位能力与课程体系、项目导向与技能实践、艺术创意与技术创新三融合的"一载体、双平台、三融合"人才培养模式。物流管理专业与百世物流、宝供物流、美的集团、创维集团、卜蜂莲花等企业紧密合作，努力构建"就业导向、能力进阶、多方联动、工学结合"的人才培养模式。国际经济与贸易专业依据国际贸易行业典型岗位的职业能力需求，开展

创新性的人才培养模式改革，形成了"能力为本、项目引领、递进培养"的工学结合人才培养模式。汽车检测与维修技术专业构建了"三级递进、工学交替"人才培养模式。学院通过以上改革不断优化专业设置，加强内涵建设，扩大招生规模。

"十四五"期间，学院在强化番禺校区教学改革主体功能的同时，加大番禺主校区基础设施建设力度，优化办学条件；落实《广州市建设国家产教融合型城市试点方案》重点建设项目，多渠道筹措资金，建成粤港澳大湾区青年创新创业孵化基地，分期建设学术交流中心及综合训练场、图书馆改造、创新工场二期、风雨走廊二期等基础建设项目，形成教学功能齐全、办学设施完备、校园环境优美，能满足在校学生学习和生活需要的办学硬件条件，改善师生工作、学习环境，满足职业学院教育事业发展的需求。

二、"北翼"：做优智能制造产业对接与服务

"十四五"期间，产教融合基地北翼区以广州开发区科学城为中心，将辐射广州开发区知识城，建设生物技术产业学院，布局生物技术及健康服务相关专业，扩大广州开发区科技园区的合作规模，发挥高职院校、广州开发区企业各自的优势，吸引企业投入价值超过1亿元的实训设备，扩建宿舍区、教学区，提升产业学院整体水平。重点建设10个产业学院，协同上百家企业和高职院校，引培上千名"双师型"教师，服务上万名学生，建成全国性产教融合示范基地。

1. 以"精准人才培养"为核心，建设多个产业学院

产教融合示范基地在专业群建设层面，围绕着学院最具特色的培养模式这一核心，不断加强政校行企的合作力度和深度，对接行业发展规划和广东省战略（新兴产业立足产业应用化），深化学院专业群建设，实现产业学院升级。同时，受新一代技术的影响，行业中的"研发设计—生产制造—流通营销"等过程都发生了新的变化。学院将依托自身专业优势，通过校企深度合作共建智能信息产业学院及新商科产业学院，以"精准人才培养"为核心，聚焦新兴产业、现代信息服务业和广东省支柱产业，以"信息技术＋"升级传统专业，强化数字化企业管理技能和项目实战流程等教学内容，加强学生实战技能，为学生进入社会打好基础，实现行业数字化及新商业时代的人才培养。

产业学院按照学院办学理念和产教融合发展的战略规划，结合区域经济产业链实际情况，规划自身建设，对接和辐射周边产业，形成与企业就近合作、学生就近就业的模式。产业学院的建设规划将企业用人需求与学院的专业群建设相结合，因应企业对人才需求的变化，能够及时动态地调整专业建设和人才培养方案，形成以就业为导向的产业学院建设新模式。产业学院以服务企业、社会为宗旨，以促进就业为导向，做优智能制造产业对接与服务。主要依托基地内智能制造等企业优势，共建并强化实践教学过程，确保专业设置与产业需求、课程内容与职业标准、教学过程与生产过程"三对接"，使每名学生都有过

硬的专业技能和良好的职业道德。实行"1＋X"证书制度，使每名学生在毕业时掌握多项技能，为区域优势产业提供优质人才，促进区域经济高速发展。

2. 构建引培双发展机制，壮大教师队伍

加大从企业引进高层次技能型人才的力度，完善和创新人才引进机制，把企业、行业协会经历纳入人才引进的重要参考条件，为引进人才营造良好的制度、政策环境。加强青年教师培养，采取境外培养、校企合作培养、培育平台培养等方式，培养一批具有发展潜力的青年骨干教师。发挥教师发展中心的作用，构建促进教师专业发展的支持系统，通过培训进修、质量评估、研究交流、学术研修等方式促进教师专业能力的提升。落实教师全员培训制度，完善"双师型"教师培训机制，提升学院"双师型"教师比例。完善跟岗、顶岗实践制度，落实教师5年一周期的全员轮训制度、专任教师3年内不少于6个月到企业实践的规定，丰富专任教师的行业实践经验。

打造一流"双师型"教学团队，建立校企互聘互用、共建共享师资团队的机制，支持企业技术和管理人才到产业学院任教；在"北翼"基地内部设立若干教师岗，由企业派业务骨干担任；每个专业建立由学院、企业、行业协会等专家和技术人才资源组成的产业学院教师库，为产业学院开展教学和培训等提供教师资源保障；开设产业学院教师工作室、大师工作室和技术研发平台，将产业学院建设成"双师型"教师培养培训基地；建立教学创新团队，努力在省级以上教师能力大赛、实践能力大赛等获奖；引培技术技能领军人才，省级高素质兼职教师，行业有权威、国内有影响的专业群建设带头人、技术技能大师；依托教学团队完成专利和软件著作权注册、省级教科研项目开发。

3. 建成全国性产教融合示范基地

"广州产教融合示范基地"全面服务广州市产业，实现教育链、产业链、创新链与人才链的全链接，积极践行国家产业升级战略与产教融合教育改革使命，意义重大。其建设总体思路经过精细的顶层设计，确定为：在广州市政府及发改委的大力支持下，由广州市教育局及广州开发区牵头，组织市属各高职院校、各企业、相关园区及产教融合服务机构进行总体规划，统筹建设，形成较好的产教深度融合机制创新，按"1＋1＋N"模式将"广州产教融合示范基地"建设成为国家级产教融合示范基地。

学院产教融合示范基地建设采取政校行企多跨度合作模式，以学院为主导，引入企业提供技术平台支撑，依托南方人才市场等对外服务窗口，通过"1＋1＋N"模式，联合打造成以广州市为核心的产教融合服务基地，形成统一规划、资源共享、优势互补、合理布局、和谐发展的可持续体系，并以国家级产教融合示范基地为标准，打造全国一流的优质产教融合示范基地。产教融合示范基地建设项目是学院"十四五"规划的重点工作内容，也是学院"一体两翼"中"北翼"的核心，更与学院一体化高水平专业群建设相契合。为了将学院产教融合示范基地建设成全国一流的产教融合示范基地，并成为广州市建成国

家产教融合型试点城市的重要支撑成果，学院将实行产教融合人才培养模式的重大变革，以实现信息源、技术源、创新源与人才源四源合一的产教融合人才培养质量飞跃。

三、"南翼"：提升旅游商务服务大湾区产业升级适应力

"十四五"期间，产教融合基地南翼区以南沙自贸区及周边地区为核心，对接以粤港澳大湾区旅游商务为核心的产业布局，围绕大湾区重点产业人才需求，精准服务湾区经济与贸易发展，建设集学历教育、技术研发、生产服务为一体的产教融合共同体，对产教融合人才培养模式进行变革，为大湾区产业发展和升级提供技术技能人才支撑。

20世纪末期，"湾区经济"这一概念诞生。高度开放性、创新性、外溢性、宜居性、网络性、国际化、区域协调是湾区经济的主要特点。2015年，国家发布《推动共建丝绸之路经济带和21世纪海上丝绸之路的愿景与行动》，首次提到"粤港澳大湾区"。2017年，国务院总理李克强在全国"两会"《政府工作报告》中首次将粤港澳大湾区发展列入国家经济发展战略。同年7月，《深化粤港澳合作推进大湾区建设框架协议》签订。粤港澳大湾区作为中国改革开放的前沿和经济增长的重要引擎，覆盖广东省的广州、深圳、珠海、东莞、惠州、佛山、中山、江门、肇庆九市和香港、澳门两个特别行政区。推进粤港澳大湾区建设，有利于深化内地和港澳的交流合作，对港澳参与国家发展战略，提升竞争力，保持长期繁荣稳定，具有重要意义。

《粤港澳大湾区发展规划纲要》明确提出"打造教育和人才高地""推动教育合作发展"。湾区经济要拥有强大的产业集群带，要拥有强有力的经济核心区，要具备完善的经济交通网络，要拥有一大批科研教育机构，要服务于国家新时期现代化战略总布局和安排，要把中国制度和文化因素融入现代化过程来展开合作。

习近平总书记指出，历史文化是城市的灵魂。地区文化承载着地区成员共同拥有的记忆、情感和价值倾向，从根本上将一个地区的人民凝结成有机整体，赋予这个地区鲜活的生命气息。粤港澳大湾区也不例外，粤港澳三地人民共同创造的岭南文化，是中华文化的重要组成部分，要以中华文化为本铸牢湾区之魂，以文化共性为公约数凝聚湾区力量，以文化多样性为优势打造高质量发展典范。广东省委在《关于粤港澳大湾区战略下打造面向世界的南方教育高地的建议》提案中提到，高校要加强优势特色学科建设和交叉学科、边缘学科发展，建设粤港澳大湾区高水平学科群；内地高校要与港澳高校携手，加强与全球一流高校的互联互通。广州科技贸易职业学院坐落于广州市番禺区，此地居于粤港澳的地理位置中心，与大湾区未来的核心区域南沙区接壤，地理位置极其优越。其作为华南的科教中心，在粤港澳发展成为国际重要创新中心的发展愿景中起着不可或缺的作用。

第二节　构建"中小企业能办大事"发展格局

近年来，党中央、国务院高度重视大中小企业融通发展。2018年10月，习近平总书记视察广州开发区时强调"中小企业能办大事，创新创造创业离不开中小企业"。李克强总理在国务院常务会议上强调，大中小企业融通发展是中国的优势所在，促进制造业转型升级必须牢牢抓住这一优势。2018年的《政府工作报告》提出"要形成产学研用协同、大中小企业融合的创新创业格局，打造双创升级版"。2018年11月21日，工业和信息化部会同国家发展和改革委员会、财政部、国务院国有资产监督管理委员会联合印发了《促进大中小企业融通发展三年行动计划》（工信部联企业〔2018〕248号）。

2018年，广州开发区科技创新指标居全国开发区第一，广州高新区跻身十大世界一流高科技园区建设序列，集聚科技企业突破2万家、高新技术企业超过2000家，建成华南地区最大的科技企业孵化加速载体。广州开发区率先贯彻落实《国务院关于推进国家级经济技术开发区创新提升打造改革开放新高地的意见》（国发〔2019〕11号）文件精神，全力发展更高层次的开放型、创新型经济，以打造"7个新高地"举措抢占新时代中国开发区高质量发展引领之地。

2021年11月，工信部正式批复，支持广州开发区先行先试打造全国首个"中小企业能办大事"创新示范区，把"中小企业能办大事"重要指示在广州开发区落实。

广州科技贸易职业学院的产业学院地处广州开发区内，有着地理位置的优势，也有着践行构建"中小企业能办大事"发展格局的责任。

一、深化产教融合，助力中小企业"办成大事"

2021年11月12日，学院在科学城产业学院召开"中小企业能办大事"专题研讨会，会议由学校党委副书记、校长蒋新革教授主持，特邀广州市黄埔区人力资源和社会保障局局长周锦高、广州市黄埔区人力资源和社会保障局就业中心主任王佐宁、职建中心主任唐妮，以及合作企业广东轩辕网络科技股份有限公司董事长陈统、总经理张小波，大湾区科技创新服务中心黄埔分中心总经理邢宝伟等人参加，学院相关部门负责人到场。

会上，校长蒋新革介绍了广州科技贸易职业学院科学城产业学院建设实践，特别指出，在政府主导和行业协会、企业支持下，学院融入广州开发区产业园区，对接智能制造产业链，形成了"入园建院、课岗融合"的产业学院育人模式。会议专题报告内容有：提出校企协同就业创业创新示范实践基地建设方案，以建立粤港澳大湾区智能装备应用技术创新创业孵化基地为目标，以"1+2+3+4+N"为建设任务，建成"四元协同、环境共建，师资互聘、人才共育，创新驱动、成果共享"的运营模式；推动行业人才培养，加速科研成果推广转化，为行业产业的健康发展提供人才保障和创新技术成果支持。"十四五"时期，学院将从企业人才需求侧出发，对接广州开发区中小企业区域分布特点，以现代产业学院建设为抓手，实施"四船计划"，实现提质培优创新发展；实施"搭船远航"计划，以广州建设国家产教融合型试点城市为契机，深入推进特色鲜明的现代产业学院建设；实施"借船出海"计划，以广州全面打造大湾区智慧职教高地为基点，全面推进"5G＋"信息化产教融合数字资源建设；实施"造船扬帆"计划，以激发大湾区职业教育创新活力为根本，加快推进粤港澳大湾区青年创新创业基地建设；实施"聚船领航"计划，以促进百家政校行企共建、共享、共治为驱动，大力推进粤港澳大湾区现代产业学院职业教育联盟建设。学院坚持"把产业学院建在产业园区、把专业建在产业链上"的理念，为广大中小企业培养更多高素质技术技能人才。

与会嘉宾实地考察了产业学院产教融合基地建设，对学院近年来在创新创业、产教融合、校企合作发展方面取得的成绩给予充分肯定。大家围绕产业学院建设实践及校企协同就业创业创新示范实践基地建设方案进行了深入研讨，强调要从人才培养供给侧和产业发展需求侧出发，对接广州开发区获批创建全国首个"中小企业能办大事"创新示范区，以全面实施"万亿制造""万亿国资""万亿商品""万亿固投"四个万亿计划为契机，进一步深化产教融合、校企合作，助力中小企业"办成大事"，为"专精特新"中小企业培养输送高素质技术技能人才。

二、 对接 "中小企业能办大事" 创新示范区， 开展产教融合建设

2021 年 11 月 21 日，学院在番禺校区第一会议室召开对接"中小企业能办大事"创新示范区，深化产教融合、校企合作专题研讨会，就对接创新示范区建设，进一步深化产教融合、校企合作，助力高水平职业院校建设展开深入讨论。与会人员结合工作实际发言，表示在"中小企业能办大事"创新示范区建设的战略布局下，要坚持"把产业学院建在产业园区、把专业建在产业链上"的理念，深耕广州开发区，以中小企业发展为引领，勇于攻坚克难、改革创新，在人才培养、技术创新等方面加强与中小企业的合作，为中小企业提供高质量的人才、技术等服务，实现学院高水平发展。

会上，学院提出，要深入学习贯彻十九届六中全会精神，深刻认识党的百年奋斗重大成就和历史经验，自觉把全会精神转化为推动学院发展的磅礴力量，全力提升办学实力。在学院对接"中小企业能办大事"创新示范区方面：一是要抓住机遇，迎接挑战。以"万亿制造""万亿国资""万亿商品""万亿固投"四个万亿计划为契机，积极融入创新示范区，将学院发展与创新示范区发展紧密结合。二是夯实基础，筑牢根基。深入推进产业学院建设"搭船远航"计划、全面推进数字资源建设"借船出海"计划、加快推进大

湾区双创基地建设"造船扬帆"计划、继续推进产业学院联盟建设"聚船领航"计划的"四船计划",深化产教融合、校企合作。三是要勇于担当,敢于作为。进一步深化产教融合、校企合作,为创新示范区培养输送高素质技术技能人才,提升中小企业技术创新能力,助力中小企业建立终生教育体系,促成中小企业"办成大事"。

三、 聚焦 "中小企业能办大事" 创新示范区建设

为贯彻党的十九大关于"深化产教融合、校企合作"精神,落实《国务院办公厅关于深化产教融合的若干意见》《国家产教融合建设试点实施方案》《广东省人民政府办公厅关于深化产教融合的实施意见》等文件要求,2021 年 11 月 25 日,校企对接"中小企业能办大事"创新示范区建设专题调研会在科学城产业学院顺利召开,聚焦全国首个"中小企业能办大事"创新示范区及粤港澳大湾区建设。

学院党委副书记、校长蒋新革教授认为,加强校企合作、整合职教资源,是形势之需、发展之要、振兴之计、长远之策,对聚焦"中小企业能办大事"创新示范区和广州建设国家产教融合型城市,塑造职业教育品牌,为"中小企业能办大事"深度赋能,推进区域经济社会发展,具有十分重要的意义。

广州明珞装备股份有限公司、广东轩辕网络科技股份有限公司、广州漫游计算机科技有限公司、广州市粤峰高新技术股份有限公司、易飒(广州)智能科技有限公司、大湾区科技创新服务中心(广州)有限公司黄埔分中心等 7 家产教融合型企业代表参加会议。7 家企业代表及学院相关负责人就对接"中小企业能办大事"创新示范区建设相继提出自己的看法,分别就深化产教融合方面的经验进行了分享,并提出了具体做法。

校企双方均强调加深职业院校与行业协会、企业之间的交流,促进资源的集成、融通和共享。构筑"开放、合作、发展"的职业教育共同体需要高起点、高标准做好规划与筹建工作,具体如下:第一,吸引四方资源。深化学院和全国其他高职院校的交流和合作,支持乡村振兴建设。第二,聚焦四元力量。政校行企四元联动,共建产教融合协同育人机制。第三,构建四实治理体系。做实产教融合生态环境,夯实多元治理机构,抓实激励机制,落实治理能力。第四,促进四链衔接。创新现代产业学院建设机制,促进教育链、人才链与产业链、创新链有效衔接。第五,落实四个连番。协同做大做实产教融合平台,使入园在岗学习惠及更多人员。第六,对接四个万亿计划。对接广州开发区获批创建的全国首个"中小企业能办大事"创新示范区,以全面实施"万亿制造""万亿国资""万亿商品""万亿固投"四个万亿计划为契机,进一步深化产教融合、校企合作,助力中小企业"办成大事",为"专精特新"中小企业培养输送高素质技术技能人才。

图 6-1 "中小企业能办大事"创新示范区建设专题调研会

四、 推进 "中小企业能办大事" 职教集团及各专委会成立

学院为了推进"中小企业能办大事"目标的实现，聚集多方力量，积极组建了职教集团及各专委会。2021年12月9日，"中小企业能办大事"职教集团成立暨专委会成立工作推进会在科学城产业学院召开。易飒（广州）智能科技有限公司、广州明珞装备股份有限公司、广东轩辕网络科技股份有限公司等负责人，以及学院领导和中层领导干部参加了会议。

会上，新一代信息技术专业工作委员会、智能网联汽车专业工作委员会、数字创意专业工作委员会、智能制造专业工作委员会四个专业工作委员会联系人分别就议程安排、成员邀请、时间安排、场地协调、分工安排、嘉宾邀请等筹备细节进行了汇报。

学院党委副书记、校长蒋新革教授充分肯定了职教集团成立暨专委会成立的前期筹备工作，提出要从会议资料的汇编优化、视频宣传片的暖场设计、专委会建设方案的优化、与会嘉宾名单的确定、技术创新课题的发布等角度发力，着眼全局、聚焦优势、科学谋划、统筹协调，快节奏、高效率、高质量地推进成立大会的各项工作。

组建职教集团是推进职业教育规模化、集约化发展的客观趋势，是实现职业教育与区域经济社会发展紧密结合的重要平台，是联系职业教育与企业需求的重要纽带。要充分发挥牵头院校的桥梁和纽带作用，携手兄弟院校、合作企业共谋现代职业教育发展大计，为服务中小企业培养更多优秀的技术技能人才，为服务粤港澳大湾区经济社会发展作出新贡献。

图6-2 "中小企业能办大事"职教集团成立暨专委会成立工作推进会

第三节 产教融合助力乡村振兴

党的十八大以来,尤其是"职教二十条"颁布以来,党中央对职业教育的重视程度之高前所未有。职业教育领域启动了一批标志性、引领性改革举措,解决了许多突出问题,职业教育面貌发生了格局性变化。全国职业教育大会站在"两个一百年"交汇的重要历史节点,就破解职业教育发展瓶颈问题,助力其进一步改革发展,释放了积极信号,作出了重大部署。高质量发展、技能型社会建设成为"十四五"及未来更长时期职业教育改革发展的重要主题。中央教育工作领导小组秘书组组长,教育部党组书记、部长陈宝生强调,要加强党对职业教育工作的全面领导,坚持正确办学方向和定位,深化产教融合、校企合作,增强职业教育适应性,培养更多高素质技术技能人才、能工巧匠、大国工匠,服务国家和区域经济社会发展。

当前,我们正处在全面建设社会主义现代化国家的新征程中,脱贫攻坚战取得全面胜利后,还需要进一步巩固、拓展脱贫攻坚成果,有效衔接乡村振兴。乡村振兴作为脱贫攻坚战的"后半场",需要更多的技术工人和技能人才,这就需要职业教育不断增强对农村现代化发展的适应性,培养农村高质量发展所需的人力资源,在服务全面实施乡村振兴战略中发挥更重要的作用。①

---

① 参见汤霓. 职业教育在乡村振兴中当有更大作为 [N]. 中国教育报, 2021-04-21.

一、 产教融合促进乡村振兴见实效

为贯彻落实党的十九大精神，切实履行国家乡村振兴战略赋予职业教育的新使命，广州科技贸易职业学院党委准确把握新形势，及时成立乡村振兴学院，以提高人才培养质量为出发点，以产教融合为切入口，深入乡村调研，整体规划布局，不断增强学院适应农村现代化发展需要的能力。

乡村振兴学院自成立以来，在学院领导的关心和指导下，各项工作有序推进：加入国家职业院校乡村振兴联盟，与国内8所高职院校开展乡村振兴合作；结合学院各专业群特点和基础，总结梳理了"产教融合赋能乡村振兴"典型案例，报送教育部职业技术教育中心；通过基础教育帮扶，与雷州市教育局建立对接关系；通过社会实践活动对接农业科技园，了解科技兴农技术发展新趋势；通过传统技艺进乡村，在从化罗洞工匠小镇建立乡村振兴实践基地；通过科技赋能中草药，与番禺灵芝产业科技园共建产教融合基地。以上乡村振兴初步实践，为学院"十四五"期间乡村振兴工作上水平、出成效指明了方向、提供了基础。

图6-3 在雷州市教育局调研

图6-4 在从化罗洞工匠小镇调研

二、 开展产教融合， 履行乡村振兴职业教育新使命

为贯彻党的十九大精神，落实《国务院办公厅关于深化产教融合的若干意见》（国办发〔2017〕95号）、《中共中央 国务院关于全面推进乡村振兴加快农业农村现代化的意见》（2021年1月）等文件要求，广州科技贸易职业学院积极履行乡村振兴战略赋予职业教育的新使命，支持乡村振兴战略，建设美丽乡村，拓宽产教合作渠道。

2022年1月19日，学院党委副书记、校长蒋新革教授，党委委员、副校长符莎莉教授带领教务（科研）处、创新创业学院、乡村振兴学院等相关负责人赴从化罗洞工匠小镇就乡村振兴、产教融合等方面开展专题调研，介绍了学院在深化产教融合、校企合作方面所进行的实践与成效，与罗洞工匠小镇董事长黄永浩对下一步的整体合作规划思路与共建共享发展模式达成一致意见，最终双方签订了校企合作框架协议。

罗洞工匠小镇是从化区第二批建设的特色小镇，位于从化区江埔街南部凤凰山下，涵盖罗洞村、上罗村、锦二村、锦一村，面积约32.7平方千米。小镇交通区位优越，毗邻广州地铁十四号线从化客运站、105国道，距从化中心城区仅4千米，交通优势明显。建设特色小镇是实施乡村振兴战略的重要抓手。学院通过开启与罗洞工匠小镇的合作，为今后学院积极履行职业院校服务乡村振兴战略责任奠定了良好基础。

图6-5 学院与罗洞工匠小镇开展校企战略合作

图 6-6　罗洞工匠小镇

三、 加强教育优势互补， 支持乡村振兴建设

为进一步深化学院和全国其他职业院校的交流和合作，实现更深层次、更广领域的互动融合，加强教育优势互补，支持乡村振兴建设，学院与多所职业院校在广州开发区科学城以线上线下相结合的方式举行签约仪式。广州市教育局一级调研员林平、广州市协作办公室副主任陈震、广州市科学技术协会副主席何志勤出席签约仪式并讲话，学院党委书记彭华国、校长蒋新革，黄埔区人社局四级调研员綦宗彬，部分与学院科学城产业学院合作的企业代表及有关人员参加。仪式由学院副校长曾三军主持。

彭华国书记代表学院对线上线下参会的嘉宾表示热烈欢迎，详细介绍了学院借助广州开发区科学城产业园这一"大船"，成功建设科学城产业学院，取得"两突破、两首创、两翻番"好成绩的详细情况。他表示，学院将进一步协同深化人才培养模式改革，积极推动校校、校企深度合作，助力乡村振兴，献礼中国共产党百年华诞。

图 6-7　彭华国书记致辞

广州市教育局一级调研员林平在讲话中对广州科技贸易职业学院"入园建院、课岗融合"的产业学院育人模式及取得的成绩表示高度认可。他指出,广州科技贸易职业学院借助自身发展现代产业学院的优势,搭建平台,与全国多所高职院校签订教育合作协议,共建、共享产业学院,以产业振兴、人才振兴的方式协同助力乡村振兴,是高职院校在探索助力乡村振兴服务模式上的一次重大进步。同时,他强调职业院校要充分发挥自身办学优势,为乡村振兴献力。

广州市科学技术协会副主席何志勤指出,职业院校要勇于担当,敢于作为,以乡村产业为载体,主动对接产业链,布局好专业链、人才链,实现人才培养与农村经济转型和乡村产业振兴同步推进、协调发展;职业院校要做好顶层设计,创新产教融合人才培养模式,整合优质职业教育资源,更好地服务乡村振兴。

广州市协作办公室副主任陈震对职业院校服务乡村振兴提出三点建议:一是要办"融合型"职业教育,利用职业教育人才培养特点为振兴地区经济"播种培育";二是要办"服务型"职业教育,在促进现代产业体系建设中"深耕细作";三是要办"创新型"职业教育,在促进乡村振兴中"导航引领"。

四、 以点带面成样板, 多校协同促发展

广州科技贸易职业学院科学城产业学院建设充分发挥广州开发区产业集聚资源优势,加快产教融合成果转化应用,影响力、贡献度显著提升。中国教育科学院、中国职业技术教育学会、河北省政府及28个省市自治区和港澳台地区的216家单位前来学院交流。学院多次在全国产教融合论坛等高端会议上作经验推广,帮扶省外职业院校建设产业学院,得到了《光明日报》《中国教育报》《羊城晚报》等多家主流媒体的宣传报道。

蒋新革校长代表广州科技贸易职业学院先后与阿勒泰职业技术学院、新疆工业职业技术学院、大兴安岭职业学院、甘肃工业职业技术学院、黔南民族职业技术学院、上海邦德职业技术学院在云端进行签约。根据合作协议约定,广州科技贸易职业学院将携手全国多所职业院校在师资交流、学生交流、专业建设、教育培训、文化交流等领域共促产教融合,共兴职业教育,共助乡村振兴。

全国职业院校乡村振兴协作联盟理事长单位湖南商务职业技术学院副校长禹明华在云端代表联盟发表了热情洋溢的贺词,全国各地职业院校纷纷发来贺电,现代职业教育研究院、全国职业教育社会培训合作联盟发来贺函,预祝合作圆满成功,在深化产教融合、服务乡村振兴方面取得丰硕成果。

图 6-8　蒋新革校长与黔南民族职业技术学院代表云签约握手

五、"造船远航"成示范，"校长论坛"凝共识

在 2021 年 6 月 28 日举办的"校长论坛"上，蒋新革校长作了《产业学院建设辨析》专题报告。他以产业学院的发展、产业学院 6W1E 分析、产业学院的展望为主线，分享了广州科技贸易职业学院产业学院的建设起因、建设内容、建设区域、建设历程、建设对象、建设策略，阐明了未来产业学院"万千百十个"工程及推进"两平台两制度"的建设目标。

图 6-9　蒋新革校长作专题报告

与会六校校长在云端就产教融合、乡村振兴主题，理论联系实际地依次进行了发言，发言内容理论先进、特色鲜明、论述深刻、目标明确。大家畅所欲言，总结了成功经验，彰显了新思想，提出了新见解，拓展了新视野，为高职院校深化产教融合、助力乡村振兴提供了宝贵的理论依据和重要的实践经验。

与全国各地高职院校签订教育合作协议，是广州科技贸易职业学院在深化政校行企融合共生，服务乡村振兴之路上迈出的关键一步。学院将秉持"优势互补、资源共享、互惠互利、共同发展"的原则，凝聚发展合力，支持乡村振兴建设，建功立业新时代。

随后，学院还举行了教育部教师实践流动站试点启动仪式，出席仪式的领导和嘉宾共同为教师企业实践流动站揭牌。同时，蒋新革校长与广州漫游计算机科技有限公司、广东轩辕网络有限公司等企业签订了校企合作协议。

图 6-10　学院领导和嘉宾共同为教育部教师实践流动站揭牌

图 6-11　蒋新革校长代表学院与多家企业签订校企合作协议

六、　凝聚发展合力，　多措并举服务乡村振兴

学院与阿勒泰职业技术学院、新疆工业职业技术学院、大兴安岭职业学院、甘肃工业职业技术学院、黔南民族职业技术学院、上海邦德职业技术学院等高职院校保持紧密交流

与合作，以推动产业振兴、人才振兴的方式协同助力乡村振兴，向合作院校输送职教前沿理念，交流现代产业学院建设经验。

学院通过建设乡村振兴学院，以产教融合为切入点，做好顶层设计，主动并有效落实乡村振兴战略。主要体现在以下方面：充分利用智能制造、新一代信息技术提高科技助农的有效性，为乡村振兴提供外部助力，深化产教融合，助推产学研用一体化，提升农业科技水平和经营模式，促进新型农业产业业态的融合发展；通过深化与乡村的产教融合，挖掘与保护农耕文化，传承非物质文化遗产，加强对村民思想、法律、道德、人文等方面的教育，倡导健康生活理念，促进乡村文化繁荣；开展农村创新创业培训，充分利用学院作为广东省创业培训定点机构的优势，开展创新创业培训下乡活动，对返乡创业青年、大学生村官、退伍军人、乡村振兴工作队、致富能手以及基层干部等开展网络创业培训、直播创业培训，带动农村产品商品化升级和农业产业化发展，打造产教融合乡村振兴样板工程。

第七章

产教融合创新实践推广

2017年12月5日，国务院办公厅印发《关于深化产教融合的若干意见》。该意见指出，深化产教融合，促进教育链、人才链与产业链、创新链有机衔接，是当前推进人力资源供给侧结构性改革的迫切要求，对新形势下全面提高教育质量、扩大就业创业、推进经济转型升级、培育经济发展新动能具有重要意义。要全面贯彻党的十九大精神，坚持以习近平新时代中国特色社会主义思想为指导，深化职业教育、高等教育等改革，促进人才培养供给侧和产业需求侧结构要素全方位融合，培养大批高素质创新人才和技术技能人才，加快建设实体经济、科技创新、现代金融、人力资源协同发展的产业体系。要同步规划产教融合与经济社会发展，将教育优先、人才先行融入各项政策；统筹职业教育与区域发展布局，引导职业教育资源逐步向产业和人口集聚区集中。深化"引企入教"改革，支持、引导企业深度参与职业院校、高等学校教育教学改革。

2019年7月24日，中共中央总书记、国家主席、中央军委主席、中央全面深化改革委员会主任习近平主持召开中央全面深化改革委员会第九次会议并发表重要讲话。他强调，全面深化改革是我们党守初心、担使命的重要体现。改革越到深处，越要担当作为、蹄疾步稳、奋勇前进，不能有任何停一停、歇一歇的懈怠。会议审议通过了《国家产教融合建设试点实施方案》。会议指出，深化产教融合是推动教育优先发展、人才引领发展、产业创新发展的战略性举措。要坚持问题导向，试点先行，充分发挥城市承载、行业聚合、企业主体作用，尊重教育规律和经济规律，发挥市场配置资源决定性作用和政府统筹推动作用，统筹部署、协调推进。会议强调，要鼓励、引导、支持基层探索更多原创性、差异化改革方式，及时总结和推广基层探索创新的好经验、好做法。

党的十九大之后，我国职业教育步入内涵式发展阶段。职业教育如何培养与区域产业需求对接的人才成为关键问题。为加速推动职业教育产教融合发展，要以产教融合为导向，引导高职院校更主动地对接产业需求，做到人才培养和产业需求联动，同时将一些"点"上的经验模式化并做好推广。

广州科技贸易职业学院始终坚持"服务学生学习就业、服务企业生产发展、服务社会经济建设"的办学理念，以企业、社会发展人才需求为导向，集中教育、科技、产业优势资源，积极搭建教学实践实训平台，不断深化产教融合育人模式改革，注重产业育人、课程育人和实践育人，形成校企互动、产教融合的产业学院人才培养新机制，并不断宣传推广自己走出的创新人才培养之路。

第一节　产教融合改革创新实践交流

一、促进产教融合，深化职教改革

为了深入贯彻落实国务院办公厅《关于深化产教融合的若干意见》等文件精神及省市有关工作部署，2018 年 11 月 30 日，在广东省教育厅和广州市教育局指导下，广州科技贸易职业学院和广州开发区人才工作集团共同主办的"促进产教融合、深化职教改革"职业教育产教融合专题研讨会在广州萝岗会议中心隆重召开。来自广东省教育厅和广州市教育局的相关领导、产教融合领域专家学者、企业代表以及 30 多所高职院校领导共计 150 余人出席会议。

广州市教育局高等教育处副处长王桢桢在开幕致辞中提出，广州市产教融合工作要坚持"发展是第一要务，人才是第一资源，创新是第一动力"基本理念，要把目标聚焦在提高人才培养质量上，要按照《国务院办公厅关于深化产教融合的若干意见》等文件要求，通过政校行企紧密协同，积极探索协同创新发展的体制机制和模式。

广州科技贸易职业学院校长蒋新革教授在致辞中简要回顾了学院艰苦创业的发展历程，阐述了学院开展产教融合的规划及取得的阶段性成果，对通过本次会议研讨进一步推进广州市高职教育产教融合深入开展及学院发展提出了具体目标。

会上，广州科技贸易职业学院分别与广州开发区人才工作集团签署了共建校企合作产业学院合作协议、与中国科学技术协会广州科技园签署了创新创业合作协议、与广州智光电气股份有限公司签署了合作框架协议、与广东技术师范学院签署了共建研究生联合培养基地协议并举行了基地揭牌仪式；此外，还举行了中国科学技术协会广州科技园向学院定向设置创新创业基金的捐赠仪式。

图 7 – 1　蒋新革校长致辞

图 7 – 2　学院与广州开发区人才工作集团共建动漫游戏产业学院签约仪式

在会议研讨中，广东省教育研究院副院长李海东教授作了题为《广东深化产教融合的思路和做法》的主题报告。报告在党的十九大提出深化产教融合以及国务院发布《关于深化产教融合的若干意见》文件的大背景下，指出产教融合是高职教育改革与转型升级的必然趋势，要做到"教育链—人才链—产业链"有机衔接，而"1＋X"证书制度、现代学徒制将成为未来高职教育改革的重点。

广州科技贸易职业学院副校长朱志坚教授作了题为《产业学院——高职产教融合的探索》的主题报告。报告以首批进驻示范区的广州科技贸易职业学院"广州市动漫游戏产业学院"的实践为基础，提出了产业学院建设的要素及框架。

华南师范大学职业教育学院院长陈伟教授作了题为《产业学院的生成逻辑梳理和主要模式》的专题报告，广东技术师范学院教育学院院长陶红教授作了题为《产业学院是一种新型的教育组织形态》的专题报告，中山职业技术学院副院长欧阳育良教授作了题为《产教融合背景下职业教育发展的一种新模式——基于专业镇产业学院的探索》的专题报告，中国校企双创联盟李文斌秘书长作了题为《产教融合校企双创协同育人》的专题报告，广州漫游计算机科技有限公司杨晓薇总经理作了题为《探索产教融合下的新型人才培养》的专题报告。

与会专家的报告既有对国家产教融合政策的宏观解读、对产业学院概念及模式的理论阐述、对校企协同育人机制的深入探讨，也有对产教融合实践经验的提炼与总结。报告观点新颖、分析深刻，理论性和指导性强，达到了研讨会的预期效果。

此次研讨会的召开，正值广州市教育局与广州开发区管委会以广州开发区高技能人才公共实训鉴定基地为依托，开展"广州市产教融合示范区"共建项目的关键时期，研讨会成果对广州市高职教育产教融合的改革创新、"广州市产教融合示范区"以及市属高职院校产业学院的建设，具有重要的理论指导和工作示范意义。

图 7 - 3　与会人员合影

二、　砥砺奋进新时代，　产教融合新探索

为贯彻落实党的十九大报告有关"深化产教融合、校企合作"的重要精神以及《国家职业教育改革实施方案》《国家产教融合建设试点实施方案》等文件精神，2019 年 11 月 20 日，在广东省教育厅、广州市教育局指导下，由广州科技贸易职业学院主办，光宝电子（广州）有限公司、广州开发区科技金融服务中心协办，以"砥砺奋进新时代，产教融合新探索"为主题的职业教育产教融合专题研讨会在广州开发区光宝科技园隆重召开。来自广州市教育局、广东省教育研究院、广州市科学技术协会、广州开发区的相关领导，20 余所高职院校领导，学院合作企业代表及二级学院领导、教师、学生共计 300 余人出席了会议。

在开幕式上，学院党委书记彭华国致欢迎辞，表示学院科学城产业学院实践初步探索了产教融合的建设内涵，明确了教学改革及人才培养模式的创新方向，为"广州市产教融合示范区"建设奠定了基础。

图 7-4　彭华国书记致欢迎辞

广州市教育局副局长谷忠鹏在讲话中对产业学院建设及"广州市产教融合示范区"建设提出希望：要将建设融入粤港澳大湾区发展和产业转型升级大局，扎实推进；要将建设落在提高人才培养质量、服务开发区产业发展上，形成新产业蓬勃发展、新动能持续壮大、新人才不断涌现的良好局面；要积极探索政校行企协同创新发展模式，形成可示范、可推广的经验。

共青团广州市黄埔区委员会书记黄晓嫱在会上致辞并提出建议：要深化学校与企业、教育与产业的融合，不断创新运行模式，结合地方经济发展实情，与地方企业开展多层次、多领域的产教融合，为适应新技术革命奠定基础。

蒋新革校长在会上作了题为《深化产教融合路径探索与实践》的报告，深入剖析了科学城产业学院建设的探索实践，并表示，在产业升级与双创战略背景下，学院将按照产教融合的工作要求，大胆改革，积极推进，努力建成产教融合示范基地，为精准对接广州市地方经济发展人才培养作出贡献。

图 7-5　蒋新革校长作报告

在产教融合、校企合作模式创新研讨会上，中山大学教育现代化中心主任冯增俊教授作了题为《新时代中国产教融合的战略定位和基本策略》的报告，为学院的产教融合工作指明了方向。

广东省教育研究院副院长李海东教授作了题为《广东特色现代学徒制的研究与实践》的报告，介绍了广东特色现代学徒制的建设经验，对现代学徒制人才培养改革起到了较好的促进作用。

会议邀请了广州工程职业技术学院校长王运泉教授、广东职业技术学院校长吴教育教授、广东水利电力职业技术学院校长江洧教授、广东科贸职业学院校长李志伟教授、广东女子职业技术学院校长周茂东教授及新华三集团副总裁、紫光集团广东代表处王鑫总经理现场开展"产教融合、校企合作"专家论坛，对产教融合、校企合作的相关职业教育理论及实践进行了广泛的交流与研讨。

图 7-6　"产教融合、校企合作"专家论坛

在随后召开的现代学徒制人才培养模式改革研讨会上，学院邀请了广东邮电职业技术学院校长陈玉欢教授、广东建设职业技术学院科研处处长赵琼梅教授、广州番禺职业技术学院科研处处长余明辉教授、广东工程职业技术学院教务处副处长王涛涛副教授、广州铁路职业技术学院信息工程学院院长王金兰五位专家，对学院的教育部现代学徒制试点工作进行了指导，就建设中存在的问题进行剖析，提出意见及建议。

会议现场还进行了学院与合作企业、行业协会的产教融合签约仪式，以及"产教融合、校企合作成果奖"颁奖仪式。

图7-7　现代学徒制人才培养模式改革研讨会

图7-8　产教融合签约仪式

　　本次研讨会是在国家产教融合政策指引下召开的一次具有理论指导意义和工作示范意义的重要会议，学院将以此次会议为契机，全面开展科学城产业学院改革与创新，力求推动全院产教融合及人才培养工作再上新台阶。

　　会后，与会领导、嘉宾一起参观了学院在广州开发区科学城建立的产业学院，给出一致好评。

图 7 - 9　与会人员合影

图 7 - 10　参观科学城产业学院

三、 "创新　治理　融合　提质" 产教融合交流

2020 年 11 月 26 日，由全国现代学徒制工作专家指导委员会主办、广州科技贸易职业学院承办的 "创新　治理　融合　提质" 产教融合专题研讨会在广州开发区召开。来自广东省教育厅、广州市教育局、广州开发区、全国各地高职院校及企业的 200 多位嘉宾齐聚一堂，共同探讨产教融合工作。

1. 领导致辞，会议开幕绘蓝图

广州市人民政府参事、二级巡视员王越西，黄埔区人民政府一级调研员张建武，广东省教育厅职终处副处长张坚雄，广州市教育局高教处处长刘林睿等政府领导应邀参会。学院党委书记彭华国、校长蒋新革，还有来自产教融合理论研究与实践探索领域的专家学者，吉林、新疆、安徽、广东等高职院校代表，广东轩辕网络科技有限公司、新华三集团、华为技术有限公司等企业代表，学院中层及以上干部参加了会议。

图 7 - 11　与会人员合影

学院党委书记彭华国首先致欢迎辞，表示科学城产业学院的实践进一步明确了产教融合的建设内涵，学院将以"创新　治理　融合　提质"为目标，加强校企合作、产教融合，努力为广州建成国家产教融合型示范城市作出更大贡献。

图 7 - 12　彭华国书记致欢迎辞

黄埔区一级调研员张建武在会上致辞，建议学院与企业深化产教融合，服务产业转型升级，加强校企合作，加强综合治理，提高服务指导能力，打造职教品牌，助力广州开发区经济发展。

广州市教育局高教处处长刘林睿在会上讲话，希望高职院校把握好新一轮高教改革的重大契机，结合粤港澳大湾区及广东地方经济社会发展特色需要，适应新一轮科技革命和产业变革及新经济发展，加强综合治理，促进产教深度融合，提高人才培养质量。

2．校企携手，合作共赢谱新篇

大会分别进行了校企共建项目合作签约、校企合作揭牌仪式以及"数字工匠"新华三精英班开班仪式。

广东轩辕网络科技股份有限公司、中国银行股份有限公司广州番禺支行、广州市粤峰高新技术股份有限公司、百创通供应链科技（广东）有限公司、广州中长康达信息技术有限公司、广东省事熊智能科技有限公司等代表分别上台，与蒋新革校长签约共建产业学院。这6家企业2020年共投资2 000余万元，与产业学院共建产教融合基地。

图7-13　学院与广东轩辕网络科技股份有限公司共建"科学城产教融合基地"签约仪式

在与会领导、嘉宾的见证下，中青旅产业学院、新道业财一体"1＋X"证书培训考试中心、"1＋X"证书（正保财务共享服务）培训考试中心挂牌仪式以及"数字工匠"新华三精英班开班仪式顺利进行。学院产教融合实践探索开启了新篇章。

图 7 - 14 校企合作挂牌仪式

3. 产教融合主题报告，专家分享强思路

与会专家围绕现代产业学院建设、现代学徒制试点等产教融合热点问题，分享了各自领域的研究和实践探索经验。

教育部职业技术教育中心研究所研究员刘育锋作了题为《国际视野下的中国特色现代职教体系建设》的报告，从国际视野下的学徒制发展、职教学生可持续发展和职业教育系统开发绿色技能方面总结出中国特色现代职教体系建设的启示，理论研究深厚，观点独特，启发性强。

广东省教育研究院副院长李海东教授作了题为《广东产业学院发展的背景现状及案例》的报告，从产业学院发展的背景引入，逐步分析广东产业学院发展现状，分享广州科技贸易职业学院科学城产业学院建设成果，集理论和实践于一体，内容丰富，指导性强。

广东轻工职业技术学院校长、广东省产教融合促进会会长卢坤建教授作了题为《产教融合模式的探索》的报告。吉林工程技术师范学院副校长、职业技术教育杂志社副社长张祺午教授作了题为《"十三五"时期我国职业技术教育产教融合研究进展与未来趋势——基于学术期刊论文的数量分析》的报告。广东轩辕网络科技股份有限公司董事长陈统和广州市粤峰高新技术股份有限公司副总经理周菲分别作了题为《产教融合的企业实践》《智能网联汽车产教融合的全新机遇》的报告。

广州科技贸易职业学院副校长朱志坚作了题为《融入产业园区的现代产业学院建设》的报告，围绕产业学院建设情况，分析了现代产业学院建设的背景、模式、实践和成效。

4. 论坛交流解疑惑，思想碰撞出精彩

会议设有现代产业学院和现代学徒制试点两个论坛，邀请了来自高职院校、行业协会、企业的专家参与讨论和交流。

　　论坛上，专家们畅谈对现代产业学院和现代学徒制试点的理解，结合所在院校或企业的实际情况，分享各自在现代产业学院建设和现代学徒制试点工作中遇到的疑点、难点，从高职院校、行业协会、企业的不同视角对现代产业学院和现代学徒制试点问题进行剖析，提出意见和建议。论坛讨论气氛热烈，专家们的思想碰撞为现代产业学院建设和现代学徒制试点工作带来了启发。

图 7 - 15　现代产业学院论坛

图 7 - 16　现代学徒制试点论坛

　　本次研讨会是一次具有理论指导意义和工作示范意义的重要会议，学院与企业携手合作，全面开展产业学院建设，用专业、专注、专心的态度，将产业学院优秀成果进行了有效分享和传播，谱写了产教融合实践探索的新篇章。

四、"新时代 新目标 新征程" 产教融合高峰论坛

2021 年 10 月 22 日，由全国职业院校乡村振兴协作联盟主办，广州科技贸易职业学院承办，以"新时代 新目标 新征程"为主题的 2021 年职业教育产教融合高峰论坛在广州开发区成功举办。

图 7 - 17 2021 年职业教育产教融合高峰论坛

广东省教育厅二级巡视员吴艳玲，广州市人民政府参事、二级巡视员王越西，广州市科学技术协会党组成员、副主席何志勤，广州市教育局一级调研员林平、二级调研员方昌明，广州开发区党工委委员、管委会副主任刘石，广州市科技局产学研结合处处长林浩，广州科技贸易职业学院党委书记彭华国、校长蒋新革等领导、嘉宾出席论坛，还有来自全国各地的 21 所高职院校校长，职业教育、产教融合领域专家学者，企业代表，学院中层及以上干部共 200 余人参加。

此次论坛围绕"现代产业学院建设""产教融合与高水平专业群建设"等话题，通过主题报告，典型院校、企业经验分享，分论坛交流，共商现代产业学院建设理论与实践，深入研讨产教融合、校企合作协同育人长效机制，着力推动现代职业教育高质量发展，持续培养更多高素质技术技能人才。

1. 产教融合创新发展，推动职教与区域发展同频共振

广州科技贸易职业学院党委书记彭华国致欢迎辞，介绍了学院自 2017 年起谋划融入广州开发区产业园区，建设现代产业学院所取得的成效。他指出，经过 4 年的积极探索，学院在广州开发区科学城光宝科技园与企业共建了 6 万平方米的实训场地，引进科技公司投入价值 5 000 万元的实训装备，吸引省内外本科、高职、技工等 20 余所院校的 4 000 余名学生入驻产业学院，走出了一条特色鲜明的办学之路，初步形成了"入园建院、课岗融

合"的产业学院育人模式，取得了"两突破、两首创、两翻番"的好成绩。他期望以此次论坛为契机，探寻一条共商、共建、共享的产教融合新路子。

图7-18　彭华国书记致欢迎辞

开幕式上，广东省教育厅二级巡视员吴艳玲介绍了广东长期以来始终坚持走产教融合、校企合作之路取得的优异成绩和丰富经验，高度认可广州科技贸易职业学院对产业学院建设的探索实践。她强调，广东高职院校要坚定不移地服务区域产业需求，推动高职院校办学定位与区域产业发展战略深度融合，与企业携手办人民满意的优质职业教育；"十四五"期间，广东将努力探索以城市为节点、以行业为支点、以企业为重点的产教融合新途径。

广州市教育局一级调研员林平在致辞中指出，高职院校要坚持以立德树人为根本任务，持续探索现代产业学院建设，围绕产业升级靶向发力，增强职业技术教育适应性，实现人才链与产业链的有机融合；要增强服务意识和服务能力，建设"院校集群＋功能板块""专业集群＋产业链"的产教融合生态系统，实现与城市发展同频共振。

广州开发区党工委委员、管委会副主任刘石表示，广州科技贸易职业学院建设产教融合示范区所取得的成绩是产教融合、校企合作的结晶，这不仅有益于深化学校内涵，擦亮学校品牌，对广州开发区产业和经济发展也同样十分重要，开发区政府将一如既往大力支持广州科技贸易职业学院科学城产业学院建设工作。

开幕式上还分别举行了校企共建项目合作签约及揭牌仪式。广州漫游计算机科技有限公司、中国银行番禺支行、广州质品服饰有限公司、广东轩辕网络科技股份有限公司、易飒（广州）智能科技有限公司、广州大画文化传播有限公司、深圳爱华教育集团等代表分别上台，与广州科技贸易职业学院校长蒋新革签约。这7家企业2021年共投资3 143万元，与产业学院共建产教融合基地。全国职业院校乡村振兴协作联盟理事长李定珍及参加论坛的领导、嘉宾共同为乡村振兴学院揭牌。乡村振兴学院的成立是学院贯彻落实党的十九大精神、深入推进乡村振兴战略的具体实践，是学院主动服务地方经济社会发展、助力乡村振兴的具体行动。

图7-19 学院与广州漫游计算机科技有限公司共建"漫游科贸产教融合实训基地"签约仪式

图7-20 乡村振兴学院揭牌仪式

开幕式结束后，在广州科技贸易职业学院党委书记彭华国、校长蒋新革的陪同下，参与论坛的领导、嘉宾参观了科学城产业学院的整体建设情况，并为"广州产教融合示范基地"揭牌。他们对学院充分融入开发区，对接产业链，建设现代产业学院所取得的成绩给予了充分肯定。

图 7 - 21　"广州产教融合示范基地"揭牌仪式

2. 产教融合精准施策，打造技术技能人才培养新高地

专题报告阶段，校企 5 位专家结合各自的产教融合、校企合作探索实践作了精彩的报告，从教育基建、课证融合、课程改革等多角度探讨产教融合新思路，分享高素质技术技能人才培养新成就。

广东省教育研究院副院长李海东教授在题为《教育新基建赋能产教融合》的主题报告中指出，通过对"5G +"智慧教育管理的探索可知，未来教育将以"新基建"为基础，向着"教育现代化"发展。

北京师范大学职业教育与成人教育研究所所长赵志群教授作了题为《增强职业教育的适应性，创新人才培养模式》的主题报告，运用国际视野，通过分析当前职业教育现状及社会对技术技能人才要求的变化，总结出在课程、评价等方面创新人才培养、增强人才适应性的启示。

湖南商务职业技术学院校长李定珍教授作了题为《职教联盟四链融合，高质量赋能乡村振兴》的主题报告，详细介绍了平台链、专业链、文化链、创新链四链融合，赋能乡村振兴高质量发展的经验，具有重要的理论和实践指导意义。

深圳职业技术学院副校长马晓明教授在题为《深化产教融合校企合作，培养高素质技术技能人才》的报告中分享了该学院对"课证共生共长"产教融合模式的探索。广东轩辕网络科技股份有限公司董事长陈统以《轩辕在产教融合中的探索与实践》为题，介绍了该公司在产教融合方面丰富的实践探索。

3. 共商产教融合良策，共谋新时代职业教育新作为

论坛设有现代产业学院建设和产教融合与高水平专业群建设两个分论坛，来自政府、高职院校、行业协会、企业的专家和代表在深入的交流研讨中碰撞出思维的火花，激发了思考兴趣，拓宽了工作思路。

在分论坛上，各专家和代表结合各自的理解和实践探索，详谈了与产业学院建设及产教融合工作相关的各方面问题，从政府、高职院校、行业协会、企业的不同视角对问题进行剖析，提出意见和建议。分论坛研讨气氛热烈，为参与各方深化产教融合、校企合作指明了方向、明确了路径。

图 7 - 22　现代产业学院建设论坛

图 7 - 23　产教融合与高水平专业群建设论坛

广东省职业技术教育学会也为论坛开幕发来贺信，对论坛的成功举办表示祝贺。广州科技贸易职业学院将以此次论坛为契机，进一步落实立德树人的根本任务，以提高人才培养质量为目标，深化产教融合，完善协同育人机制，建大建强现代产业学院，助力广州建设国家产教融合型试点城市，推动广州加快实现"老城市新活力"和"四个出新出彩"。

图 7 - 24　参与论坛人员合影

4. 集中交流话融合，深入研讨促提升

2021 年 10 月 28 日，为深入贯彻现代产业学院新发展理念，加快构建新发展格局，学院在科学城产业学院学生发展中心召开以"新时代　新目标　新征程"为主题的 2021 年职业教育产教融合高峰论坛总结会。

会上，大家一致认为，要以问题为导向，构建产教融合环境；以章程为根本，共建多元治理基层组织；以制度为关键，组建学生中心运行体系；以方案为基本，构建产教融合培养体系。同时，对下一步工作提出了明确要求：一是加强信息化建设，促进综合管理效能提升，为学院的教学、科研及综合管理提供及时准确、便捷高效的数据服务。二是紧紧围绕科学城产业学院的产教融合工作，强化交流共建，精心总结提炼，形成具有典型示范作用的产教融合经验和做法。三是创新管理方式，充分发挥与地方政府、行业协会、企业等多方协同办学的主体作用，加强区域产业、教育、科技资源的统筹和部门之间的协调，推进共同建设、共同管理、共享资源，实现现代产业学院的可持续、内涵式创新发展。

图 7 - 25　研讨现场

学院将以此次论坛为契机，以此次会议开启学院工作新征程，深入落实"教育信息化2.0"改革要求，助力广州市打造粤港澳大湾区职业教育"智慧"高地。学院将凭借信息现代化的强劲东风"造船扬帆"，推动广州市信息化、数字化、智慧化高地建设；践行"把产业学院建在开发区、把专业建在产业链上"的高职教育理念，高举产教融合改革大旗，开启产教融合新征程，"借船出海"，将产教融合的探索与实践与广州市建设国家级产教融合示范基地同频共振；规划并建设广州科技贸易职业学院产教融合青创基地，连接粤港澳大湾区职业教育资源，促进粤港澳大湾区职业教育融合发展。在双创基地建设工作已取得一定成绩的基础上"搭船远航"，打造粤港澳大湾区双创基地，助力实现职业教育高地目标。牵头成立"粤港澳大湾区现代产业学院职教联盟"，共有来自粤港澳三地的本科、高职和中职院校及行业协会、企业的 126 家成员单位加入，"聚船成舰"，领航联盟发展，优化资源配置，共建共享，深化联盟办学体制机制和人才培养模式改革，形成多方共赢长效机制，助力粤港澳大湾区经济社会发展。

第二节　产教融合实践工作调研指导交流

一、 政府指导， 实地调研

1. 广州市发展和改革委员会领导到学院调研指导

为推动学院产教融合市级重点项目建设工作，2021 年 8 月 12 日，广州市发展和改革委员会社会和人口处三级调研员邱立雄、科员蒋云龙莅临学院调研并召开座谈会，学院党委书记彭华国、校长蒋新革、党委副书记覃昆、副校长符莎莉及曾三军出席调研活动，办公室、教务（科研）处、计划与财务处、后勤设备（保卫）处、创新创业学院等部门负责人陪同。

座谈会上，蒋新革校长汇报了学院概况、科学城产业学院及粤港澳双创基地建设情况。与会人员就粤港澳大湾区青年创新创业孵化基地产教融合工作、创新创业工作、办学体制机制、校园建设等方面进行了交流。邱立雄调研员对学院近年来办学取得的成绩给予了肯定，并表示在项目建设等方面会一如既往地支持学院发展。

邱立雄调研员一行在学院领导的陪同下参观了校园，考察了广东省大功率智能控制电源工程技术研究中心、科创谷、粤港澳大湾区青年创新创业孵化基地建设用地规划情况。

2. 广州市教育局领导到学院科学城产业学院调研指导

2021 年 8 月 17 日，广州市教育局党组书记、局长、一级巡视员陈爽率领高等教育处处长刘林睿，教育督导室副主任、一级调研员赵立宇，科研处处长黄晓婷，办公室副主任梁立丹等相关人员到学院科学城产业学院进行现代产业学院建设和产教融合工作专题调研。学院党委书记彭华国、校长蒋新革以及相关部门负责人、合作企业代表参加了调研座谈会。

陈爽局长对学院近年来充分利用广州开发区雄厚企业资源和科研平台优势建设现代产业学院所取得的成绩给予了肯定，认为学院在产教融合、校企合作方面做了很多探索性且富有成效的工作，并对学院下一步工作提出了明确要求：一是要系统总结分析现代产业学院建设模式，积极探索多元化校企合作新路径，促进产业学院可持续、内涵式发展；二是要充分发挥政校行企多方优势力量，高质量地拓展产教融合基地建设，深入推进落实产学研和应用型人才培养工作；三是要在常态化疫情防控要求下，切实做好秋季开学的各项准备工作，做好"三本台账"，完善应急预案，开展好应急演练，继续推进疫苗接种应接尽接，切实构筑校园免疫屏障。

彭华国书记代表学院对陈爽局长一行表示热烈欢迎，汇报了学院基本情况及秋季开学各项准备工作。蒋新革校长汇报了学院三年来深耕产业园区，对接产业链建设现代产业学院的"五创并举"策略、实施的"两对两访三落实"筑基工程、构建的"两制三育一体系"运行机制、形成的"入园建院、课岗融合"育人模式，吸引企业投入4 000多万元，取得"两翻番两突破两首创"的建设成效及"十四五""万千百十个"工程、推进"两平台两制度"建设目标等现代产业学院建设工作情况。

座谈会前，陈爽局长一行实地考察了科学城产业学院的 RD 楼光宝电子公司展厅、工会共建心理咨询室、师生医疗服务站、学生宿舍区阅览室、健身房、智能制造实训车间和教产区一楼。

学院将以本次专题调研为契机，进一步明确办学定位与发展方向，持续深化产教融合、校企合作，推动现代产业学院建设取得新成效，助力学院办学水平再上新台阶。

图 7 - 26　考察教产区成果展厅

3. 广州市职业能力建设指导中心领导到学院调研指导

2021 年 10 月 13 日，广州市职业能力建设指导中心主任尹伊一行 5 人到学院调研指导，学院校长蒋新革，副校长符莎莉，教育技术信息中心、创新创业学院相关人员参加了座谈会。

蒋新革校长对尹伊主任一行到学院进行调研表示欢迎和感谢，并提出了学院在创业培训和技能培训工作上的发展愿景。创新创业学院和教育技术信息中心人员分别汇报了学院近两年的创业培训和技能培训工作开展情况。

尹伊主任结合广州市职业技能培训政策情况，对学院的培训工作给予了肯定，并表示将与学院加强联系和提供支持。符莎莉副校长也表示，在鉴定中心的指导下，学院创业培训工作取得了一定成绩，今后学院将结合产业学院及粤港澳创新创业基地建设加强三创工作，激发创新创业活力，提升学生综合素质。

尹伊主任一行参观了学院培训设备设施、智慧课室和科创谷，与创新创业学生团队进行了交流。

学院校长蒋新革表示，在广州市职业能力建设指导中心的支持和指导下，学院将紧密结合本校"十四五"规划及双高建设要求，重视和推动创业培训、技能培训考证等方面工作，争取培养出更多高质量技术技能人才。

图 7-27　座谈会

图 7 - 28　调研交流人员合影

4. 广州市教育局领导到学院番禺校区调研指导

2021 年 10 月 26 日，广州市教育局职业教育与成人教育处处长李营、高等职业教育处二级调研员方昌明、高等职业教育处副处长童锋、科研处一级主任科员李建平及高等教育处工作人员杨青胜一行 5 人莅临学院深入调研并指导工作，在学院番禺校区召开了座谈会。会议由学院校长蒋新革主持。

座谈会上，蒋新革校长代表学院对广州市教育局调研组来校调研指导表示热烈欢迎，并结合学院的实际情况，介绍了学院的办学条件、办学特色、办学理念、优势专业、产教融合工作亮点、主要成绩及发展规划，汇报了存在的困难、亟待解决的问题及相关建议，最后表态学院将立足于服务广州市及粤港澳大湾区科技与商贸两大板块建设，坚持高标准办学，强化以德育人，积极推进学院创一流建设。听取学院汇报后，调研组表示，通过此次调研，对学院的办学定位、特色专业有了更直观的了解和认识，对学院的积极作为、勇于创新予以高度评价，认为学院发展目标明确、思路清晰，积极探索"造船扬帆"棒，引入资源"借船出海"巧，赢得各方支持"搭船远航"强，亦希望学院形成特色、集中智慧及突出优势力量，再创佳绩"聚船领航"。在交流过程中，调研组高度关注学院在校企合作、产教融合、专业建设及人才引进、人员管理等方面存在的难题，学院参会代表就此进行了积极发言。最后，调研组强调四点：一是立德树人是人才培养的根基，二是打造科贸特色专业群是专业建设工作的核心，三是引进人才可按照学院专业建设需求有所侧重，四是要不断强化科研优势，作为学院工作的主要支撑。调研组希望学院继续扎实推进党史学习教育，结合学院特色亮点，激发全体教职工活力，积极打造职业教育产教融合高地。参会嘉宾在学院领导的带领下参观了学院科创谷的学生创新创业实践基地。

图 7 – 29　座谈会

图 7 – 30　调研交流人员合影

5. 广东省、广州市发展和改革委员会领导到学院调研指导

2021 年 11 月 1 日，广东省发展和改革委员会社会处副处长李刚超、二级调研员苏燕贤、科长杨扬与广州市发展和改革委员会社会处二级调研员邱立雄一行 4 人到学院实地调研和座谈交流。

在学院领导及相关部门负责人的陪同下，调研组一行参观了智能艺术展示教学中心，前往创意创业园原址实地考察学院已纳入广东省"十四五"教育强国推进中央预算内重点规划项目和广州市产教融合重大建设项目的选址及建设情况。

座谈会上，蒋新革校长向调研组作了题为《打造大湾区职教高地》的专题汇报，介绍了学院的基本情况、特色亮点、"十四五"发展规划，分析了学院在建设发展中存在的困难，重点汇报了学院"造船扬帆"建设"广州科技贸易职业学院产教融合青创基地"的思路和举措，并阐述了该项目对学院建设大湾区职教高地的重要意义。

调研组一行充分肯定了学院致力发展产教融合、校企合作的办学理念及取得的成绩，从建设方案、质量提高等方面给予了具体指导，表示将协调好相关部门，尽快促成项目落地实施，全力支持学院发展。

图 7-31　座谈会

6. 广州市人民政府参事专题调研学院产教融合示范基地

为了加大力度建设一批产教融合实习实训示范基地，2021 年 12 月 2 日，广州市人民政府参事、广州市科技局原副局长王越西，广州市人民政府参事、广州医科大学附属第三医院原副院长陈安薇，广州市人民政府参事、民建广州市委会原专职副主委许若宁，广州市人民政府办公厅参事工作处二级调研员姚斌华来到学院广州开发区光宝产业学院进行调研；黄埔区人力资源和社会保障局党组书记、局长周锦高，副局长刘小斌，人力资源策划总监谢成，劳动就业服务管理中心主任王佐宁，职业能力建设中心主任唐妮，职业能力建设中心副主任袁郁凤，黄埔区发展和改革局蔡昱，黄埔区教育局温度华等参加了调研。

专题调研会在科学城产业学院顺利召开。会上，王越西副局长、周锦高局长对学院立足广州开发区深化产教融合取得的成绩予以高度肯定，并分别介绍了市、区支持校企合作的相关政策。学院副校长曾三军介绍了学院四年来深耕产业园区，对接产业链建设现代产业学院的"五创并举"策略，实施的"两对两访三落实"筑基工程，构建的"两制三育一体系"运行机制，形成的"入园建院、课岗融合"产业学院育人模式，以及规划建设中的"万千百十个"工程，推进"两平台两制度"的建设目标等现代产业学院建设相关工作情况。与会人员就如何发挥政府的主导作用，加强对产教融合建设的统筹规划、宏观管理、综合协调，积极推动政校行企联动，结合国家战略、产业特色、区位优势，助力科技创新、人力资源协同发展，构建产教融合网络进行了积极研讨。"广州产教融合示范基地"建设是践行国家职业教育改革的需要，更是探索和完善产教融合机制与路径的需要。应通过构建促进产教融合的制度框架和体制机制，完善组合式激励政策体系，推动广州市教育供给和产业需求精准对接、产业发展与教育变革有机融合，将"广州产教融合示范基地"建成全国产教融合新机制探索地、协同育人的实践营、协同发展的示范区。会议强调，产教融合实习实训示范基地建设是形势之需、发展之要、振兴之计、长远之策，将"广州产教融合示范基地"打造成国家级产教融合示范基地，对推进广州市建成国家产教融合型示范城市、贯彻产教融合政策、推动校企合作共赢、助力广东省经济高质量发展，具有十分重要的意义。

　　会后，政府部门领导一行及广东轩辕网络科技股份有限公司董事长陈统、易飒（广州）智能科技有限公司联合创始人龚勇、广州漫游计算机科技有限公司总经理杨晓微，在学院领导的带领下参观了光宝科技展厅、心康中心、特色学习室、动漫游戏产业学院的"学、训、创、展"创意孵化基地以及教产区的"教、学、做、创"一体化课室等。

图 7-32　学院领导带领嘉宾参观

图 7-33　学院领导讲解产业学院规划

7. 重庆市荣昌区领导到学院科学城产业学院考察调研

2021 年 10 月 26 日，重庆市荣昌区发展和改革委员会副主任石琳、荣昌区科技局调研员郑国强、荣昌区发展和改革委员会产业科副科长梁津旗一行 5 人，在大湾区科技创新服务中心黄埔分中心总经理邢宝伟、战略发展部总经理王崇军的陪同下，莅临科学城产业学院开展调研工作。学院副校长曾三军、广东轩辕网络科技股份有限公司产教融合事业部总经理邓志岚接待了来宾一行。

学院副校长曾三军介绍了科学城产业学院的探索建设历程：学院坚持"把产业学院建在产业园区、把专业建在产业链上"的建设理念，打造了"五创并举"发展策略，实施了"两对两访三落实"筑基工程，构建了"两制三育一体系"运行机制；同时，为充分发挥政府、学校、行业协会、企业等不同领域的资源优势，学院构建了"四元协同"的理事会管理框架，形成了现代产业学院"四实"治理体系，逐步形成政府、学校、行业协会、企业四方满意的产业生态环境。

图 7 - 34 曾三军副校长介绍科学城产业学院建设情况

邓志岚总经理从企业的角度出发，立足于国家政策指导，结合产教融合人才培养模式的发展特点，向来访领导着重介绍了轩辕网络产教融合综合信息服务平台。该平台通过"线上/线下"产教融合一体化运营服务管理，纵向实现学校与企业、专业建设与人才需求、学生技能与企业岗位"三个对接"；横向分别通过知企易、知行学城、知才易、双创易四大服务，实现产业链、教育链、人才链、创新链四链融合。

随后，来宾一行考察了漫游实训基地、智能制造学院实训工场、多功能学生宿舍区等场所。

学院将以此次专题调研为契机，进一步明确办学定位与发展方向，持续深化产教融合、校企合作，推动现代产业学院建设取得新成效，助力学院办学水平再上新台阶。

二、 校校交流， 凝聚共识

（一）广东省高职院校莅临学院调研考察

1. 广州市技师学院领导一行莅临学院科学城产业学院调研考察

2021 年 2 月 22 日，广州市技师学院副校长陈实一行 8 人莅临学院科学城产业学院产教融合实训基地调研考察，重点考察了学院与广州市粤峰高新技术股份有限公司共建的校企合作实训基地。广州市粤峰高新技术股份有限公司总经理周菲向来访嘉宾讲解了实训基地总体概况、内部各功能区情况，分别介绍了硬件教学实训设备、配套软件与配套教学资源，重点介绍了车塔云平台的大数据、物联网模块，展示了所服务企业车辆真实使用情况、实时监控、车辆管理系统等方面内容。

广州市技师学院一行来宾对学院坚持"把产业学院建在产业园区、把专业建在产业链上"的职业教育理念、积极融入广州开发区开展"两对两访三落实""两制三育一体系"工程，开展产业学院建设及取得的成绩，给予高度认可与赞许。

两校都希望今后能够进一步加强交流与学习，探索经验共享新模式，共同促进职业教育高质量发展。

图 7 - 35　周菲总经理为嘉宾讲解相关情况

图 7-36　调研交流人员合影

2. 广东职业技术学院领导一行莅临学院科学城产业学院调研考察

2021 年 3 月 12 日，广东职业技术学院校长吴教育一行 7 人莅临学院科学城产业学院调研考察。学院副校长朱志坚、校企合作办负责人参加了交流会。

朱志坚副校长向来访嘉宾表示热烈欢迎，并简要介绍了产业学院的目标定位以及在产教融合、校企合作育人方面取得的成绩。吴教育校长对学院近年来在产业学院建设方面取得的成绩和特色亮点表示赞赏，希望通过学习学院的一些好思路、好做法、好经验，结合本学院实际情况，更好地抓住高职教育发展的历史机遇，进一步提升办学水平和影响力。

会谈结束后，双方都表示希望今后能加强交流沟通，相互学习借鉴，共同进步提升，培育大批产业需要的高素质应用型、复合型、创新型人才，为汇聚发展新动能提供人才支持和智力支撑。

3. 广东邮电职业技术学院领导一行莅临学院调研考察

为全面贯彻落实广东省委、省政府关爱新生代产业工人的工作部署，帮助更多新生代产业工人提升素质，有效服务广东产业转型升级，2021 年 3 月 17—18 日，粤港湾大湾区现代产业学院职教联盟成员广东邮电职业技术学院现代学徒制教育学院院长赵永锋、副院长吴静一行 4 人莅临学院科学城产业学院调研考察，探讨交流新生代产业工人"圆梦计划"。

光宝电子（广州）有限公司人力资源部资深经理吴俊杰、工会秘书长吴秀娟热情接待了来宾一行。据赵永锋院长介绍，广东邮电职业技术学院作为北京邮电大学现代远程教育广东学习中心，积极承担社会责任，近几年为适应社会和企业对高层次管理、技术人才的需求，通过资源整合，在本省大力举办在职研究生和专本科教育，荣获"2012—2013 年度中国远程教育优秀校外学习中心"称号。"圆梦计划"是由团省委、省人社厅、省财政厅、省教育厅、省科技厅等单位组成的广东省新生代产业工人"圆梦计划"联席会议在全省范围内开展的新生代产业工人骨干培养发展工程，旨在帮助更多新生代产业工人提高素质，以培养一批党团在新生代产业工人群体中的可依靠力量为目标，提升新生代产业工人的就业创业竞争力，打通新生代产业工人成长发展向上通道，为经济高质量发展提供技能人才支撑，夯实党执政的青年群众基础，助力做好"六稳"工作、落实"六保"任务。

赵永锋院长对粤港澳大湾区现代产业学院职教联盟集聚地方政府、高职院校、企业、行业协会的优势与资源搭建产学研合作平台表示高度赞赏。与会人员就联盟成员发挥各自优势、完善联盟运行机制、提升人才培养质量进行了深入探讨，表示将继续发挥联盟优势，集聚三方力量，助力"圆梦计划"在光宝电子（广州）有限公司顺利开展，助推粤港澳大湾区产业升级和社会经济积极发展。

图 7 – 37 调研交流人员合影

4. 广东生态工程职业学院领导一行莅临学院调研考察

2021 年 11 月 4 日，广东生态工程职业学院校长廖金铃一行 9 人莅临学院科学城产业学院调研考察。学院校长蒋新革、副校长曾三军、工会主席钱一雷热情接待了来宾一行，信息工程学院、校企合作办公室（产业学院）等相关负责人陪同。

蒋新革校长对廖金铃校长一行的来访表示热烈欢迎，简要介绍了科学城产业学院"把产业学院建在产业园区、把专业建在产业链上"的建设理念和"入园建院、课岗融合"的产业学院育人模式。曾三军副校长具体介绍了科学城产业学院"入园建院"的背景、政校行企四方协同的"四元四实"治理体系；以体制机制创新为引领，通过"理事会领导下的院长负责制"改革，形成校企"共设专业、共建基地、共培团队、共享资源、共创成果、共育人才"的协同育人运行机制；通过专业对接行业、岗位标准，访问校友、名企，落实合作企业、真实项目、"双师"团队的"两对两访三落实"活动，有效促进教育链、人才链与产业链、创新链有机衔接。

学院深入学习贯彻习近平总书记关于加快发展职业教育的重要指示精神，把握职业教育发展的根本原则和基本规律，高举产教融合改革大旗，开启产教融合新征程，努力培养高素质劳动者和专业技能人才，为打造先进制造业集群、现代服务业基地、对外开放新高地、科技创新策源地提供有力支撑，将产教融合的探索和实践与广州市建设国家产教融合型示范基地同频共振。

随后，双方在产教融合、专业建设、人才培养等方面进行了细致探讨，重点就如何探索建设现代产业学院进行了深入交流。双方一致表示，今后将进一步加强交流与合作，实现资源共享、取长补短，促进双方共同发展。来宾一行还参观了产业学院教产区的"教、学、做、创"一体化课室和动漫游戏产业学院的"学、训、创、展"创意孵化基地。

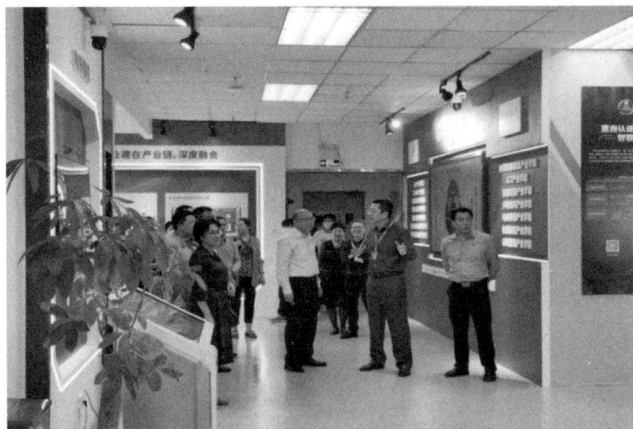

图 7 - 38　学院领导为嘉宾介绍相关情况

图 7 - 39　汇报交流

图 7-40　嘉宾参观

5. 广州松田职业学院领导一行莅临学院调研考察

2021 年 11 月 10 日，广州松田职业学院副校长杨春英一行 12 人莅临学院科学城产业学院调研考察，学院副校长丁霞、广州漫游计算机科技有限公司总经理杨晓微、广东轩辕网络科技股份有限公司生态事业部运营总监林开岳陪同。

来宾一行参观了光宝科技展厅、心康中心、动漫游戏产业学院的"学、训、创、展"创意孵化基地和教产区的"教、学、做、创"一体化课室。

图 7-41　嘉宾参观

座谈会上，丁霞副校长对杨春英副校长一行的到来表示热烈欢迎，简要介绍了科学城产业学院"把产业学院建在产业园区、把专业建在产业链上"的建设理念和"入园建院、课岗融合"的产业学院育人模式。基于对产业学院实践运营工作的总结梳理，杨晓微总经理作了题为《产教融合基地＋潮流设计双创中心》的工作汇报。汇报指出，应基于产教融合形态，将产业学院链接企业导入项目，形成以共赢共生平台为载体的新经济形态，积极打造"产教融合新经济探索"品牌。林开岳总监立足国家政策指导，结合本公司在产教融合建设过程中的经验总结，作了题为《科学城产业学院建设与运营一体化解决方案》的工作汇报。汇报内容覆盖了建设与运营背景、企业建设与运营总体思路、线上线下建设情况等。线下以软硬件投入建设、企业课程开发及组建师资团队为主，同时积极在产业学院内配置驻场运营团队，为整体运营工作提供全面保障；线上则通过产教融合综合信息服务平台，围绕教育链、产业链、人才链、创新链四链衔接，为产教融合实践建设进行信息化赋能。

图 7 - 42　杨晓微总经理作工作汇报

图 7 - 43　林开岳总监作工作汇报

随后，与会人员在产教融合、专业群建设、人才培养等方面进行了深度探讨，并一致表示，今后将进一步加强交流与合作，实现资源共享、取长补短，促进共同发展。

6. 广州铁路职业技术学院领导一行莅临学院调研考察

2021年12月30日，广州铁路职业技术学院外语商贸学院院长王友良和副院长刘雨涛、谈竹琴一行6人莅临学院科学城产业学院调研。学院校长蒋新革、学院相关负责人及各教研室主任热情接待了来宾一行。

图 7 - 44　蒋新革校长热情接待来宾

王友良院长一行先后参观了科学城产业学院产教区、生活区、学生活动室。双方在产业学院产教区举行座谈会，详谈了本学院二级学院的发展历程及专业办学情况，并就"四元协同、五创并举"产业学院建设模式进行深入交流。在听取"入园建院、课岗融合"的产业学院育人模式建设实践相关介绍后，来访嘉宾对科学城产业学院建设所取得的成果给予了充分肯定和高度评价。

蒋新革校长表示，希望今后两校进一步加强沟通与交流，在专业建设、产业学院建设、学生实训等领域分享经验，发挥兄弟院校和同类专业的协同优势，促进共同发展。

图 7 - 45　调研交流人员合影

7. 广东财贸职业学院领导一行莅临学院调研考察

2022 年 1 月 4 日，广东财贸职业学院党委副书记、校长张晓燕一行 5 人莅临学院科学城产业学院调研考察。学院党委副书记覃昆、副校长曾三军以及办公室、教务（科研）处、质量监控办公室等相关负责人陪同。座谈会由学院校长蒋新革主持。

会上，曾三军副校长作了题为《现代产业学院探索汇报》的报告，具体介绍了科学城产业学院"入园建院"的背景，构建政校行企"四元协同"理事会架构，形成"四实"现代化治理体系等策略；以体制机制创新为引领，通过"理事会领导下的院长负责制"改革，形成"入园建院、课岗融合"的产业学院育人模式；通过专业对接行业、岗位标准，访问校友、名企，落实合作企业、真实项目、"双师"团队的"两对两访三落实"活动，有效促进教育链、人才链、产业链、创新链四链有机衔接。随后，双方在产教融合、专业建设、人才培养等方面进行了细致探讨，重点就如何探索建设现代产业学院进行了深入交流。张晓燕校长一行高度赞赏学院"四元协同、五创并举"的产业学院建设模式与成效，希望今后与学院进一步加强交流与合作，实现资源共享、取长补短，促进双方共同发展。

图 7 - 46　座谈会

图 7 - 47　曾三军副校长作报告

来宾一行还参观了产业学院教产区的"教、学、做、创"一体化基地、KD 楼漫游科技实训基地、智能服装生产基地以及学生综合活动室。

图 7 - 48 嘉宾参观

（二）省外高职院校莅临学院调研考察

1. 湘潭医卫职业技术学院等单位莅临学院调研考察

2021 年 4 月 17 日，湖南湘潭医卫职业技术学院党委书记刘建强，中国职业技术教育学会学术委员会委员、常务理事罗志，湖南普亲老龄产业发展有限公司董事长唐文湘一行 10 人莅临学院科学城产业学院调研考察，学院校长蒋新革及相关部门负责人热情接待了来访嘉宾。

蒋新革校长对来访嘉宾表示热烈欢迎，陪同他们在产业学院教产区、生活区进行参观，了解学院在推进产教融合、校企合作中取得的成果，观摩学院融入产业园区承办的全省职业院校动漫制作竞赛。

随后，双方在产业学院会议室进行座谈交流。蒋新革校长系统介绍了学院以"产教融合、四链衔接"为核心的现代产业学院建设模式，并详细介绍了建设产业学院的总体思路及经验做法：以"四元协同"为建设主体，夯实"两对两访三落实"保障工程，构建现代化"四实"治理体系；以"五创并举"为抓手，形成"两制三育一体系"运行模式，实现教育链、人才链、产业链、创新链四链有机衔接，达到政校行企四方满意的目标。学院于 2018 年入选教育部现代学徒制试点单位，2019 年荣获广东省科技进步一等奖，实现省高职院校零的突破；2020 年入选全国高职院校技术研发与应用成果优秀案例 20 强；2021 年入选教育部教师实践流动站试点单位。此外，学院融入产业园区的学生规模及就业率连年翻番。来访嘉宾对学院产业学院建设取得的成绩表示肯定与赞赏。

图 7 - 49　蒋新革校长向嘉宾介绍产业学院建设思路

　　座谈会上，与会人员就现代产业学院治理架构、现代学徒制试点工作、现代产业学院混合所有制等方面进行了深入探讨与交流。罗志常务理事对学院的热情接待表示感谢，并对产业学院的发展给出了建设性意见和建议。建设现代产业学院是贯彻中央决策部署、顺应时代发展作出的科学选择，此次会议是对学院现代产业学院建设发展路径的一次再认识、再探索，为学院继续深入推进产教融合、校企合作提供了更开阔的思路。学院将在巩固现有建设成果的基础上继续坚持育人为本、产业为要，产教深度融合，为实现现代产业学院可持续、内涵式创新发展探索更完善的科贸模式。

图 7 - 50　座谈会

图 7 – 51　调研交流人员合影

2. 阿勒泰职业技术学院领导一行莅临学院调研考察

2021 年 4 月 20 日，新疆阿勒泰职业技术学院校长加棱、宣传和思想政治工作部部长谢东科、招生就业与校企合作处处长朱进成一行 3 人莅临学院科学城产业学院调研考察。学院校长蒋新革、工会主席钱一雷及创新创业学院、交通工程学院负责人参加了交流会。

交流会上，蒋新革校长对加棱校长一行的到来表示热烈欢迎，介绍了学院坚持"把产业学院建在产业园区、把专业建在产业链上"的建设理念，构建"四元协同"的理事会管理框架，形成了现代产业学院"四实"治理体系，取得了进园学生规模及就业率连年翻番的好成绩；荣获广东省科技进步一等奖，实现了高职院校零的突破，形成政府、行业协会、企业、学校四方满意的生态环境。加棱校长对学院产教融合发展、人才培养质量等方面的发展情况给予高度认可与赞许，希望通过学习学院的一些好思路、好做法、好经验，结合本校实际情况，与学院加强交流和沟通，实现校校合作，取长补短，聚集双方资源，抓住高职教育发展的历史机遇，进一步提升双方的办学水平和服务区域经济社会发展的能力，培育大批产业需要的高素质应用型、复合型、创新型人才。最后，学院与阿勒泰职业技术学院达成初步合作意向，希望尽快推动粤港湾大湾区现代产业学院职教联盟结对阿勒泰职业技术学院，并推进两校之间的师生交流、互派等工作。

图 7 - 52　交流会

图 7 - 53　嘉宾参观

图 7 - 54　调研交流人员合影

3. 大兴安岭职业学院领导一行莅临学院调研考察

2021 年 10 月 21 日，黑龙江大兴安岭职业学院校长李国兴一行 4 人莅临学院科学城产业学院调研考察。学院校长蒋新革教授热情接待了来宾一行，工会主席钱一雷及教务（科研）处等相关负责人陪同。

蒋新革校长对李国兴校长一行的到来表示热烈欢迎，陪同嘉宾参观了产业学院教产区的"教、学、做、创"一体化课室、动漫游戏产业学院的"学、训、创、展"创意孵化基地，以及多功能学生宿舍区等场所。

图 7 - 55　学院领导为嘉宾介绍相关情况

座谈会上，双方在产教融合、专业建设、人才培养等方面进行了细致探讨，重点就无人机应用技术、旅游管理两个专业的建设进行了深入交流。此次会议有助于进一步深化学院和大兴安岭职业学院的交流和合作，实现更深层次、更广领域的互动融合，加强优势互补，支持乡村振兴建设。

会后，学院将本着资源共享、优势互补、协同服务的原则，在师资培养、学生访学、教学资源建设等方面为大兴安岭职业学院提供支持和帮助，与该学院共同助力乡村振兴，促进职业教育高质量发展。

三、 校企交流， 深化合作

1. 广东省离散智造科技创新有限公司领导一行到学院洽谈项目

2021 年 3 月 5 日，广东省离散智造科技创新有限公司总经理左志军一行 4 人到访学院科学城产业学院，就建立校企合作关系、共同培养智能制造高技能人才进行洽谈。学院副校长朱志坚和教务处、智能制造学院、校企合作办负责人参加了洽谈会。

洽谈会上，左志军总经理介绍了本公司主要的智能制造装备产品、合作伙伴资源优势以及在自主创新方面取得的成就。随后，校企双方就共建产教融合型联合创新工程中心、智能制造实训室、智慧工厂实训基地及共同打造智能制造专业课程体系和产学研赋能平台等工作展开了深入研讨，尤其在实训基地的规模、培养模式、毕业就业、教学资源利用等细节问题上进行了细致研究和友好沟通。

此次校企洽谈，双方本着"优势互补、资源共享、合作共赢"的原则，遵循教育教学改革原则，协同推进"产、教、学、研、用"结合，共同开拓人才培养模式创新，致力提升智能制造行业人才培养质量。

图 7-56　洽谈会

2. 广州市上市公司高管联盟成员到学院调研考察

为进一步加强校企深度合作，促进产教融合，2021 年 12 月 10 日，广州市上市公司高管联盟成员广州金发科技股份有限公司副总裁宁凯军、广州智光电气股份有限公司执行董事曹承锋、广东电声市场营销股份有限公司副总裁王云龙一行到学院调研考察，开展以"校企合作、产教融合"为主题的工作交流会。学院党委书记彭华国、校长蒋新革、副校长曾三军、工会主席钱一雷，以及学院教务处、智能制造学院、交通工程学院、创新创业学院等部门负责人参会。

会上，曾三军副校长首先介绍了学院推进产教融合工作的情况以及"一体两翼"的发展规划，表示学院坚持"把产业学院建在产业园区、把专业建在产业链上"，实施"两对两访三落实"筑基工程，推行"五创并举"举措，建设"两制三育一体系"模式，聚焦产业，对接企业，推动学院、企业融合发展。宁凯军、曹承锋、王云龙三位企业高管分别从企业角度介绍了目前本公司与高职院校开展校企合作的情况以及合作中的难点、痛点，并就校企双方后续加强合作的途径、方式提出了各自的见解。与会各方就进一步加强广州市上市公司高管联盟与粤港澳大湾区现代产业学院职教联盟合作，加强企业"订单班"、现代学徒制人才培养、校企技术技能培训合作、创新科技研发合作等进行了深入交流，并就学院与企业长期携手稳定合作，推动校企合作深入开展达成了共识。此次会议对学院进一步强化科研技术合作，拓展校企合作思路和渠道，整合校内外资源，深化产教融合，起到积极作用。

来宾一行在学院领导的陪同下参观了校园，实地考察了学院智能艺术教学展示中心、汽车维修实训室等场所。

图 7-57　工作交流会

图 7-58　调研交流人员合影

3. 南大高科产业园领导一行到学院交流

2021 年 12 月 21 日，南大高科产业园董事长杜桂彬一行到学院进行校企交流。学校党委书记彭华国、副校长曾三军，以及教务处、学生处、后勤设备处、校企合作办等部门负责人参加了座谈会。

会上，彭华国书记介绍了学院的基本情况以及"一体两翼"的发展规划。杜桂彬董事长介绍了南大高科产业园的建设情况及未来发展规划：南大高科产业园位于广州市番禺区化龙镇，地处粤港澳大湾区核心腹地，是广东省经济技术开发区、广深港澳科技创新走廊节点，也是番禺区重点建设项目。入园企业将涵盖跨境电商、商贸物流、汽车、艺术设计等产业领域。园区将配套建设会议、住宿、餐饮、医疗、运动等相应基础设施。双方就学院相关优势专业与番禺当地产业集群共建产教融合基地，共同促进政校行企联动协同发展等事宜交换了意见。

图 7-59　座谈会

4. 深圳市一览网络有限公司到学院调研考察

2021 年 12 月 9 日，为赋能人才培养、促进就业育人，深圳市一览网络有限公司董事长张海东、企业服务中心总经理卢致毅一行 3 人到学院科学城产业学院调研考察。学院校长蒋新革主持座谈会并讲话。

会上，张海东董事长一行对学院主动融入科学城产业园建设广州市产教融合基地，对接产业链建设现代产业学院的"五创并举"策略和"入园建院、课岗融合"的产业学院育人模式及取得的成绩给予了高度赞赏，分享了本公司开创 1001 研究院的经验，并提出了下一步校企合作的期望与设想。

与会人员从人力资源服务和管理的角度出发，分享了将学生培养成具备职业意识、职业道德与职业技能三个层次的职场人的观点；就教育部高校学生司公布的 2021 年供需对接就业育人项目申报指南进行了交流，此项目旨在落实党中央、国务院"稳就业""保就业"决策部署，深化产教融合、校企合作，推动人才培养与就业有机联动、人才供需有效对接。

与会各方均表示将共同积极推动学校、企业参与申报定向人才培养、人力资源提升等项目，将企业用人需求纳入高职院校的教学和培养体系，提升毕业生的就业能力和综合素养，共同推进高职院校人才培养模式改革，解决校企双方人才供需对接问题，赋能人才培养，促进就业育人。

图 7 - 60　座谈会

5. 安徽宣城银明汽车部件制造有限公司领导一行到学院调研考察

2021 年 3 月 26 日，安徽宣城银明汽车部件制造有限公司总经理李诗明一行 2 人到学院科学城产业学院调研考察。学院交通工程学院院长张红伟及产业学院合作企业广州粤峰高新技术股份有限公司总经理秦方、副总经理赖志庆热情接待了来宾，并进行了洽谈交流。

图 7 - 61　张红伟院长与李诗明总经理亲切握手

张红伟院长陪同来宾参观了科学城产业学院教产区，介绍了学院在探索产教融合方面的历程以及取得的成果。随后，来宾一行来到智能网联汽车技术产教融合双创基地，与秦方总经理、赖志庆副总经理就如何在汽车领域开展校企合作进行了深入探讨，并在智能汽车关键零部件的研发、生产及无人工厂等方面开展合作达成了初步共识。李诗明总经理对学院在产教融合、现代产业学院建设等方面取得的成果和作出的探索表示钦佩，希望借此机会能够推进本公司产品及核心技术的转型升级。

图 7-62　调研交流人员合影

第三节　学院产教融合实践经验展示

一、　在职业院校培训班作专题报告

2021 年 5 月 17 日，为了提升职业院校专业群建设能力，促进职业教育高质量发展，在全国职业高等院校校长联席会议的指导下，由海南省教育厅主办，职业院校校长培训培育基地、海南职业技术学院承办的"职业院校专业群建设高级培训班"开班。学院校长蒋新革等百余位来自全国各地的职业院校书记、校长，二级学院及教务处等部门负责人参加了此次培训。

2021 年 5 月 18 日，蒋新革校长作了题为《现代产业学院建设路径探索》的专题报告，从把握现代产业学院发展新阶段、贯彻现代产业学院建设新理念、构建现代产业学院新格局等方面，结合学院主动融入产业园区对接产业链建设科学城现代产业学院，深化产教融合、校企合作所开展的实践探索，重点介绍了学院主动融入产业园区建设产业学院的背景、政校行企"四元协同"育人、推行"五创并举"举措、实施"两对两访三落实"

筑基工程、构建"两制三育一体系"模式，促进了教育链、人才链与产业链、创新链有机衔接。报告内容丰富、观点鲜明、深入浅出，有很强的指导性和实践性。

参与培训人员对学院现代产业学院建设路径探索取得的成绩给予了高度认可，希望今后能与学院进一步加强交流，学习学院建设现代产业学院的好思路、好做法、好经验，结合自身实际情况，实现校校合作，取长补短，聚集各方资源，共同促进职业教育高质量发展。

图 7 - 63 蒋新革校长作专题报告

二、 在产业学院院长论坛作专题报告

2021 年 5 月 22 日，为进一步深化产教融合、校企合作，促进教育链、人才链、产业链、创新链四链有机衔接，全面提升人才培养质量，以"新时代 新征程 新使命"为主题的 2021 年（第二届）产业学院院长论坛在广州隆重举行。论坛邀请了全国各地的高职院校代表、行业专家及产教融合企业代表共话产教融合新发展。论坛由北控水务学院产业学院高级经理朱蕊主持。

学院校长蒋新革受邀作专题报告，他以产业学院四年建设实践为例，梳理了学院开展职业教育产教融合的典型路径，介绍了产业学院的建设背景，分享了学院实施"四元协同""五创并举"举措、建设"四方满意"产业学院的实践经验，提出了共建示范性产教融合基地、实现双精准育人的策略。参与论坛的高职院校代表、行业专家及产教融合企业代表对学院坚持"入园建院、课岗融合"的建设理念，积极融入产业园区，大力推进"两对两访三落实"筑基工程，开展"两制三育一体系"改革，实施现代产业学院建设，给予了高度赞赏。此次专题报告为学院开展产教融合相关建设工作开创了新局面，对学院提升社会服务能力、提高人才培养质量具有重要意义。

图 7 - 64　蒋新革校长作专题报告

图 7 - 65　论坛现场

三、　产教融合经验汇报架设互学桥梁

2021 年 11 月 25 日，为推进广州建成国家产教融合型示范城市，贯彻产教融合政策，推动校企合作共赢，助力广东省经济高质量发展，由广州市发展和改革委员会指导，广州市产教融合行业协会、广州南方人才市场有限公司主办的《广州建设国家产教融合型城市试点方案》政策解读暨校企产教融合经验探索交流会在广州（国际）科技成果转化中心成功举办。广州市政府相关领导、广州市高职院校代表、第一批市层面建设培育产教融合型企业代表、协会单位代表等 200 余人参加了此次交流会。

学院副校长曾三军受邀分享学院产教融合的经验与做法，作了《科学城产业学院建设工作汇报》，围绕科学城产业学院建设起步、建设策略、建设成效、建设展望四个方面，详细介绍了学院主动融入产业园区建设科学城产业学院的背景，推行"五创并举"举措、实施"两对两访三落实"筑基工程、建设"两制三育一体系"模式、完善"入园建院、课岗融合"产业学院育人模式及"产教融合、四链衔接"的实现路径。汇报内容丰富、翔实有据，有很强的指导性和针对性。

入驻科学城产业学院的广州漫游计算机科技有限公司和广东轩辕网络科技股份有限公司领导也受邀出席此次会议。广州漫游计算机科技有限公司总经理杨晓微和广东轩辕网络科技股份有限公司董事长陈统分别作了题为《产教融合基地＋潮流设计双创中心打造"产教融合新经济探索"品牌》和《轩辕在产教融合中的实践与探索》的报告，向与会代表展示了本公司与学院开展产教融合的成果，介绍了企业入驻科学城产业学院的做法，提出了对未来产教融合工作的思考，希望在政府、高职院校、行业协会、企业多方协同配合下，本着"优势互补、共享发展、互惠互利、实现共赢"的原则，充分发挥校企各自的优势，找准学校、企业发展的契合点，精准对接企业发展人才需求，培养符合社会经济发展需要的高素质、高技能人才，进一步推进职业教育产教融合、校企合作高质量发展。

图 7-66　曾三军副校长作专题报告

四、 三方城市对话提供经验借鉴

2021 年 12 月 13 日，北京·广州·潍坊产教融合城市对话会成功召开。来自北京、广州、潍坊三地的政府机构、中高职院校、行业协会、企业、教育研究机构等代表相聚云端，围绕推动现代职业教育高质量发展展开深入探讨，为新时代产教融合发展走深、走实提供经验借鉴、开启新思路。

会议由中国教育科学研究院（职业与继续教育研究所）、广州市教育局主办，分别在北京、广州、潍坊设立会场，教育部职业教育与成人教育司综合改革处卢昊、中国教育科学研究院副院长马涛出席北京分会场并致辞。广州会场设在广州科技贸易职业学院，参会人员有广州市教育局副局长谷忠鹏，高等教育处、职业教育与成人教育处相关人员，市属高职院校、广州开放大学、局属中职学校代表及学院党政领导班子成员等。

马涛副院长在致辞中对此次对话会的举办表示充分肯定。他指出，近年来国家在产教融合方面积累了许多经验，制定了一系列制度框架，为培养高素质、高技能人才提供了重要支撑。产教融合是中国教育科学研究院广州实验区工作的重要内容，此次对话会为三个城市的产教融合工作提供了交流的机会，具有重要意义。

图 7 – 67　马涛副院长致辞

卢昊分享了对职业教育改革发展的思考和体会，介绍了教育部在产教融合相关领域开展的工作。他认为，当前职业教育面临前所未有的政策红利期和发展机遇期，职业教育前途广阔、大有可为，产教融合、校企合作是职业教育的最显著特征和最大优势，此次对话会举办恰逢其时、十分必要。

13 位来自三地的专家和院校、企业代表分别从理论分析、实践探索和做法成效等方面分享了产教融合的理念和经验。

北京教育科学研究院职业教育研究所霍丽娟教授剖析了新时期产教融合的责任与使命，以丰富翔实的案例介绍了北京市建设工程师学院和技术技能大师工作室等产教融合共同体的经验，提出了区域产教融合发展的路径与策略。广州市教育研究院职业教育与终身教育研究所所长陈凯对广州市深化产教融合的统筹布局、整体推进和主要成效进行了介绍，并对产教融合人才培养和机制建设进行了探索。

北京电子科技职业学院、广州科技贸易职业学院、广州市交通运输职业学校、山东省潍坊商业学校、山东海事职业学院代表分别作了产教融合探索实践分享，各校在探索发展过程中形成了自己的鲜明特色，具有较强的典型性和示范性。学院副校长曾三军受邀作了题为《广州产业学院的学校实践》的专题报告，围绕"入园建院、课岗融合"的产业学院育人模式，从科学城产业学院建设起步、建设策略、建设成效、建设展望四个方面，详细介绍了学院"产教融合、四链衔接"的实现路径及取得的"两翻番两突破两首创"成绩，展现了学院的特色，获得了三地领导、专家的赞誉。

图 7-68　曾三军副校长作专题报告

图 7-69　会议现场

北京奔驰汽车有限公司、施耐德电气、戴姆勒中国职业教育学院、歌尔股份有限公司代表分别就各自与相关院校合作，深化产教融合的做法与成效进行了分享。

北京市教育委员会职业教育与成人教育处副处长余俊、广州市教育局副局长谷忠鹏、潍坊市教育局副局长郭治平分别介绍了本地职业教育产教融合政策情况、创新举措及努力方向。在对话交流环节，围绕"深化产教融合痛点难点""产教融合机制体制建设"等问题，与会三地教育部门领导结合职业教育高质量发展和本地实际情况进行了一一解答。

此次对话会，政产学研聚焦产教融合，规格层次高，内容涵盖广，问题促进深，交流互动多，从理论到实践呈现了产教融合新动态、新理念、新思路，有助于三地互学互鉴、互促互进。